일본어 복합동사의 어형성과 의미

한일어 대조 연구

이경수 지음

에피스테메
EPISTEME

한일어 대조 연구

-일본어 복합동사의 어형성과 의미-

© 이경수, 2012

초판 1쇄 펴낸날 | 2012년 6월 20일

지은이 | 이경수
펴낸이 | 조남철
펴낸곳 | 한국방송통신대학교출판부
주소 서울특별시 종로구 이화장길 54 (110-500)
전화 (02) 3668-4764
FAX (02) 741-4570
http://press.knou.ac.kr
출판등록 1982년 6월 7일 제1-491호

출판위원장 | 김무홍
편집 | 신경진, 김현숙
마케팅 | 전호선
본문 디자인 | 상록문화사
표지 디자인 | (주)엔터스코리아
인쇄 | (주)일홍피앤피

ISBN 978-89-20-00721-7 93730

값 20,000원

■ 이 책의 내용에 대한 무단 복제 및 전재를 금하며, 저자와 한국방송통신대학교출판부의 허락 없이는 어떠한 방식으로든 2차적 저작물을 출판하거나 유포할 수 없습니다.

■ 잘못 만들어진 책은 바꾸어 드립니다.

서 문

본서는 필자가 20여 년간 한길을 걸어온 복합동사 연구의 결과물이다. 기존에 발표한 연구를 수정 · 가필하기도 하고 새로운 연구도 추가했다. 그동안 일본어 복합동사를 연구해 오면서 어려움도 많았다. 국내 대학원시절에는 연구가 무엇인지 몰라 무조건 정리한 자료를 한일 번역의 대응관계에 관해 대조하다 보니 연구 범위가 넓어졌고 내가 무엇을 말하고자 하는지도 모르고 논문을 썼던 기억이 난다. 지금 생각해 보면 부끄럽기도 하지만 몰랐던 탓에 용감할 수 있었던 것 같다.

유학시절에는 또 다른 어려움에 부딪혔다. 복합동사는 사전을 찾으면 다 나오는데 연구할 게 뭐가 있느냐는 주변의 시선이었다. 수많은 연구 테마의 유혹에도 흔들리지 않고 지금까지 한 우물만을 파고 있다. 잘한 일 같다. 유학시절 마땅히 갈 곳이 없어 주로 도서관에서 시간을 보냈는데 그때 많은 분들의 도움을 받았다. 자료 모으는 법, 논문을 진행하는 방법, 참고문헌 쓰는 법에 이르기까지 자신과의 싸움에서 승리한 사람만이 학문 연구의 즐거움을 맛볼 수 있다는 것을 알게 되었다.

지도교수인 오쿠다 구니오(奥田邦男) 교수를 비롯한 유학시절 인상에 남는 분이 또 계신다. 시로타 슌(城田俊) 교수이다. 시로타 교수는 상당히 겸손한 분으로 여러 조언과 함께 일화를 들려주셨다. 그다지 유명하지 않은 연구단체에 논문을 여러 번 투고해도 자신의 논문을 실어 주지 않았다고 한다. 그래도 꾸준히 연구하고 발표하다 보면 언젠가는 기회가 온다고 조언해 주기도 했다. 몇 년 전에 한국에 오셔서 잠시 뵈었을 때는 그림선물까지 받았다. 그저 감사할 따름이다. 이 분에게서는 논문 구성에 관한 지도를 비롯해 논리 정연한 전개방법과 적절한 용어 선택법(문법적 복합동사, 동사와 동사의 결합절차, 복합동사의 모습 등) 그리고 연구자로서의 겸손한 태도와 학문에 임하는 자세에 이르기까지 많은 것을 배웠다.

유학시절에는 기사카 모토이(木坂基) 교수, 긴다이치 교스케(金一田京助)박사기념상 수상과 일본학사원상을 수상한 누모토 가 쓰아키(沼本克明) 교수, 일본어 음성교육 연구의 권위자인 이마다 시게코(今田滋子), 영어 교육을 일본어 교육에 접목한 새로운 교수법 개발의 선두주자인 누이베 가쓰노리(縫部義憲) 교수, 일본어 교육과 일본 문화를 접목하여 새로운 접근방법을 제시한 구라치 아케미(倉地曉美), 번쩍번쩍 빛나는 날카로운 질문을 잘하기로 이름났던 시라카와 히로유키(白川博之) 교수, 현재 일본어 교육의 최전방에서 맹활약을 하는 사코다 구미코(迫田久美子) 선생은 오쿠다 교수 밑에서 함께 연구한 연구자이기도 하다. 집중강의 수업 때는 긴스이 사토시(金水敏), 닛타 요시오(仁田義雄), 기쿠치 야스토(菊地康人) 교수의 강의도 빼놓지 않고 들었던 기억이 난다. 도쿄대학의 오고시 나오키(小越直樹) 교수와 이시이 마사히코(石井正彦) 교수의 자료제공도 잊을 수 없다. 이제는 다시 교수의 입장에서 국내의 연구자들에게 조금이나마 도움이 되는 학자가 되고자 한다.

귀국해서는 여러 학회에 참석하여 젊은 연구자들의 새로운 연구에 대한 코멘트도 들어 보고 조언도 해 주고 있다. 국내외에서 다양한 학술활동을 하며 조금이나마 한국의 일본어 교육에 일조를 할 수 있게 된 것은 주위에 좋은 연구자와 교육자가 많기 때문이라고 생각한다.

연구의 길은 외롭고 인내가 필요하다. 외로움과 인내를 친구로 삼은 지 오래지만 그 속에 남모르는 즐거움이 있으니 이 길이 내게는 천직이라 생각한다. 하지만 점점 떨어지는 체력과 시력으로 하고 싶은 연구에 대한 욕망을 하나둘씩 버리게 되는 것이 안타깝기만 하다.

본서를 완성하면서 많은 분들의 조언과 격려를 받았다. 그분들께 다시 한 번 깊은 감사를 드린다. 사실 본서는 대조연구라기보다는 일본어복합동사 연구에 가깝다. 하지만 주요한 부분에는 대조연구적 관점이 들어가 있다.

지은이 이 경 수

차 례

제1장 동사와 동사의 결합구조와 복합동사 표현 _ 13

1. 들어가기 _ 14

2. 일본어 복합동사의 개념 규정 _ 15
   2.1. 복합동사의 인정 _ 15
   2.2. 일본어 교육에서의 복합동사 _ 15

3. 연구의 범위와 방법 _ 18
   3.1. 일본어 교육에서 복합동사의 중요성 _ 20

제2장 선행연구의 검토와 본고의 입장 _ 27

1. 일본어 복합동사의 연구 동향 _ 28
   1.1. 의미의 관점 _ 28
   1.2. 아스펙트의 관점 _ 30
   1.3. 결합의 관점 _ 33
   1.4. 인지의미론적 관점에서의 연구 _ 35

2. 한국어 복합동사의 연구 동향 _ 36
   2.1. 의미의 관점 _ 36
   2.2. 판별기준의 관점 _ 38
   2.3. 결합의 관점 _ 39
   2.4. 아스펙트와 법 관점에서의 파악법 _ 41
   2.5. 복합동사의 연구 동향과 과제 _ 43

3. 복합동사에 관한 일본어 교육 연구 동향 _ 44

4. 대조연구에 관한 복합동사의 연구 동향 _ 46

5. 본고의 입장 _ 48

제3장 한일 양 언어의 동사 결합방식의 차이 _ 51

1. 들어가기 _ 52

2. 일본어의 동사와 동사의 결합 절차 _ 52
   2.1. 어형성상의 절차 1: 전항동사의「マス」형+후항동사 _ 53
   2.2. 어형성상의 절차 2: 전항동사의「テ」형+후항동사 _ 54

3. 한국어의 동사와 동사의 결합 절차 _ 56
   3.1. 어형성상의 절차 1: 전항동사+연결어미 {아}+후항동사 _ 56
   3.2. 어형성상의 절차 2: 전항동사+연결어미 {고}+후항동사 _ 58
   3.3. 어형성상의 절차 3: 전항동사+{ø}+후항동사 _ 62
   3.4. 어형성상의 절차 4: 전항동사+양형 가능({아·어}{고})+후항동사 _ 63
   3.5. 어형성상의 절차 5: 전항동사+{기}+후항동사 _ 69
   3.6. 그 외의 동사와 동사의 결합 _ 70
   3.7. 남은 문제점 _ 72

4. 한일 양 언어의 복합동사 표현 _ 73

5. 한일 양 언어의 동사와 동사의 결합표현과 복합동사의 자리매김 _ 75

6. 문법적 복합동사와 어휘적 복합동사의 구분 _ 80

7. 마무리 _ 81

제4장 일본어 복합동사의 재탄생 _ 83

1. 들어가기 _ 84

2. 복합동사의 의미의 대응 _ 87

3. 일본어 복합동사의 한국어 번역 _ 89

4. 통어적 복합동사 인정 _ 95

5. 어휘적 복합동사 인정 _ 96

5.1. 방향을 나타내는 후항동사 _ 96

5.2. 예를 통해 본 후항동사의 특징 _ 102

제5장 일본어 복합동사의 유사표현과 다양성 _ 111

1. 들어가기 _ 112

2. 전항동사의 특징 _ 114

3. 복합동사와 유사표현 _ 117

4. 마무리 _ 124

제6장 복합동사와 일본문화 _ 125

1. 들어가기 _ 126

2. 고유어(和語) 속의 복합동사 _ 126

3. 본동사와 복합동사 _ 127

4. 복합동사와 일본어 교육 _ 128

5. 복합명사와 복합동사 _ 128

6. 복합동사와 일본문화 _ 129

7. 마무리 _ 133

第7장 일본어 복합동사 연구의 현황과 과제 _ 135

1. 들어가기 _ 136

2. 동사의 결합 절차에 의한 분류 _ 137

3. 복합동사의 사전 등록 _ 142

4. 복합동사의 새로운 연구 가능성 _ 144
   4.1. 복합동사 대조연구 _ 144
   4.2. 복합동사 오용표현 _ 148
   4.3. 일본어 교육에서의 복합동사 _ 151

5. 마무리 _ 154

第8장 본동사와 복합동사의 관련성 -「-たてる」와「-まくる」를 중심으로- _ 157

1. 들어가기 _ 158

2. 본동사의 의미 _ 160
   2.1. 본동사「まくる」의 의미 _ 160
   2.2. 본동사「たてる」의 의미 _ 160

3. 전항동사의 의미 _ 163
   3.1. 전항동사「たてる」의 의미 _ 163
   3.2. 전항동사「まくる」의 의미 _ 164

4. 후항동사의 의미 _ 164
   4.1. 후항동사「-たてる」의 의미 _ 164
   4.2. 후항동사「-まくる」의 의미 _ 168

5. 복합동사 의미의 명시적 기술 _ 170
   5.1. 복합동사와 수동형 _ 170
   5.2. 어휘적 복합동사와 통어적 복합동사의 경계선 _ 173

6. 마무리 _ 174

제9장 어휘적 성질의 「KOMU」의 문법성과 어휘성 _ 177

1. 들어가기 _ 178

2. 어휘적 복합동사의 범주 _ 180

3. 「こむ」의 분류 _ 182
3.1. 구체적 이동 _ 184
3.2. 추상적 이동 _ 185

4. 「こむ」의 특징 _ 188
4.1. 후항동사에 문법적 요소가 결합된 경우 _ 188
4.2. 후항동사 「こめる」의 분류 _ 190
4.3. 후항동사 「こむ」의 다양성 _ 191

5. 번역본에 나타난 「こむ」의 한국어 역 _ 193

6. 일러스트를 응용한 일본어 복합동사 교육 _ 196

7. 마무리 _ 199

제10장 「THUKERU」의 문법성과 어휘성 _ 201

1. 들어가기 _ 202

2. 본동사 「つける」와 복합동사 「－つける」의 관련성 _ 204
2.1. 본동사 「つける」의 의미용법 _ 205
2.2. 복합동사 「－つける」의 의미용법 _ 205
2.3. 본동사 「つける」와 복합동사 「－つける」의 관련성 _ 205

3. 「つける」의 형성과 의미표시의 이중성 _ 208
3.1. 복합동사 「－つける」의 사상서술과 속성서술 _ 208
3.2. 복합동사 「－つける」의 의미적 특징과 한국어와의 대응관계 _ 209

3.3. 복합동사「ーつける」의 3항 동사 _ 212

4. 복합동사「-つける」의 문법적 특징 _ 214
4.1. 복합동사「ーつける」의 경어성 _ 214
4.2.「ぶっつける」와「ふんづける」의 음편 _ 215
4.3.「ーつける」의 격 지배 _ 216

5. 일본어 교육에서 사용할 수 있는 삽화를 활용한「つける」용법 _ 218

6. 마무리 _ 224

제11장 한국인 일본어 학습자의 복합동사 활용능력 _ 227

1. 들어가기 _ 228

2. 10년 이상 일본어 학습자의 특징 _ 229
2.1. A1의 특징 _ 229
2.2. A2의 특징 _ 230
2.3. A3의 특징 _ 230
2.4. A4의 특징 _ 231
2.5. A5의 특징 _ 232

3. 6~9년 일본어 학습자의 특징 _ 233
3.1. B1의 특징 _ 233
3.2. B2의 특징 _ 233
3.3. B3의 특징 _ 234
3.4. B4의 특징 _ 235
3.5. B5의 특징 _ 235
3.6. B6의 특징 _ 236

4. 일본어 작문교육과 복합동사 지도 _ 236
4.1. 예측이 가능한 경우 _ 236
4.2. 예측이 불가능한 경우 _ 237

4.3. 주요 포인트 _ 238

5. 마무리 _ 240

제12장 복합동사의 결합조건에 나타나는 제3의 표현 _ 249

1. 들어가기 _ 250

2. 복합동사의 제3의 표현 _ 253
2.1. 다의적 표현 _ 253
2.2. 직설적 표현 _ 255
2.3. 추상적 표현 _ 256
2.4. '복합동사 표현'과 '한자어+する' _ 258
2.5. 본동사와 복합동사의 무(無)관계 _ 264
2.6. 연어적 표현 _ 265

3. 복합동사와 복합명사 _ 266
3.1. 복합동사「のむ」와 복합명사「のみ」_ 266
3.2. 복합동사「かける」와 복합명사「かけ」_ 267

4. 일본어 학습자 입장에서의 복합동사 _ 272

5. 마무리 _ 278

부록: 일본어 복합동사에 대응하는 한국어 표현 _ 281

참고문헌 _ 315

범 례

(1) 한글 표기법은 개정된 한글 규정에 따라 표기한다.
한국어의 로마자 전사는 필요에 따라 Yale.Romanization System(Martin, S.)에 따른다.

(2) [주]는 각 장마다 구분해서 쓴다.

(3) 예문의 뒤에 있는 괄호는 예문 출전이며, 출전이 없는 예문은 필자가 작성한 예문이다.

(4) 복합동사 용례의 밑줄은 필자가 그은 것이다.

(5) 예문의 번호는 각 장 단위로 구분하였다.

(6) 예문의 앞에 있는 * 표시는 비문법적인 문장을 나타내며, ? 표시는 문법적으로 의문점이 있는 것을 나타낸다.

(7) 한국 국립국어연구소의 『한글 맞춤법 해설』(1988:80~83)에 따라 단어는 띄어 쓰고 조사는 그 앞말에 붙여 쓴다. 또 보조용언(보조동사 · 보조형용사 · 복합동사)은 띄어 쓰는 것을 원칙(ㄱ)으로 하고 붙여 쓰는 것도 허용(ㄴ)한다.

(ㄱ)	(ㄴ)
불이 꺼져 간다.	불이 꺼져간다.
내 힘으로 막아 낸다.	내 힘으로 막아낸다.

또한 한국어의 관점에서는 '뛰어가다'는 본동사이고 '먹어 보다'는 보조동사로 구별해 사용하고 있으나 일본어적 관점에서 보면 동사와 동사의 결합이므로 넓은 의미에서 복합동사로 간주한다.

제 1 장

동사와 동사의 결합구조와 복합동사 표현

1. 들어가기

본서는 동사와 동사의 결합에 대한 연구로, 통상 문법 카테고리의 하위로 나뉘는 복합동사라는 문법형식을 다루고 있다. 복합동사는 과거에는 어구성이나 어휘의 한 분야였으나, 최근 문법과 어휘를 넘나드는 주요 분야로 자리 잡았다. 복합동사는 일본어를 배우는 학습자들에게는 까다로우면서도 흥미 있는 분야이다. 일본에서는 1970년대와 1980년대에 관심을 가지고 연구했고 한국에서도 1980년대와 1990년대의 주요 관심 분야였다. 2000년대에 들어와서는 중국과 대만, 홍콩 등에서도 활발한 연구가 이루어지고 있다. 그 이유는 일본어 학습자들이 번역이나 작문을 할 때 동사와 동사의 단순한 결합으로 보이는 복합동사에서 오류와 문제점들이 많이 나타나기 때문이다. 2008년에는 중국의 청화대학에서 복합동사 심포지엄이 개최되어 일본을 비롯한 각국의 전문가들이 대규모로 주제발표와 토론을 했다. 필자도 이때 초청받아 일본문화와 복합동사라는 주제로 발표를 했다.

복합동사가 언어 일반에 나타나는 현상이라고 단정하기는 어렵다. 동사와 동사의 결합으로 만들어지는 복합동사는 나라와 언어에 따라 연구대상이나 취급대상에서 현저한 차이를 보이고 있다. 특히 영어나 독일어 등에는 동사와 동사의 결합이 거의 나타나지 않으므로 연구 성과가 매우 미약한 편이다. 복합동사가 일본과 한국, 중국에서 언어연구로 인정받는 것은 형태적 · 의미적 · 통어적 특징을 구비하고 있기 때문이다. 동사와 동사의 결합형식은 한국어와 일본어에 동일하게 존재하지만 세부적으로는 상당한 차이가 있다. 일본어에서 동사와 동사가 결합하는 형식으로는 「マス」형 결합과 「テ」형 결합이 있고, 한국어에는 '어' 결합과 '고' 결합이 있다. 따라서 이들을 서로 대비하기는 어려운데, 그것은 각기 다양한 형식과 의미로 언어의 결합과 문의 구성이 이루어지고 있기 때문이다.

한일 양국의 복합동사의 형태적 · 의미적 · 통어적 특징을 종합적으로 규정한 연구는 찾아보기 어려우며, 부분적으로 유사점과 차이점 정도를 정리한 개별연구가 있을 뿐이다. 연구자 대부분은 이를 암묵적으로 인정하고 인용하고 있는 형편이다. 따라서 일본의 히메노(姫野) 이후에 일본을 비롯하여 다른 외국에서는 찾아보기 힘든 복합동사 연구를 외국인으로는 처음으로 새로운 관점에서 종합적으로 정리해 수립한다는 점에서 이 책의 의미를 찾을 수 있다.

2. 일본어 복합동사의 개념 규정

동사와 동사의 결합 또는 복합동사라는 용어를 어떻게 규정할지에 대해서는 오랫동안 연구가 이루어졌으나 이는 언어의 개별성과 특수성 때문에 쉽지가 않다. 단순동사로 볼 것인지 복합동사로 볼 것인지, 어휘적으로 볼 것인지 통어적으로 볼 것인지는 연구자에 따라 다르게 정의되고 있다. 개념 규정과 복합동사로 인정할지에 대한 연구를 재정리하면서 살펴보겠다.

2.1. 복합동사의 인정

일본어에서는 동사와 동사의 결합 중에서 「マス」형과의 결합을 복합동사로 인정하고 있다. 그러나 하나로 굳어져 버린 「はりきる, おちつく, くりかえす」 등을 복합동사로 볼 것인지 단순동사로 볼 것인지에 대해서는 여전히 논쟁이 계속되고 있다. 복합동사의 인정에 대한 차이는 있지만 여기서는 동사와 동사의 결합형태가 있으면 모두 복합동사로 인정하기로 한다.

2.2. 일본어 교육에서의 복합동사

일본어 학습자들이 일본어 복합동사를 습득하기는 쉽지 않으므로 복합동사 연구자는 일본인보다 외국인이 압도적으로 많다. 특히 한국과 중국 쪽이 많은 이유는 형태적으로는 유사하지만 그 안에 포함된 내용이 다양하기 때문이다. 일본어의 복합동사 표현은 한국어의 복합동사 표현보다 상당히 세분되어 있어, 문장으로 복합동사를 학습하지 않고 단순히 익히기만 해서는 무의미한 경우가 많다.

한국인 일본어 학습자들이 일상생활에서 복합동사를 단어 레벨로 암기해 사용하다가 틀리는 경우를 흔히 볼 수 있다. 한국어의 '시작하다'에 해당되는 일본어

표현은 다양하다. 한국어의 '(~기) 시작하다'를 일본어로 옮기면 적어도「－だす, －はじめる, －かける, －(て)くる」등의 문장으로 옮길 수 있다. 따라서 복합동사의 후항동사 용법을 정확하게 구별하지 못하면 오용이 일어나게 마련이다. 한국어에는「－だす, －はじめる, －かける, －(て)くる」를 구별하는 언어적 환경이 없기 때문에 이런 용법은 어려울 수밖에 없다. 그러나 이것만으로 일본어 복합동사는 표현이 다양하고 풍부하나 한국어는 단순하다고 단정할 수는 없다. 한국어의 복합동사 표현은 일본어와 달리 전항동사를 다양하게 변화시킬 수 있고 또 한자표현 및 '하다' 동사와의 조합 등을 이용해 다양하게 나타낼 수 있기 때문이다. 즉 한국어 동사의 결합표현이 일본어 동사의 결합표현보다 더 세분화되어 있는 것이다. 예를 들면 일본어의「してみる(「する」+「みる」)」에 해당하는 한국어의 표현은 '해 보다, ~하고 보다, 시도하다' 등인데 이러한 것이 상당수 존재한다. 이처럼 각각의 언어는 고유한 특성을 가지고 있으므로 표현방식과 언어구성 절차에 차이가 있다.

앞에서 기술한 바와 같이 복합동사에 대한 질문의 답을 구하기 위해 조사해 본 결과, 데라무라(寺村, 1969)는「－だす」가「－はじめる」보다 갑자기 발생한 경우와 자연현상에 자주 사용된다고 기술하고 있다. 모리타(森田, 1977)는「－だす」와「－はじめる」에 비해「－かける」는 중지의 의미로 사용되는 경우가 많다고 설명한다. 스즈키(鈴木, 1972)는「雨が降ってきた」의「ふってきた」는 어휘적인 의미가「降った」와 같지만,「降り始めた」의 어휘적인 의미는「降った」와는 다르다고 설명하고 있다. 이를 이해하기 쉽게 설명하면 다음과 같다(1′, 2′, 3′, 4′는 필자).

例: (~기) 시작했다

(1) 子どもが<u>泣き出した</u>。

어린애가 <u>울기 시작했다</u>.

(1′) 急に子どもが<u>泣き出した</u>。

갑자기 어린애가 <u>울기 시작했다</u>.

(2) 日本語の聖書を<u>読みはじめた</u>。

일본어 성경을 읽기 시작했다.

(2′) 本を読みはじめてから読み終わるまで一週間かかった。

책을 읽기 시작해서 다 읽을 때까지 1주일이 걸렸다.

(3) 清への手紙を書きかけた。

기요에게 편지를 쓰기 시작했다.

(3′) 清への手紙を書きかけた。－中略－あきらめた。

기요에게 편지를 쓰기 시작했다. －중략－포기했다.

(4) 雨が降ってきた。

비가 내리기 시작했다.

(4′) 予想していなかったのに、雨が降ってきた。

예상하지 않았는데 비가 내리기 시작했다.

이들 네 문장은 '시작하다'라는 내용만 생각하면 같은 의미이지만 문장이 나타내고 있는 상황은 모두 다르다. 이러한 차이는 하나의 언어체계에 완전한 동의어는 존재하지 않는 것에 기인한다. 한국어에서는 하나로 나타내는 표현을 일본어에서는 앞의 예문처럼 네 종류(「－だす, －はじめる, －かける, －(て)くる」)로 나타내기 때문에 구별해서 사용하기가 어려운 것은 당연하다. 일본어에서 개시를 나타내는 복합동사의 구문을 한국어에서는 전항동사 '내리다'에 무게를 두어 사용하고 있다. 게다가 한국어에는 개시의 후항동사가 '－시작하다'로 통일되어 있는 데 비해 일본어에서는 개시의 상황에 따라 후항동사의 사용법이 완전히 다르다. 즉 예 (1′)(2′)(3′)(4′)처럼 전후문맥과 부사의 공기관계(共起關係)와 전항동사의 성질 등을 이해해야 구별할 수 있는 것이다. 다수의 일본어 학습자는 복합동사를 사용하는 대신 어려운 한자를 이용하거나 문장을 길게 설명하는 등 우회적으로 표현하기도 한다. 동사와 동사의 복합표현은 일본어뿐 아니라 한국어에도 있으므로, 그대로 직역하면 표현이 이상해지거나 비문(非文)이 되는 경우도 있다.

복합동사의 의미는 문맥과 상황에 따라 결정되므로, 실제 언어생활에서는 문맥과 문장의 흐름이나 구성요소 등으로 전체 의미를 파악해야 그 뜻이 명백해진다. 따라서 본 논문은 표현 효과를 높이고 세련된 느낌을 주는 복합동사를 다음과 같은 연구목적에 맞춰 진행하고자 한다.

(i) 복합동사의 문법적 특성과 어휘적 특성을 밝히고, 한일 양 언어의 복합동사가 갖는 본질의 차이를 구명하고 그 특징을 밝힌다.
(ii) 한일 양 언어의 복합동사의 형태적 · 통어적 · 의미적 특징을 밝힘과 동시에 대응관계가 어긋나는 요인을 구명한다.
(iii) 한일 양 언어의 대응관계 중에서 사용빈도가 높은 「KOMU」「THUKERU」와 결합되는 복합동사의 사례를 통해 그 실체를 밝힌다. 복합동사는 본동사의 의미용법이 중심이 되므로 이에 베이스를 두고 그 구조적 의미를 관련시켜 나간다. 또 두 동사를 의미적으로 분리하는 것이 가능한지를 구체적으로 파악하여 분석한다.

이러한 관점에서 한일 양 언어의 복합동사의 본질적인 해명을 도모함과 동시에 양 언어 각각의 개별적 특성을 명확하게 하고, 또 복합동사의 구성요소로 어떠한 것이 존재하며 그 요소 간에 어떠한 보편적 특성이 나타나는지 밝힌다.

일본어와 한국어의 복합동사를 대조해 나가다 보면 하나의 언어연구만으로는 발견할 수 없는 현상을 찾아낼 수도 있을 것이다. 형식상 · 의미상으로 유사성이 높은 한일 양 언어의 대조를 통하여 언어의 보편성과 유형론, 그리고 이를 실제 한국인의 일본어 교육과 연결시키기 위한 방법을 찾는 것이 본 연구의 목적이다.

3. 연구의 범위와 방법

일본어와 한국어처럼 유사한 언어는 대조연구(contrastive study)의 대상이 되기 쉬운 것과 그렇지 않은 것이 있다. 일본어와 한국어의 복합동사 대조연구는 언어보편성 연구, 기계번역(machine translation), 정밀한 사전편찬 등을 위해서 빼놓을 수 없는 작업이며 이는 일본어 교육을 위해서도 매우 중요하다. 그런데도 연구가 거의 이루어지지 않고 있는데 그 이유를 다음 세 가지 관점에서 생각해 볼 수 있다.

첫째, 일본어와 한국어의 복합동사는 동사와 동사의 결합이라는 점에서 형태적으로 동일하게 취급되어 차이점을 별로 찾을 수 없다. 둘째, 대조연구는 공통의 요소를 설정하고 거기에서 출발해야 하는데 하나의 언어(일본어 또는 한국어) 연구에 치우쳐 공통요소를 고려하지 않았다. 셋째, 복합동사의 수가 너무 많아 전체적으로 대조·비교하기 어렵다.

이러한 이유로 지금까지 한일 양 언어의 대등한 복합동사 대조연구는 거의 이루어지지 않았다. 실제로 두 언어 사이에 복합동사의 서술방법과 논점, 하위구분의 차이점이 존재하는데다 그 수가 너무 많아 1:1의 완전한 대조연구는 불가능하다. 그러나 양 언어가 갖는 유사한 형태적 특징에 기초하여, 거기에 나타나는 복합동사의 이동(異同)에 관해서는 어느 정도 가능하다고 생각된다. 현재까지 복합동사의 연구는 형태·의미를 중심으로 부분적으로 이루어져 왔지만 충분하지 않았다. 그러므로 선행연구에서 누락된 부분과 대응관계를 중심으로 양 언어의 복합동사를 형태적·통어적·의미적인 수준에서 분석해 보고자 한다. 의미·통어면에서 양 언어의 공시적인 대응관계를 통해 그 동질성 및 이질성을 분석한다면 한일 양 언어의 대조연구에 새로운 방법을 제공할 수 있을 것이다.

지금까지 복합동사 대조연구는 일본어 교육의 관점에서는 거의 이루어지지 않았다. 그러므로 어떠한 관계가 있는지 구체적으로 조사해 보기 위하여 한국어와 일본어 번역본의 용례를 될 수 있는 한 그대로 인용(많이 의역된 경우는 제외)했다. 또 부족한 부분은 본인이 판단하여 추가했다. 용례자료는 원전이 일본어인 경우는 일본어 복합동사(동사의 연용형+후항동사)가 한국어로 어떻게 번역되었는지 살펴보고, 원전이 한국어인 경우는 한국어 복합동사(동사의 어미{아/a·어/e}{ø}{기/ki/}+후항동사)가 일본어로 어떻게 번역되었는지 살펴보겠다.

이상의 연구방법에 따라 한국인이 틀리기 쉬운 일본어 복합동사의 대응 가능·불가능을 통해 한일 양 언어의 언어의식 중에 내재하고 있는 것을 기초로 일반적인 규칙을 도출하고 여기에 대응하는 한일 양 언어의 복합동사를 중심으로 대조표를 만들고자 한다. 연구의 범위는 다음 형태로 구성된 것에 한정한다.

(i) (食べる＋始める) － 食べはじめる
(전항동사의 연용형＋후항동사)
(ii) (견디다/＋내다/) － 견뎌내다/
(전항동사의 어미{－아/ · －어/ · －ø}＋후항동사)
(iii) (먹다/＋시작하다/) － 먹기 시작하다/
(전항동사의 명사형 어미{－기/}＋후항동사)

3.1. 일본어 교육에서 복합동사의 중요성

시대가 발전함에 따라 언어에 관한 사고도 복잡해진다. 자주 사용하는 언어가 세분화되고 점차 발달해 가는 반면, 사용하지 않는 언어가 도태되는 것은 당연한 현상이다. 시대가 복잡해짐에 따라 일본어와 한국어의 표현도 점차 다양해지고 있다. 한국인 일본어 학습자는 의식적이든 무의식적이든 목표언어인 일본어를 유창하고 정확하게 쓰고 싶어 하지만 실제로는 어려운 점이 몇 가지 있다. 그중 하나가 복합동사이다. 복합동사는 아무리 공부해도 이해하기 어렵다는 의견이 중급 이상 학습자에게서 자주 나온다. 게다가 교과문법 학습에 복합동사는 포함되지 않고 사전에도 나오지 않는 것이 많다.

복합동사는 본동사 단독으로는 표현하기 어려운 심오하고 풍부한 의미를 나타낼 수 있는 언어구조로 되어 있다. 그래서 다양한 의미를 나타내고 세련된 표현을 가능하게 한다. 이는 TV · 라디오 · 신문 · 잡지 · 광고 · 소설 등에서 빈번하게 사용되므로 일상생활 속에 깊숙이 침투하여 커뮤니케이션에서도 중요한 역할을 한다. 그러나 한국인 일본어 학습자는 일본어가 유창하다고 해도 복합동사는 그다지 사용하지 않으며 또 잘못 사용하는 경우가 많다. 그것은 복합동사에 대한 체계적인 이해 부족으로 학습에 어려움(초 · 중급 단계에서는 거의 단순동사지만 상급단계로 올라가면 복합동사가 빈번하게 나온다)이 많기 때문이다. 일본어 복합동사의 후항동사는 본동사로서의 단독용법과 같은 의미로 사용되기보다는 추상화되어 다른 의미로 사용되는 경우가 많기 때문에 이해하기가 쉽지 않다. 한 예로 절

단의「切る」가 복합동사의 후항동사로 사용되는 경우를 생각해 보자.

(5) 彼女は舌を噛みきって死んだ。

그녀는 혀를 물고 죽었다.

(6) 精神的にも肉体的にも疲れきった時、(道)

정신적으로도 육체적으로도 아주 피곤했을 때

(7) 親子の姿は石段を下りきって、左折して消え去った。(湖)

부모와 아이의 모습은 돌계단을 끝까지 내려가 왼쪽으로 돌아서 사라져 버렸다.

(8) 夜が明けきったときは、留守番部隊も帰還部隊も大部分の者が戦闘配置についていた。(孰)

밤이 완전히 밝았을 때는 지키는 부대도 귀환부대도 대부분의 부대원들이 전투배치로 되어 있었다.

(9) いつ全快するか分からぬ私のことを、いつも堂々とそう言いきってくれた彼を思うと、私はありがたい。(道)

언제쯤 완쾌될지 모르는 나를 언제나 당당하다고 그렇게 자신 있게 말해 준 그를 생각하면 고맙다.

(10) 総務課長は、その準備に張りきっていた。(坊社)

총무과장은 그 준비로 의욕이 넘쳐 있었다.

(11) 決りきった挨拶を言い出しそびれた。(廢)

틀에 박힌 인사를 할 기회를 놓치고 말았다.

(12) 思いきってこの時、口から出してみた。(孰)

과감하게 그때 말해 보았다.

(5)의「噛みきる」의 후항동사「−切る」는 본동사의 단독용법과 같은 '절단'의 의미로 사용되고 있다. 그러나 (6)의「疲れきる」, (7)의「下りきる」, (8)의「明けきる」, (9)의「言いきる」, (10)의「張りきる」, (11)의「決まりきる」, (12)의「思いきる」는 전항동사에 의해 후항동사「−切る」의 의미가 본동사 '절단'의 의미와 다르게 사용된 것을 알 수 있다. 후항동사「−きる」는 크게 네 가지 의미로 나눌 수 있다. 첫 번째는 (5)의「噛み切る」에서 보듯이 본동사와 같은 절단의「−切る」의 의미이다. 두 번째는 (6)의「非常に疲れる」, (7)의「最後まで下りる」, (8)의「完全に明ける」처럼 완수를 나타내는「−きる」이며, 세 번째는 (9)처럼 자신감을 가지고 행동하는「−きる」, 네 번째는 (10)～(12)의 예와 같이 한 단어처럼 쓰이는 관용구적 표현이 그것이다. 이처럼 각각의 전항동사와 후항동사의 실질적 의미와 형식적인 의미가 사라지고, 복합동사 내부의 의미와 기능도 전혀 다르게 나타난다. (5)의「噛みきる」는 본동사의 단독 의미와 문법적 특징이 복합동사에서도 유지되지만,「疲れきる, 下りきる, 明けきる, 言いきる, 張りきる, 決まりきる, 思いきる」의「−きる」는 본동사 단독용법의 의미와 다르게 나타나기 때문에 구별할 필요가 있다.

앞에서 서술한 것처럼 복합동사가 가지고 있는 의미변화의 구체적인 성질을 모르면 학습자는 (6)의「疲れきる」라고 말해야 할 곳에서「疲れきる」를 사용하지 못한다. 게다가 그것이 어떤 의미인지도 모른다. 굳이 사용한다면「非常に」라는 부사와「疲れる」라는 동사를 조합해서 표현하고 마는 것이다. 복합동사의 사용법과 의미를 확실히 모르는 상태에서는 부사(구)를 이용하는 방법이 쉽기 때문에 표현이 길어지거나 부자연스러워지는 경우도 있다. 더욱이 복합동사의 후항동사「−きる」는 '절단'이 기본적인 의미이기 때문에「疲れを切る」와 같은 의미(疲れを癒す)로 착각하기도 한다. 따라서 한국인은「疲れきる」와「非常に疲れる」는 전혀 의미가 다른 것으로 생각하기 쉽다. 실제로 복합동사를 폭넓게 이해하지 못하면「切る」가 추상화되어「非常に」라는 의미로 사용되는 것을 이해하기 힘들다. 일본어 복합동사의 후항동사가 한국어에 대응할 때는 부사의 의미로 변하는 것도 많으므로 한국어의 부사와 일본어 복합동사의 후항동사는 관련이 깊다. 또한 복합동사의 의미를 파악할 때, 복합동사만이 아니라 문장 전체에서 복합동사의 본질을 파악하는 것이 무엇보다 중요하다. 또 원래 본동사의 의미에서 파생된 의

미를 유추할 수 있는 것과 유추할 수 없는 것이 있으므로, 복합동사를 지도할 때는 본동사의 의미와 복합동사의 의미를 곁들여 지도해야만 한다.

한국어의 보조동사와 복합동사에 관한 토론회에서 양인석(1990:290)은 복합동사의 성질을 밝혀 나가는 것은 언어학적인 해결점을 찾아가는 것뿐만 아니라 외국인에 대한 한국어 교육에도 많은 도움이 된다고 강조한다. 이처럼 외국어 교육에서 복합동사의 중요성을 서술하는 것은 한국어의 복합동사도 본동사의 의미용법과 완전히 달라지는 경우가 있기 때문이다. 한국어에서도 역시 본동사로 쓰일 때와 복합동사의 후항동사로 쓰일 때 의미에서 상당한 차이가 나는 것이 있다. 예를 들면 다음과 같다.

(13) 음식쓰레기를 버리다.

生ゴミを捨てる。

(14) 야구를 보다.

野球を見る。

(15) 책상을 밖으로 내놓았다.

つくえを外に出した。

(13)에서 '음식쓰레기를 버리다'의 '버리다'는 「捨てる」의 의미이고, (14)의 '야구를 보다'에서 '보다'는 「見る」의 의미이며, (15)의 '책상을 밖으로 내놓았다'의 '내놓았다'는 「出す」의 의미이다. 그러나 이러한 것이 복합동사의 후항동사로 사용될 때는 본동사의 단독용법으로 사용될 때와 전혀 다른 의미로 사용되기도 한다. 예를 들면 다음과 같은 경우이다.

(13′) 여동생이 사과를 먹어 버렸다.

妹がリンゴを食べてしまった。

(14′) 맛있는 프랑스의 달팽이 요리를 먹어 보았다.

美味しいフランスのかたつむり料理を食べてみた。

(15′) 홋카이도에서 추위를 견뎌 냈다.

北海道で寒さを耐えぬいた。

(13′)의 '사과를 먹어 버렸다'의 '버렸다'는 종결, (14′) '프랑스의 달팽이 요리를 먹어 보았다'의 '보았다'는 시행의 의미이다. (15′) '추위를 견뎌 냈다'의 '냈다'는 완수를 나타낸다. 이처럼 한국어에서도 본동사 단독용법일 때와 복합동사의 후항동사일 때의 의미는 전혀 다르다. 복합동사는 한국어와 일본어 모두 본동사와 전혀 다른 의미로 사용되는 것이 많기 때문에 본동사의 단독용법과 결부시켜 가르칠 필요가 있다.

또 일본어에는 외부로 이동함을 나타내는 본동사 「だす」와 복합동사 「−だす」가 있다. 한국어에도 유사한 형식의 본동사 '내다'와 복합동사 '−내다'가 있다. 「だす」와 '내다'는 본동사에서도 복합동사에서도 아주 유사하다는 것을 알 수 있다.

(16) 自転車を外へ出す。

자전거를 밖으로 내다.

(17) 店を出す。

가게를 내다.

(18) 山田さんを呼び出す。

야마다 씨를 불러내다.

(16)의 「出す」와 '내다'는 본동사의 '이동'을 나타내고, (18)의 「−出す」와 '−내다'는 복합동사의 '이동'을 나타낸다. 또 (17)은 가게의 영업을 시작한다는 '개시'의 의미를 나타낸다. 이러한 것에서 한국인 일본어 학습자는 일본어의 「出す」를 한국어의 '내다'와 같다고 생각하기 쉽다. 그러나 반대로 한국어의 '내다'

에서 일본어의 「出す」를 생각해 보면 의외로 다른 것이 많다.

(19) 바닥에 구멍을 내다.

床に穴を(*出す)あける。

(20) 올해의 추위를 잘도 참아 내다.

今年の寒さをよくも耐え(*出す)抜く。

(21) 영어 원서를 읽어 내다.

英語の原書を読み(*出す)とる。

(19)는 '구멍을 내다'라는 '내다'의 의미이고, (20)은 '마지막까지 참고 계속하다'라는 의미에서 '참아 내다'이다. 또 (21)은 '원서의 의미를 읽고 이해한다'는 '이해하다'의 의미로 전항동사 동작의 완성을 보조한다. 이처럼 '내다'를 「だす」로 그대로 번역하는 것은 불가능하다. (16)～(18)은 「だす」를 '내다'로 옮기는(譯出) 것이 가능하지만, (19)～(21)의 '내다'를 「だす」로 옮기면 부자연스럽거나 전혀 의미가 통하지 않는 문장이 되어 버린다.

이상에서 알 수 있듯이 복합동사는 동사와 동사를 수없이 조합할 수 있고, 다양한 의미를 나타낼 수 있으므로 최소한의 노력으로 최대의 효과를 올리는 경제성을 가지고 있다. 게다가 언어기능 중에서 가장 본질적이고 대부분의 언어활동을 충당할 수 있는 전달기능도 함께 가지고 있는 동사의 하나로, 일본어 교육에서 빠뜨릴 수 없는 중요한 학습항목이다. 앞의 몇 가지 예는 한국인 일본어 학습자의 실제 일본어 복합동사의 학습과 사용이 얼마나 어려운지를 단적으로 보여준다. 따라서 일본어 교육에서 한일 양 언어의 복합동사를 체계적으로 대조함으로써 구조상의 유사점 · 상위점 · 차이의 요인을 예측하고 그 부분에 중점을 두면서 효과적으로 복합동사를 지도해 가는 것은 의의가 있다.

제 2 장
선행연구의 검토와
본고의 입장

1. 일본어 복합동사의 연구 동향

일본어 복합동사는 형태적 · 의미적 · 통어적인 면에서 다양하게 연구되어 왔다. 과거의 고전적인 문헌연구에서부터 현대의 일본어 교육 활용연구에 이르기까지 연구방법도 다양하다. 특히 최근 일본어 복합동사에 대한 연구와 교육이 활발한 이 시점에서 외국인 선교사였던 로드리게스의 활약이 눈에 띈다. 로드리게스는 『일본대문전(日本大文典, 1604)』에서 복잡하고 다양한 복합동사의 뉘앙스와 그 특징을 다음과 같이 서술했다.

"다른 동사와 결합하여 나타나는 것이 복합동사이다. 이 경우 접속한 동사가 나타내는 동작의 양상을 의미한다. 관계되는 복합어는 일본어에서 극히 일반적이고 또 상당히 품위 있는 언어이다. 어근은 항상 복합된 동사에 선행해야 하는 것이다. -중략- 예를 들면 「引き裂く」는 '잡아 찢다'의 의미, 「ふみつける」는 '발로 밟고 누른다'는 의미, 「書きたつる」는 '새롭게 쓰고 시작한다'는 의미, 「かき集める」는 '그러모은다'는 의미이다."(日本大文典, 1956:35)

또한 동사와 동사가 결합한 복합동사 외에 동사와 조사의 조합에 대해서도 서술했다. 전형적 복합동사인 동사와 동사의 결합표현과 동사와 조사의 결합표현을 모두 중요시하고 구체적으로 기술하고 있다는 것은, 일본어의 단순동사는 물론 복잡한 의미를 가진 복합동사의 표현이 무엇보다도 중요하다고 인식했기 때문이다. 외국인 선교사가 일본어를 자유자재로 능숙하게 사용하기 위해서는 복합동사의 습득이 아주 중요했을 것이다. 이처럼 17세기 초에 이미 로드리게스는 외국인에게도 복합동사 습득이 중요하다는 점을 인식하고 있었음을 알 수 있다.

복합동사는 수없이 많이 연구되어 왔지만 여기서는 개략적으로 각각의 연구가 무엇에 중점을 두었는지를 검토하기로 한다.

1.1. 의미의 관점

일본어의 복합동사를 논할 때 피해 갈 수 없는 것이 의미의 문제이다. 복합동사의 의미란 복합동사의 형식과 내용 중에서 내용에 해당하는 부분이다. 복합동사의 의미 문제는 이미 많은 연구자에 의해 어느 정도 밝혀지고 있다. 그 가운데 대표적인 것은 야마다(山田, 1936)이다.

야마다(1936:610)는 말의 구성 요소 사이에 있는 전항동사와 후항동사의 의미관계를 주종관계(예: さしころす), 일치관계(예: くり返す), 병립관계(예: 泣き叫ぶ)의 삼 분류법으로 나누어 어구성의 의미관계를 설명했다. 야마다(1936:610～611)는 의미 문제는 단순히 숙어에 한하지 않고 구 성분의 결합과 구 자체의 결합 등 모든 단위로 복합될 때 반드시 나타나는 관계의 범주라고 서술하고 있다. 이것은 복합동사의 전항동사와 후항동사 사이에 존재하는 의미관계에 착안하여, 복합동사의 의미를 세 가지로 나누어 어구성 성분의 의미관계와 구(句) 성분의 결합의 중요성을 밝히려고 시도한, 뛰어난 언어감각에 기초한 것으로 인정받고 있다.

시키부(式部, 1953:461～476)는 야마다보다 더욱 구체적으로 세분하여 (i) 강의(강조)적 의미를 첨가한 것(예: 投げ付ける), (ii) 동작의 방향을 나타내는 것(예: 積み込む), (iii) 동작의 발생방법을 나타내는 것(예: 読み切る)으로 설명하고 있다. 시키부의 복합동사의 의미에 의한 분류는 복합동사가 무엇을 구체적으로 나타내고 있는지, 복합동사가 왜 존재하는가라는 관점에서 행해졌다.

최근의 많은 연구는 이에 기초하여 동작의 방향과 발생이라는 카테고리에 강조 의미를 부가하여 분류하고 있다.

나가시마(長島, 1976:64～104)는 복합동사를 구성하고 있는 어구조의 분류를 I류(수식, 피수식)와 II류(피수식, 수식)로 구분했다. I류(예: 木を斬り倒す)와 II류(예: 本を読み通す)의 구분방법은 「Nが(を, に)」를 후항동사라고 할 수 있는지 여부에 따른 것이다. 결국 의미의 중심이 전항동사에 있는지 후항동사에 있는지에 따라 수식 요소와 피수식 요소로 나누어 의미관계를 중심으로 설명하고 있다.

또 구체적 의미의 개별적 연구로 대표되는 히메노(姫野, 1999)는 20년간의 복합동사의 개별연구들을 모아 하나의 커다란 획을 긋는 연구로 집대성했다. 히메노는, 특정의 복합동사군을 문제로 하여 복합동사를 구성하는 후항동사 중에는 자립어로서의 기본적인 의미를 그대로 가지고 있는 단순한 것도 있지만 원래의 의미에서 파생되어 복잡한 의미용법으로 분화한 것이 있다는 관점에서 복합동사를 분석하고 있다.

히메노의 연구는 자 · 타 복합동사에 대한 기술과 이동을 나타내는 복합동사의 차이에 관해 서술하고 더 나아가 개시의 복합동사 「－かかる」와 「－かける」, 완수의 복합동사를 하나하나 용례를 발췌해 분석한 것이 특징이다. 특히 유사 복합동사 「－きる」와 「－ぬく」, 「－とおす」 연구 및 대상관계를 나타내는 복합동사 「－あう」와 「－あわせる」에 대해 각각의 의미적 면과 문법적 면의 차이를 체계적으로 기술 · 분석한 것은 높이 평가할 수 있다. 사실 히메노는 시키부의 의미의 사용법을 답습하여 자세히 분류했다. 복합동사가 보조동사화하고 있는 것을 중심으로, 의미의 면에서 (i) 방향성에 관한 것, (ii) 정도의 강조에 관한 것, (iii) 사물의 성패(成否) · 과부족에 관한 것, (iv) 아스펙트에 관한 것으로 나누어 분석하고 있다. 이처럼 시키부와 히메노의 복합동사 연구는 의미적 · 통계적인 카테고리에 관한 언어현상을 규명하는 데 유익한 시사를 주고 있다. 또 복합동사는 어구성 요소 사이에 후항동사가 전항동사를 강조하거나 상하좌우의 방향 제시와 다양한 의미를 나타낸다는 것을 명백히 하여 많은 연구자에게 큰 영향을 끼쳤다고 할 수 있다. 이시이(石井)는 '동작'과 '변화'의 관점에서 복합동사를 어구조 분석과 구성의 효과성 유무 및 주체동작과 대상변화와의 관계에 따라 구분하고, 복합동사 구조 분석을 세세하게 나누어 서술하고 있는 점이 높이 평가되고 있다.

이상 복합동사의 의미의 관점에서 선행연구를 살펴본 결과 복합동사에는 다양한 의미가 있고 여러 관점에서 연구되는 것을 알 수 있다. 그러나 복합동사를 논하면서 본동사와의 의미관계에 대해서는 거의 다루지 않고 있다. 결국 복합동사가 본동사의 의미를 그대로 가지고 있는 경우도 있고 추상화된 경우도 있기 때문에 본동사와 복합동사와의 관련을 나타낼 필요가 있다. 게다가 형태가 같은 복합동사라도 문맥에 의해 의미용법이 바뀌므로 복합동사는 문맥 속에서 생각해야 한다.

1.2. 아스펙트의 관점

아스펙트란 동작이나 사건이 어느 단계(시작단계, 계속단계, 종료단계)에 와 있는가를 나타내는 문법적 범주이다.

복합동사를 동적 아스펙트와 관련짓는 견해도 있다. 즉 어구조 가운데에서 아스펙트의 흐름을 파악하려는 것이다. 사쿠마(佐久間, 1936:164)의 동작태(시동, 계속, 완결) 이래 긴다이치(金田一, 1976:5~58)는 동작 · 작용 사항을 표시하는 아스펙트의 형식의 일환으로 시동 · 계속 · 종결태(상)를 다루고 있다. 사실 긴다이치가 동작 · 작용을 아스펙트의 관점에서 분류한 유명한 연구는 오랫동안 가려져 있었다. 그 이유는 다른 학자들이 그것을 바르게 이해하지 못했기 때문이었다. 훗날 그 분류법이 인정받게 되면서 오랫동안 주류로 연구되어 왔다. 사쿠마, 긴다이치, 데라무라(寺村)는 복합동사 구성요소의 의미관계를 분석하여 기술하고, 3차 아스펙트라는 독립된 카테고리로 다루고 있다. 아스펙트를 시간적 상과 공간적 상, 강도의 상, 세 가지로 크게 구별하고 있다.

그러나 긴다이치(1976:9~11)의 태(상)와 데라무라(1969:43, 1984:164~183)의 3차 아스펙트는 관점의 발상에서는 유사하지만 내부의 실제 분류기준은 근본적으로 다르다. 예를 들면 긴다이치(1976:9~11)는 태(상)를 네 개의 동사(상태동사, 계속동사, 순간동사, 제4종의 동사) 분류와 관련지어 논하고 있지만, 데라무라(1984:167)는 실질적인 의미가 전항동사에 있는지 후항동사에 있는지에 무게를 두고 시간적인 상과 공간적인 상을 나누어 3차적 아스펙트 형식으로 설정하고 있다. 이는 설정방법을 복합동사를 구성하는 전항 · 후항의 독립성 면에서 나눈 것이다.

야마모토(山本, 1983:334~350)는 복합동사의 구성요소 간의 의미관계를 문장 가운데에서 고찰하고 분류하여 복합동사의 아스펙트의 유무를 구별하고 있다.

(1) 水面に浮いたごみをつまみ出した。

물 위에 뜬 쓰레기를 끄집어내었다.

(2) タイは各地で大雨による洪水の被害が相次いでおり、施設の壁が洪水で壊れてワニが逃げ出したという。

태국은 각지에서 많은 비로 인한 홍수 피해가 계속되고 있고, 시설의 벽이 홍수로 붕괴되어 악어가 달아났다고 한다.

(3) 突然ガクガクブルブル震えて泣き出した。

갑자기 부들부들 떨며 울기 시작했다.

(1)～(3)의 경우, 같은 후항동사 「－出す」에서도 (3)의 「－出す」를 '개시'라는 시간적인 아스펙트로 다루어 다른 것과 구별하여 설명하고 있다. 특히 생산적인 전항요소 중 항상 아스펙트적인 의미를 가지고 있는 것과, 경우에 따라 아스펙트적 의미를 가진 것으로 나누고 있다. 전자에는 「－はじめる, －つづける, －おわる, －おえる」가, 후자에는 「－だす, －かける, －かかる, －あがる, －あげる, －きる, －ぬく, －とおす, －やむ, －さす, －つける」가 해당된다.

시로타(城田, 1985)는 동작상 접미어(후항동사에 해당함)를 양태상(움직임의 상태를 나타냄)과 단계상(움직임의 수행단계를 나타냄)으로 나누고, 복합동사의 동작이 어떤 단계에 이르고 있는지 또는 동작의 어떤 상태를 나타내고 있는지를 구분해서 논하고 있다. 단계상은 '시작의 단계상'과 '마침의 단계상'으로 나누었고, 양태상은 '계속상'을 비롯하여 아홉 가지로 세분화시켜 설명하고 있다.

가네코(金子, 1995)에서는 아스펙트 형식을 의미적 기능의 면에서 '시점에 의한 표시'를 「－ている, －てしまう, －ておく, －てある」로 나누고 있다. 또 '국면에 의한 표시'를 크게 세 가지로 나누고 있다. 우선 개시국면은 「－はじめる」, 종결국면은 「－おわる, －おえる」, 중도국면은 「－つづける, －つつある」이다. 게다가 '방향에 의한 표시'를 「－ていく, －てくる」로 나누고 있다. 그 외에도 의사국면 표시의 형식은 「－かける, －かかる」가 있고 또 「－だす」는 「－かける」에 가깝지만 어휘적 특성의 하나로 나누어 설명하고 있다.

이상으로 복합동사의 아스펙트 관점에서의 분류를 조사해 보았다. 그런데 다양한 용어로 세세하게 분류하고 있기는 하지만 공통된 후항동사인 「－かける, －だす, －あげる, －きる」 등의 아스펙트 분류기준(아스펙트의 표시 여부)은 확실하게 나타나 있지 않다. 언어 직관에 따라 아스펙트의 유무를 결정할 것이 아니라 아스펙트 의미의 유무를 나누어 본질적인 근거를 나타내는 객관적인 기준을 설정해야 한다.

1.3. 결합의 관점

복합동사의 결합이란 전항동사와 후항동사가 결합해서 새로운 형태의 동사가 되는 것을 말한다. 이는 한국어와 일본어의 어형성의 특징 중 하나이다.

가게야마(Kageyama, 1984:16～30)는 복합동사의 어형성에는 세 가지 측면(어휘적인 면, 구성적인 면, 음운적인 면)이 존재한다고 보고, 복합동사를 구성하는 요소의 결합형태 차이에 따라 통어적 복합동사와 어휘적 복합동사를 나누었다. 여기에 입각하여 모리야마(森山, 1988:45～55)는 양자의 중간적인 카테고리를 설정했다. 가게야마와 모리야마의 관점은 세부적인 면에서는 다소 차이가 있지만 양자 모두 복합동사의 본질적인 차이를 형태적 관점에서 취하고 있어, 기본적으로는 통어적인 것과 어휘적인 것으로 나누는 이분법이다. 그러나 통어적 복합동사와 어휘적 복합동사의 중간적 성질을 가진 복합동사를 인정할 것인지에 대하여 가게야마(Kageyama, 1984:20) → 모리야마(1988:51) → 가게야마(影山, 1993:93)가 논쟁을 계속하고 있다. 이 논쟁 가운데에 양자는 통어적 복합동사와 어휘적 복합동사의 구별에 입각하여 복합동사의 복합형태를 둘러싼 고찰을 심화시켜 분석의 테스트프레임을 설정하고 있다. 이처럼 가게야마(影山)와 모리야마의 연구는 복합동사를 결합형태의 본질적인 차이에서 다루려고 하는 점이 종래의 연구와는 다르다.

가게야마(1984:20)는 통어적 복합동사와 어휘적 복합동사의 차이를 다음과 같이 구분하고 있다. 통어적 복합동사는 「書き始める(Begin to write)」류로 「書かれ始める－書かせ始める－お書きになり始める」가 가능하지만 어휘적 복합동사는 「書き込む(Write in)」류로 「*書かれこむ－*書かせこむ－*お書きになりこむ」가 불가능하다고 정의하고 있다. 다음은 통어적 복합동사가 가능하다는 것을 확인한 예이다.

(4) 私が文章を書き始めたとき、私はこの本のまさにマネをそれも非常に忠実にして書いたのだ。

내가 문장을 쓰기 시작했을 때 나는 이 책을 모방, 그것도 아주 충실하게 모방하여 썼던 것이다.

(5) 相手とのやりとりを期待する伝達や質問等の内容が書かれ始め、手紙を書くことの捉え方が発達的に変化することが示された。

상대방과의 대화를 기대하는 전달이나 질문 등의 내용이 쓰이기 시작해, 편지를 쓰는 법이 발전적으로 변화되는 일이 나타났다.

(6) 冬の乾燥が気になり始めた方は、本日ご予約にまだ余裕がございますので、是非この機会にご来店お待ちしております。

겨울이 되어 피부건조가 걱정되기 시작한 분은, 오늘 예약은 아직 여유가 있사오니 꼭 이 기회에 내점해 주시기를 기다리고 있겠습니다.

(4)～(6)에서 알 수 있듯이 수동형의 삽입이 가능하고 전항동사를 경어로 만들 수 있다는 것만 보아도 통어적 성질이 강하다는 것을 알 수 있다. 가게야마(影山)는 이처럼 통어적인 차이를 중심으로 구분하고 있는데, 그것은 복합동사의 내부에 존재하는 문법적인 특징을 고려하면서 복합동사의 결합모습을 구명하기 위해서이다. 이에 대하여 모리야마는 통어적 복합동사와 어휘적 복합동사 사이에 중간적인 것이 존재한다는 견해를 보인다. 예를 들면, 가게야마(影山)가 지적한 「書かれ始める」는 가능하지만 「?焼かれきる」처럼 수동태가 되어야 한다는 점에서 중간적 복합동사의 필요성을 주장하는 것이다. 그러나 가게야마(影山, 1993:94)는 모리야마의 의견(1988:52)을 단락적이라고 부정하고 있다. 왜냐하면 일본어의 개시상과 계속상은 수동과는 조화되기 쉽지만 완료상 「?焼かれきる, ?使われおわる」와는 조화하기 어려우며, 종결상의 「?焼かれきる」는 원래 부자연스럽다며 반박하고 있다. 그러나 필자는 「冷やす」와 「切る」의 결합에 문법적 요소인 「(ら)れる」가 삽입된 예(「冷やされ切る」)를 찾아내어, 완료의 「切る」에도 문법적 요소의 삽입이 가능하다는 것을 일본국제교류기금의 『世界の日本語教育 7号』에 새롭게 제기한 바가 있다.

이에 따라 필자는 복합동사를 결합형태의 차이에 따라, 통어적 복합동사(본 연구에서는 문법적 복합동사)와 어휘적 복합동사로 나누었다. 문법적 복합동사(통어적 복합동사)에는 완전한 문법적 복합동사와 불완전한 문법적 복합동사가 있다고 본다. 전자는 「－はじめる, －つづける, －おえる, －える, －すぎる」류(완전 문법적 복합동사), 후자는 「－きる, －つくす, －とおす, －だす, －かける, －あう」류(불완전 문법적 복합동사)로 나눌 수 있다. 어휘적 복합동사인 「－こむ, －つく, －なおす, －つめる」 등은 별도로 다루기로 한다.

1.4. 인지의미론적 관점에서의 연구

최근에는 심리적 관점과 인지적 관점을 모두 고려한 새로운 관점의 언어학을 주로 다룬다. 이에 따라 복합동사도 인지의미론적 관점에서 새롭게 연구되고 있다. 그 대표적인 연구자는 야마나시(山梨)이다.

야마나시(1993:237)는 본동사 「だす」에서 복합동사 「－だす」로 의미가 확장되는 것에 관하여 상세하게 설명했다. 야마나시(1995:101～110)는 인지언어학이라는 새로운 관점에서 인지의미론적으로 접근하여 언어에 반영되어 있는 인간의 인지능력의 일면과 언어의 다양성 전이(転移)의 프로세스, 이미지와 관점, 유사성의 인지와 메타포 등과 관련된 언어현상을 중심으로 연구하였다. 특히 용기(容器) 이미지 스키마와 관련하여 동사의 다양한 의미와 의미가 확산되는 과정을 조사한 연구는 흥미롭다. 이 밖에도 복합동사에 관한 통시적 연구자로는 세키(関, 1979)가 있다.

이상에서 살펴본 바와 같이 일본어의 복합동사는 어구성 간의 의미관계를 비롯하여 인지의미론까지 폭넓고 상세하게 연구되어 일본어의 국어학적 연구 및 언어학적 연구 등에 크게 공헌하여 복합동사의 본질이 어느 정도 명백해졌다고 할 수 있다. 그러나 복합동사를 본동사와 관련시켜 연구한 것은 그다지 많지 않고, 복합동사에만 중점을 둔 점이 눈에 띈다. 또한 포괄적 관점에서의 연구는 적고, 몇 가지 복합동사에 한정된 연구가 많았기 때문에 전체적 틀에서 연구했다고는 할 수 없다. 포괄적인 연구에서 점점 개별 복합동사 연구로 연결되고 있으나, 개별 복합동사에서 복합동사 전체적 틀로의 연결은 부족한 형편이다. 다시 말하면 종래의 복합동사 연구는 '나무는 보이지만 숲이 보이지 않고, 숲은 보이지만 나무가 보이지 않는다'는 느낌이다. 복합동사가 문 전체에서 어떤 특징을 가지고 어떤 어성을 가지고 있는지, 통어적 복합동사와 어휘적 복합동사를 유형별로 분류하는 근거는 무엇인지에 대한 재검토가 필요하다. 이러한 점에 착안하여 종래의 연구를 바탕으로 복합동사에 내재된 결합의 모습을 구명하고, 복합동사 전체의 틀 속에서 개별 문법적 복합동사인 「－KOMU, －THUKERU」를 골라 본동사와 복합동사의 의미관계를 상세하게 조사하고 전반적인 대응관계를 통한 대조연구를 하려고 한다. 문법적 복합동사를 나눌 때 근본이 되는 것은 본동사이다. 따라서 본동사의 의미에서 복합동사의 의미까지 확장하여 복합동사를 의미적으로 두 가지 동사로 나누는 것이 가능할지에 대해서도 종합적으로 깊이 연구해 볼 필요가 있다.

2. 한국어 복합동사의 연구 동향

한국어의 동사와 동사 결합표현에 관한 연구는 일본어의 동사와 동사 결합표현 연구보다 훨씬 적고, 내용면에서는 유사한 점이 있지만 상이한 점도 적지 않다. 또한 복합동사라기보다는 보조동사로 취급하기도 한다. 학자에 따라 보조동사와 복합동사의 정의와 분류 등이 명확하게 구별되어 있지 않은 경우도 많다. 게다가 복합동사에 대한 연구경향도 넓은 의미의 동사구 형식으로 다루고 있기 때문에 복합동사 그 자체에 관한 연구는 의외로 적다. 지금까지 논의되어 온 것은 연결어미 {고}와 {아}의 차이, 보조동사와 복합동사의 후항동사 차이, 연결어미 {아}의 범주 전체, 복합동사의 개별연구, 한국어 복합동사의 분류, 복합동사의 문법적 성질, 유사 복합동사와의 대조, 복합동사에 선행하는 연결어미 {아}{고} 등이다. {고}를 복합동사로 인정할지에 관해서는 아직 확실하지 않다. 기존의 연구에서는 구체적으로 어떤 것에 중점을 두었는지를 조사해 보겠다. 우선 지금까지 한국어 복합동사에 관한 연구의 흐름은 크게 의미의 관점, 판별기준의 관점, 결합의 관점, 아스펙트와 법 관점에서의 파악법 등의 네 가지로 구분할 수 있다.

2.1. 의미의 관점

복합동사의 의미관계를 전항동사 또는 부사와의 공기관계(共起關係)와 관련시켜 명백하게 한 사람이 이기동이다. 이기동(1976:215～235)은 복합동사를 의미별

(예를 들면 완료의 복합동사 '나다, 내다, 주다'와 복잡한 의미를 가지고 있는 복합동사의 후항동사 '버리다, 놓다, 두다, 쌓다, 가다, 오다, 내다, 나다') 분석을 중심으로 연구를 전개했다. 그중에서 '버리다, 내다, 쌓다, 빠지다'는 화자의 심적 태도를 나타내는 법(Mood)의 하나로 다루고 있다.

양동휘(1978:155~163)는 한국어의 복합동사를 보조동사의 관용성 차이라는 관점에서 분석했다. 예를 들면, (i) 못하다(관용성이 거의 없는 경우), (ii) 하다(관용성이 어느 정도 있는 경우), (iii) (가)주다(관용성이 꽤 있는 경우), (iv) (잊어)버리다(관용성이 상당히 있는 경우)로 나누었다. 이처럼 동사는 단독으로 사용되는 경우보다 복합동사로 사용될 때 관용성이 더 높다(본래의 의미보다 추상화의 정도가 높은 경우)고 분석했다. 그러나 관용성의 정도를 분석하기 위해서는 더 많은 복합동사를 면밀히 분석해야 한다.

김명희(1984:1~97)는 '동사 ―어/― 동사'에 의해 동사구성의 복합구조를 밝히려고 하였다. 동사구의 구조를 밝히기 위해 후항동사와 전항동사의 결합을 제약하는 요인을 구명하고 동사구의 공기(共起)와 제약을 함께 서술했다. 또 후항동사의 의미적 특징을 밝혔다.

손세모돌(1994:107~129)은 이기동(Li, Ki-tong, 1976:215~235)이 연구한 복합동사의 의미 분석을 좀 더 구체적으로 분석하여 유사 복합동사와 대조하여 연구했다. 특히 손세모돌은 '두다 · 놓다', '버리다 · 내다'라는 유사 복합동사와 결합할 경우의 공통 의미와 상이한 의미를 고찰했다.

최근에는 한국어 교육적인 면에서 의미 분류를 새롭게 정립하는 연구도 보인다. 한송화(2000), 최해주(2003), 이종은(2005) 등의 연구가 그렇다. 특히 한송화(2000)는 상적 · 양태적 · 화행적 기능이라는 관점에서 분류하고 있으며 보조동사의 가상목록을 제시하기도 한다. 최해주(2003)는 기존의 한국어 보조동사의 분류법에서 제시한 것과는 달리 다양한 보조동사의 활용과 의미용법의 중요성을 논하고 있다.

특히 이종은(2005)에서는 보조용언, 기타 표현, 통어적 구성 등의 다양한 용어로 사용되고 있는 보조동사를 의존용언의 형태로 분류해 새로운 카테고리를 설정하고 있는 점이 특이하다. 이를 한국어 교육에 활용 가능하도록 한다는 점에서 주목할 필요가 있다.

2.2. 판별기준의 관점

전통 국어학적 관점에서 복합동사의 카테고리에 관한 접근법에 대하여 살펴보겠다. 전통적으로 학교문법의 기반이 되어 온 최현배(1937)의 『우리말본』에서는 보조동사를 용어연구의 기본적 관념으로 다루고 있다. 현대적 복합동사의 개념을 인식하기 시작한 것은 최현배부터라고 할 수 있는데, 최현배의 관점은 보조동사가 의존성이라는 구문론적인 특성을 가지고 본동사와 결합해 그 의미를 다양화시킨다는 것이다. 최현배(1937:397)는 보조동사가 일정한 의미를 가지고 있다고 하면서 40개의 보조동사를 인정하고 있다. 또 최현배(1937:281)는 연결어미 {아}로 연결되는 보조동사(또는 복합동사)를 '합동적 용법'과 '완성적 용법'으로 나누어 설명했다. 합동적 용법이란 전항동사와 후항동사가 연결어미 {아}로 연결되어 하나의 굳어진 동사로 사용되는 때이고, 완성적 용법이란 전항동사와 후항동사가 연결어미 {아}로 연결되어 서술기능을 완료할 때라고 보았다.

그 후 전통적 국어학자들의 복합동사에 관한 연구는 한국에서 1940년에서 1960년에 걸쳐 학교문법에 많은 영향을 끼쳐 보조동사(또는 복합동사)의 카테고리를 설계하는 데 중요한 역할을 했다. 물론 한국어 문법 전반의 카테고리 연구에도 큰 영향을 끼쳤다.

복합동사의 형성규칙 수립을 시도한 김창섭(1981:89~91)은 복합동사와 통어구와의 판별기준을 통사적 행위에 따른 것으로 보았다. 또 전항동사와 후항동사 사이에 휴지(休止, pause)와 연결어미 {서}의 개입이 가능한 것은 복합동사가 아니라고 주장했다. 그러나 전항동사와 후항동사 사이의 휴지 존재 여부를 복합동사를 판단하는 절대적인 기준으로 삼는 것은 무리가 있다. 연결어미 {서}는 언어를 사용하는 사람에 따라 넣을 수도 넣지 않을 수도 있기 때문에 그 판단이 명확하지 않다. 이것은 국립국어연구소(1988)의 보조동사와 복합동사는 띄어쓰기를 원칙으로 하면서 붙여 쓰기도 허용한다는 원칙과도 모순된다.

김창섭(1981:1~92)은 현대한국어의 복합동사의 형성규칙을 밝힘과 동시에 '껴안다'의 연결어미 {아}와 '파고들다'의 연결어미 {고}의 판별기준과 오용에 대해서도 함께 제시했다. 또 김창섭(1996:75~112)은 형태론적 구성으로서의 복합동사인지 통어적 구성으로서의 동사구인지의 판단기준에 대해서 서술했고, 복합동사의 형성과정과 개별적 복합동사의 형성규칙에 대해서도 논했다.

김기혁(1987:4)은 전항동사와 후항동사 간에 존재하는 형태적 구성과 통어적 구성에 대하여 논했다. 예를 들면 통어적 구성으로 거론한 '꺼내 던졌다'에서 두 개의 동사가 통어적 결합으로 구성되었다는 것을 발견하고, 두 개 문장의 결합으로 구성되었다고 보았다. 그러나 '뛰어오다, 돌아가시다' 같은 것은 분리할 수 없는 한 덩어리의 형태적 구성으로 완전하게 하나로 된 동사로 보았다. 용어 취급과 분류 기준이 기본적으로는 다르지만 복합동사에 대한 김기혁(Kim, Ki-hyek)의 견해는 본 연구에서 다루는 문법적 복합동사 · 어휘적 복합동사의 관점과 일치하는 점이 많다고 할 수 있다. 그러나 한국어 복합동사의 의미적 연구는 일본어 복합동사 연구와 마찬가지로 대부분이 후항동사만을 중심으로 하고, 본동사에서의 구체적 · 추상적인 관련성에 대해서는 거의 서술하고 있지 않다.

나연찬(2007:187)에서는 보조용언을 보조동사와 보조형용사로 구분하고, 보조동사를 11개로 나누어 설명하고 있다. 보조동사와 보조형용사로 구별하는 방법을 제시한 것은 일본어의 구별법과는 완전히 다른 형태이다.

2.3. 결합의 관점

1970년경에 소개된 미국의 변형생성문법은 한국의 복합동사 연구에 커다란 영향을 끼쳤다. 변형생성문법은 복합동사의 결합모습을 재고하게 했고 이에 따라 새로운 각도에서 연구하기 시작했다. 가장 큰 변화는 현재까지 외형적인 표층구조로 보아 왔던 언어구조에 관한 연구가 내면적인 심층구조로 바뀌었다는 점이다. 좀 더 구체적인 방법으로 변형과 생성의 측면에서 전항동사의 어미를 보문소(補文素)로 처리하고 복합동사를 독립된 문법범주로 다룬 관점은 손호민(1976)과 양인석(1978) 등에서 볼 수 있다.

양인석(1993:335~358)은 전항동사가 연결어미로 {아}뿐만 아니라 {고}를 가지는 경우에도 복합동사로 분류했다. {아}와 {고}의 차이에 대해서 {아}는 완료상(perfective aspects)을 나타내고 {고}는 진행상(progressive aspects)을 나타내는 것이라고 했다. 복합동사의 문제를 해결하는 하나의 방법으로 'figurative..use'와 'literal'의 정도의 차이, 'descriptiveness'와 'non-descriptiveness'의 정도의 차

이를 거론했다. 여기에서 주목되는 것은 양인석(1993:335~358)이 ‘한국어의 전항동사+{아}+후항동사’와 ‘전항동사+{고}+후항동사’의 형태와 일본어의 ‘전항동사+「テ」+후항동사’의 대응관계에 대하여 서술하고 있는 점이다.

그런데 실제로는 ‘전항동사+{아}+후항동사’가 ‘전항동사+「テ」+후항동사’에 대응하는 것이 있는가 하면 ‘전항동사의 연용형+후항동사’에 대응하는 것도 있고, 또 ‘전항동사+{고}+후항동사’가 ‘전항동사+「テ」+후항동사’에 대응하는 것이 있는가 하면 ‘전항동사의 연용형+후항동사’에 대응하는 것도 많이 있다. 예를 들면 「失ってしまう(잃어버리다), 受け入れる(받아들이다), 食べて見る(먹고 보다), 食べて見る(먹어 보다)」처럼 되기 때문에 한국어 문법으로 취급하면 일본어 복합동사의 견해는 일률적이지 못하다.

손호민(1976:143~150)은 복합동사로서의 보조동사를 인정하고, 복합동사에서 구성요소의 결합 순서와 통어적 · 의미적 특징에 강한 관련성이 있다는 것을 지적하였다. 이에 따라 손호민(1976:146, 1986:211~219)은 다음과 같이 설명했다.(일본어 번역은 필자)

1. activity	2. direction	3. motion	4. psychological
달리어	나	가	보다
走り	出て	行って	見る 「走り行ってみる」
‘run’	‘appear’	‘go’	‘try’ ‘to try run out’
뛰어	들어	서다	
かけ	込み	立つ	「駆け込みたつ」
‘jump, run’	‘enter’	‘stand’	‘to jump in’

즉 ‘activity(행동) → direction(방향) → motion(이동) → psychological(심리)’의 순서로 결합한다고 분석했다. 이것은 미국의 변형생성문법의 영향으로 복합동사 내부구조의 실체를 좀 더 명확하게 한 것이라 할 수 있다.

김기혁(2001:262)은 보조동사어미를 {어}+[가다, 가지다, 놓다, 대다, 두다, 드리다, 버리다, 보다, 보이다, 오다, 주다, 지다]로 나누고 있다. 그 외에 {고}{게}{지}{어야}{기는}으로 나누고 있다.

2.4. 아스펙트와 법 관점에서의 파악법

복합동사를 아스펙트법과 관련시킨 연구가 있다. 지금까지의 연구와는 달리 아스펙트라는 관점에서 후항동사 실체의 본질을 밝히려는 연구자로는 황병순(Hwang, Pyeng-swun, 1987:1～124), 양경모(1994:131～156)가 있다. 또 법과 관련지은 이기동(Li, Ki-tong, 1994:109～267)의 연구와, 일본어와 한국어의 대조를 통해 형태론적 방법과 통어론적 방법에 대하여 고찰한 양경모의 연구도 흥미롭다. 양경모는 그 상 가운데에서 「－はじめる」와 '－시작하다'를 기동상으로 「－出す」와 관련지어 설명했다.

황병순(1986:258～260)은 복합동사의 의미와 문법적 특징, 통어구조를 논하면서 복합동사의 생성을 접속문에서 구성된 것으로 보고 아스펙트적 의미가 있다고 주장하였다. 황병순은 아스펙트 복합동사의 설정기준을 설계하지 않은 상태에서 연결어미 {아}로 결합되었다고 하지만 모두가 복합동사는 아니다. 또 문법적 성질의 복합동사와 어휘적 성질의 복합동사가 있기 때문에 이를 명확하게 나눌 필요가 있다. 또 '생각해 내다' 같은 '어 내다'를 개시의 아스펙트로 다루고 있지만 부사 '겨우'를 넣어 '겨우 생각해 내었다'로 되면 종결을 나타내는 완수의 아스펙트가 되므로 재검토가 필요하다고 본다.

앞의 네 가지 관점 이외에도 다각적인 방면에서 연구가 진행되고 있어 이에 따라 복합동사의 본질을 더 명확하게 파악할 수 있게 되었다. 한국에서 복합동사가 주목을 받게 된 것은 한국언어학회의 여름 연구회의 공동토론회부터이다. 이 토론회에서는 보조동사와 복합동사에 관한 많은 문제점과 해결방안을 중심으로 논의했는데, 서정수(1990:275～296)는 복합동사에 대한 문제점을 다음과 같이 요약했다. 먼저 (i) 범주의 타당성의 문제, (ii) 보조동사와 복합동사의 문제, (iii) 생산성의 문제, (iv) 의미의 문제이다.

위와 같이 (i)(ii)의 보조동사와 복합동사의 문법적 카테고리에 관한 문제는 많은 연구자 간에 논쟁이 되어 왔고, 현재까지도 용어와 설정기준을 판별하는 데 많은 문제점을 안고 있다.

지금까지 한국어 복합동사에 관한 연구에서는 복합동사를 기본적으로는 형태상의 면에서 취급해 왔지만 의미적 요소도 포함하고 있으므로 그 실체가 아직 불투명하다고 할 수 있다. 또 형태가 같은 복합동사를 하나는 복합동사 또 하나는 두 가지의 동사를 접속한 통어적 동사구로 보는 것은 합리적이지 않다고 생각한다. 필자는 형태상에서의 '전항동사+연결어미 {아}+후항동사'를 복합동사로 취급한다. 단, 애매한 연결어미 {아}를 다음과 같이 취급하면 합리적으로 설명할 수 있다고 본다. 예를 들면,

(7) 고기만두를 사 먹어 보았다.
　　肉まんを買って食べてみた。

(8) 기르던 고양이를 파묻었다.
　　飼っていた猫を埋めた。

(9) 부분만 떼어 먹어 버렸습니다.
　　部分だけ取って食べてしまいます。

(10) 돈을 떼어먹은 놈이 잘 살고 있다.
　　お金を騙し取ったやつが楽しく暮らしている。

현대 한국어 문법에서는 (7)의 '사 먹다(買って食べた)'와 (9)의 '떼어 먹었다(取って食べた)'는 동사구이고, (8) '파묻었다(埋めた)'와 (10)의 '떼먹었다(騙し取った)'는 복합동사(혹은 연구자에 따라서는 본동사+보조동사)로 본다. 이러한 견해를 보이는 연구자는 김창섭(1983:23～35), 서정수(1990:279～294), 김명희(1984:3～14) 등이다. 형태상으로는 구별되지 않지만 (7)의 경우는 전항동사와 후항동사 간에 {서}라는 접속사를 넣어 보면 연결가능한 문이 되므로 동사구이고, (10)의 경우는 접속사 {서}의 삽입이 불가능하기 때문에 복합동사로 취급했다. 그러나 연결어미 {서}의 삽입 가능성만으로 판단하는 것은 형태적 관점에 따른 복합동사의 정의와도 모순되고, 화자에 따라 연결어미 {서}가 생략되기도 하므로 형태적으로 동사구와 복합동사를 구별하기는 어렵다. 따라서 복합동사의 본질을 해명하는 일은 더 곤란해진다. 그러므로 본 연구에서는 후항동사가 본동사로서 단독으로 사용

될 때는 구체적인 의미를 그대로 지닌다고 보았다.

2.5. 복합동사의 연구 동향과 과제

한국어 학계에서 보조용언에 관한 연구 동향을 살펴보면 다음과 같다.

유목상(1980)은 보조용언의 종류를 제1종과 제2종으로 분류하고 있다. 제1종 보조용언은 '싶다, 싶어 하다'이고, 제2종 보조용언은 '가다, 가지다, 계시다, 나다, 내다, 놓다, 대다, 두다, 드리다, 말다' 등이고, 제3종은 '듯하다, 듯싶다, 만하다, 성싶다' 등으로 분류하고 있다. 이주행(2000)은 구문상의 기능과 위치에 따라 동사를 본동사와 보조동사로 나누고 있다. 김기혁(1987)은 형태적 구성과 통어적 구성의 중간적 존재로 나누어 설명하고 있다. 부사형 어미 {고}와 {아}로 나누고 있다. {아} 계열은 '가다, 오다, 보다, 버리다, 주다, 드리다, 가지다, 놓다, 두다, 내다, 대다, 쌓다, 지다'로, {고} 계열은 '있다, 말다, 나다, 앉다, 자빠지다'로 나누고 있다.

고영근 · 남기심(1993)은 의미용법을 진행 · 종결 · 봉사 · 시행 · 보유 · 사동 · 피동 · 부정 · 강세 · 짐작 · 당위 · 시인으로 나누어 분류하고 있다. 이것은 보조용언을 다른 말에 덧붙어 사용되면서 문법적 의미를 더해 주는 것으로 규정하고, 어휘적 의미가 약해진다는 것을 강조하고 있다. 보조용언의 판별기준을 의존에 두는 것이다.

호광수(2003)에서는 의미론적 · 통어론적 특징을 언어학적 · 교육적 입장에서 정리하여 문법화되어 가는 과정을 추정하고 있다.

이상의 선행연구를 정리하면 다음과 같다. 일본어의 복합동사에 해당되는 것이 한국어에서는 보조용언에 해당된다.

초기의 한국어 복합동사에 관한 연구에서는 복합동사의 카테고리 문제, 보조동사와 복합동사의 경계 문제, 연결어미 {아}와 {고}의 의미에 관한 문제가 중심이었다. 1980년을 경계로 문 전체에서 나타나는 복합동사의 역할에 무게를 두게 되었는데, 종래의 연구에서는 보조동사와 복합동사를 구별하는 기준이 불명확했다. 그 때문에 문법적 성질이 있는 문법적 복합동사와 어휘적 성질이 있는 어휘적 복합동사를 구별할 수 없게 되어 불투명한 경우가 많았고 명쾌한 해답을 끌어낼 수 없었다.

따라서 한국어 복합동사의 의미적 특징과 통어적 특징을 좀 더 명확하게 하기 위해서는 복합동사를 문법적 복합동사(문법적 · 통어적 성질을 가진 것)와 어휘적 복합동사(하나의 어휘적 성질을 가진 것)로 구분해서 논해야 한다. 이 두 가지의 복합동사는 근본적으로 성질이 다르기 때문에 전체상에서 개별상까지 연결을 심화시켜 분석할 필요가 있다.

3. 복합동사에 관한 일본어 교육 연구 동향

복합동사에 관한 일본어 교육 연구는 그다지 많지 않지만 최근 몇몇 연구자에 의해 진행되고 있다. 대표적인 연구자는 모리타(森田)이다. 모리타(990:278~295)는 일본어 교육에서 복합동사의 의미용법의 중요성을 강조하고, 상세한 분석(2,644 단어)을 통해 동사의 복합변화에 대한 조어력을 조사하고 분석했다. 모리타(1990:281)는 외국인이 일본어를 배울 때 교과서에 나오는 동사의 대부분이 단순동사이기 때문에 복합동사를 학습하지 못한 상태로 상급단계로 올라가게 되고, 자국어에 비해 압도적으로 많은 복합동사의 벽에 부딪혀 괴로워한다고 서술했다. 그리하여 다종다양한 복합동사를 일본어 교육 교재에 어떻게 담아야 할 것인가를 연구과제로 삼았다. 복합동사의 분류와 복합동사 구성성분의 의미관계를 분석한 모리타의 연구는 현재 일본어 교육에서 복합동사가 얼마나 중요한지를 나타내고 있다.

사지(佐治, 1992:208~218)는 외국인이 틀리기 쉬운 일본어표현 중 몇 개의 복합동사를 예로 들었다. 특히「ー込む, ーつける, ーあげる」가 전항동사와 조합될 때 발생하는 실제 오용을 예로 들며 일본어 교육에서 복합동사의 중요성을 호소했다. 예를 들어「この記事を読んで、胸を打たれ、思わず、激流みたいなものがこみあがってきた。」와 같은 문장에서「こみあげてきた」라고 해야 할 것을「こみあがってきた」로 하는 예처럼 틀리기 쉬운 복합동사를 들어 설명했다. 사지의 연구에서는 복합동사와 일본어 교육과의 중요성을 논하기에 적당한 몇 개의 문제제

기(복합동사의 오용분석 등)가 있었다.

복합동사의 중요성과 필요성을 인식했던 나가이(永井, 1996:140～151)는 복합동사 의미용법에 관한 연구 성과를 실제 일본어 교육에 응용했다. 나가이는 「ボールを蹴った」와 「ボールを蹴りあげた」라는 예에서 전자는 공의 이동방향이 명확하지 않지만 후자는 명확하게 위로의 이동을 나타낸다는 관점의 차이가 발생한다고 설명했다. 나가이의 복합동사 교수법의 기본은 지도방법을 고려했다는 점이다. 지도상의 문제로는 동사와 이동방향이 어떤 조건에서 접속가능한지, 또 이해어휘와 사용어휘의 설정은 어떻게 해야 하는지에 관하여 다루었다.

조남성(2009)처럼 한국인 일본어 학습자와 일본어 모어화자가 작문에서 사용한 복합동사를 비교하면서 한국인 일본어 학습자가 잘못을 하는 원인을 알 수 있는 연구도 있다.

이처럼 일본어 교육에 관한 복합동사의 연구는 대부분 후항동사가 중심이었으며 그 수도 적다. 한편 한국어 복합동사에 관한 연구는 아직 행해지고 있지 않다. 따라서 학습자의 요구에 부응해 일본어 복합동사와 한국어 복합동사 모두 외국어 교육이라는 점에서 배려해야 한다. 방법은 다양하겠지만 우선 본래의 동사인 본동사와 관련지어 외국어 교육에 응용하면 이를 효과적으로 이용할 수 있을 것이다.

언어에는 일정한 문법성과 규칙성이 있다. 어휘도 무질서하게 생성되거나 결합되는 것이 아니므로 결합의 원리와 단어생성의 규칙을 찾아내는 것이 중요하다. 특히 언어교육에서는 외국어의 습득이라는 점에 관심을 가져야 한다. 일본어 교육에서는 중상급 레벨에서 복합동사의 체계적인 지도가 필요하다.

수업에서 교수자는 학습자가 사전과 역순사전 등을 자유로이 활용할 수 있도록 체계적으로 가르쳐야 한다.

일본어 학습자가 복합동사를 학습 · 습득하는 것은 꽤 힘들다는 문제가 오랫동안 제기되어 왔다. 왜냐하면 지도시간이 부족하고 지도법이 확립되어 있지 않으며 지도할 어휘도 선정되어 있지 않기 때문이다. 따라서 복합동사에서 「－切る, －出す, －かける」의 예를 들어 일본어 교육에 필요한 복합동사 어휘를 선정해야 한다. 앞으로 어휘의 선정방법을 개선해 가며 체계적인 지도를 위한 지도법을 제안하고자 한다.

4. 대조연구에 관한 복합동사의 연구 동향

동사와 동사의 결합표현을 중심으로 하는 복합동사의 대조연구는 많지 않다. 그 가운데 몇 가지를 거론해 본다.

오고시(生越, 1984:55～64)는 일본어 복합동사(예: 愛し合う)와 한국어의 '부사(서로)+동사(사랑하다)'를 중심으로 사용빈도가 높은 순에 따라 대조분석을 시도하였다. 이처럼 대응 불가능한 것을 대조하는 방법으로 일본어의 복합동사와 부사의 관련성과 지도방법을 연결했다. 또 이를 한국어의 후항용법과 함께 가르칠 필요가 있다고 서술했다. 필자도 여기에는 찬성한다. 따라서 양 언어가 대등한 입장에서 대응관계를 대입해 볼 필요가 있다. 그중에서 일본어의 복합동사가 한국어의 '부사+전항동사'로 역전되는 경우를 설명하면 이해하기 쉬울 것이다.

쓰카모토(塚本, 1993:225～246)는 일본어와 한국어에서 복합동사는 어떻게 격을 지배하는지, 그 복합동사를 구성하는 전항동사와 후항동사가 단일동사로 사용된 경우 접사는 어떻게 격을 지배하는지, 또 그 사이에 나타나는 관계는 어떤 양상을 나타내는지를 서술했다. 또 일본어의 복합동사에 적용하면 한국어의 통어적 복합동사는 존재하지 않는다고 서술했다. 그러나 쓰카모토의 연구는 일본어의 복합동사만을 중심으로 했기 때문에 복합동사의 본래 모습을 알기 어렵고, 실제 한국어의 복합동사에도 통어적 복합동사가 존재하기 때문에 더 논의해야 한다. 예를 들면 다음과 같다.

(11) 고양이는 날카로운 손으로 달려들었습니다.

猫は鋭い手で飛びかかってきます。

(12) 부모님의 말을 안 들어서 집에서 쫓겨났다.

父母の言うことを聞かずに家から追い出された。

(11)은 두 개 이상의 동사의 결합이고, (12)는 전항동사와 후항동사 간에 문법적 요소인 수동형이 삽입되는 경우이므로 문법적으로 구성되었다고 할 수 있다

(상세한 것은 제4장 참조). 여기에서 재미있는 것은 (12)의 「追い出された」가 '쫓겨났다'로 된다는 사실이다. 일본어의 후항동사의 '수동'이 한국어에서는 전항동사의 '수동형'이 되는 것이다. 이처럼 한국어에도 전항동사의 '수동형'이 되는 문법적 복합동사가 존재한다.

서정수(1990:25~50)는 일본어의 복합동사와 본동사+보조동사 중 몇 가지를 취해 대조 연구했다. 최현배(1937)의 보조용언 가운데에서 몇 개의 불필요한 것을 제외한 보조동사 6개, 보조형용사 4개로 좁혀 일본어와 대조연구를 시행했다. 전항동사를 한정하고, 보조동사 6개는 주로 '가다, 오다'를 중심으로 고찰했다. 복합동사를 구성하는 동사가 본동사의 단독용법으로 사용되는 경우와, 의미의 변화가 없기 때문에 후항동사가 본동사의 의미에서 벗어나 특정한 문법적 기능어로 사용되는 경우는 그다지 보이지 않는다고 서술한 점은 모순이다. 이러한 결론은 완전 문법적 복합동사 「−はじめる, −つづける, −おわる」처럼 본동사의 의미와 별 변화가 없는 경우만을 대상으로 하고, 불완전 문법적 복합동사 「−だす, −きる, −あげる, −かける」와 의미의 파생이 많은 어휘적 복합동사 「−こむ」를 간과했기 때문이다.

최근 양호성(2011)에서는 한일 번역본에 나타난 일본어 표현의 대조연구를 통해 품사적 차이와 유형을 제시하고 있다.

이러한 점에서 한일 양 언어의 복합동사에 관한 선행연구의 차이와 그 특징을 생각해 보겠다. 지금까지 진행되어 왔던 한일 양 언어 연구의 공통점은 복합동사를 의미적 특징 · 결합의 모습 · 아스펙트의 관점에서 접근했다는 것이다. 한편 최근 경향을 보면 일본어 복합동사의 연구는 인지의미론에서 파악하고 있고, 한국어 복합동사의 연구는 법에서 파악하고 있다. 이러한 인지의미론과 법의 연구는 화자의 심적 태도와 깊은 관련이 있다. 일본어의 복합동사와 독일어에 대한 대조연구도 있다. 이것은 형식적인 견지에서 동사를 기초로 그 전후에 형식적 요소(접두어+동사와 동사+접미어)를 부가한 일본어의 복합동사를 중심으로 하는 연구라든가 독일어에 대응(형태상 · 표현상)하는 대응어와의 대조연구이다. 최근에는 중국어와의 대조연구도 활발하게 진행되고 있다.

5. 본고의 입장

이상으로 일본어와 한국어의 복합동사 대조연구와, 다른 외국어와의 대조를 중심으로 복합동사 연구를 조사해 보았다. 엄밀히 말하면 일본어 복합동사와 한국어 복합동사는 동일하지 않다. 형태적 측면에서 고려해 보면 일본어 복합동사는 한국어의 보조동사 {어}에 대응되는 경우가 많고, 일본어의 보조동사는 한국어의 {고}에 해당되는 경우가 많다. 즉 일본어의 복합동사에 해당하는 것이 한국어에서는 보조용언에 해당하는 것이다. 이 보조용언을 학자에 따라 보조동사 또는 복합동사로 나누어 사용하는 경우가 많으나 한국어에서는 대부분 보조동사로 취급하는 경향이 강하다. 예를 들어 장수진(2008)에서 제시한 사용빈도에 따른 보조동사 학습순서에서 '내다(だす, ぬく, きる)'와 '대다(まくる, たてる)'를 제외하면 대부분 보조동사에 해당된다. 예를 들면 '보다(みる), 가다(いく), 주다(あげる), 오다(くる), 놓다(おく), 두다(おく), 버리다(すてる, しまう), 드리다(さしあげる)' 등이다.

오고시에서 처음으로 일본어 복합동사와 한국어의 대응관계를 논한 것이 많은 연구에 응용되고 있다. 여기서는 1:1 대응과 역전되어 나타나는 것 등 다양하게 분류하고 있다. 다와다(多和田, 1991:27~32)는 동사와 복합동사에 관한 대조연구가 아직 충분하지 않으며, 부분적 연구나 전체적 대조연구가 아직 구체적으로 이루어지지 않았기 때문에 연구 가치가 충분하다고 서술했다.

이경수(2010)에서는 「こむ」의 복합동사 표현을 번역원전에서 뽑아내 유형화했고 대응표현의 틀을 정립하려고 시도하기도 했다.

따라서 본 연구에서는 선행연구에서 부족했던 몇몇 내용을 보완하면서 복합동사의 본질에 따라 문법적 복합동사와 어휘적 복합동사로 나누어 연구하려고 한다. 즉 복합동사를 형태 · 의미 · 통어면에서 전체적으로 대조하면서, 사용빈도가 높은 개별연구 몇 가지를 취해 양 언어의 대조연구에서 드러난 개별성 · 공통성 · 보편성을 논하고, 일본어만으로는 알 수 없었던 언어현상의 실체를 명확히 파악하고자 한다. 특히 개별연구로서, 문법적 복합동사의 개시와 완수를 취해 선행연구에서 누락된 본동사와 복합동사의 관련성과 두 가지 동사의 의미적 분리

가능성에 중점을 두고 고찰하고자 한다. 또 다양화되고 있는 현대사회에서 점차 증가 추세에 있는 화자의 심리적 상태를 나타내는 법의 표현과 복합동사의 사용을 한국인의 일본어 교육에도 활용할 수 있도록 체계적으로 이론화하려고 한다. 한일 양 언어의 대조연구의 성과를 충분히 이용하면 한국인의 일본어 교육에도 일조할 것으로 확신한다. 또 양 언어의 복합동사의 유사점과 상이점의 미묘한 차이(異同)를 밝혀 이러한 성과를 실제 일본어 교육에 응용하고자 한다.

최근에는 중국인 학자가 중국어와 일본어의 복합동사 대조 연구를 활발하게 진행하고 있다. 심지어 2008년에는 중국의 청화(清華)대학에서 복합동사 심포지엄이 일본의 전문가와 한국 · 중국 · 홍콩 · 대만의 학자들이 모인 가운데 연구의 현황과 과제라는 주제로 열린 바 있다. 심포지엄에서는, 복합동사가 외국인이 학습하기에 어렵고 가르치기도 어려우므로 체계적인 학습법과 교수법이 필요하고 초 · 중 · 상급에 맞도록 정리해야 한다는 공감대가 형성되었다. 또한 일본문화의 내용 속에 복합동사를 포함시키면 효과적인 학습과 함께 일본문화에 대한 이해도 빨라 쉽게 적응할 수 있을 것이라는 의견도 나왔다. 이와 같은 심포지엄이 앞으로도 계속 개최되어 학습자에게 도움을 주는 것은 물론 일본어 교육에도 일조할 수 있기를 기대한다.

제 3 장

한일 양 언어의 동사 결합방식의 차이

1. 들어가기

'한일 양 언어의 동사 결합방식의 차이'라는 제목을 붙인 이유는, 일본어 동사의 「マス」형에 동사가 결합된 것과 「テ」형에 결합된 것이 한국어에서는 동사의 연결어미 {어}+동사와의 결합 및 {고}+동사와의 결합으로 혼재되어 나타나기 때문이다. 용어의 차이도 있지만 대응되는 형태도 혼재되어 나타난다.

이는 한일 양 언어의 동사 결합에서 나타나는 동사의 형태변화, 동사의 어형성의 내부구조, 동사가 결합할 때의 절차 등에서 양 언어의 형태적 · 통어적 · 의미적 특징이 다르기 때문이다. 일본어든 한국어든 모든 동사가 자유롭게 결합하는 것은 아니다. 잘못된 전항동사의 「マス」형과 후항동사가 결합되었거나 전항동사의 「テ」형과 후항동사가 결합된 경우에는 문의 연결이 매끄럽지 못하다. 이 경우 정도의 차이는 있지만 각각의 동사가 문장 중에서 수행하는 역할이 달라진다. 또한 전항동사가 되는 것과 후항동사가 되는 것, 전항과 후항 양쪽에 모두 올 수 있는 동사가 존재한다. 동사와 동사가 결합하면 본동사의 단독용법의 의미 외에 새로운 의미가 나타나기도 한다.

일본어 복합동사의 특징은 짧은 문장으로도 간결하고 심오한 의미까지 표현할 수 있다는 점이다. 따라서 복합동사의 통어적 · 의미적 특징을 살펴보기 전에 형태적 결합의 절차를 살펴봄으로써 한일 양 언어의 전항동사와 후항동사가 결합할 때 어떤 절차를 거치는지 전체적으로 조명해 본다. 아울러 복합동사의 카테고리를 정하고 복합동사의 생산성이 높은지 낮은지도 조사한다.

2. 일본어의 동사와 동사의 결합 절차

일본어와 한국어에서 동사와 동사의 결합형식은 각각 어떤 것이 있는지를 살펴보기 위해 한일 양 언어의 동사와 동사의 결합이 가능한 표현을 형태적 측면에서 살펴보기로 한다. 먼저 일본어 동사는 어간과 어미로 명확하게 나눌 수 있다.

일본어 동사에서 어형변화를 하는 부분을 어미(ending)라 하고 어형변화를 하지 않는 부분을 어간(stem)이라 한다.

2.1. 어형성상의 절차 1: 전항동사의「マス」형+후항동사

전항동사의「マス(연용)」형에 후항동사가 결합된 형태이다. 현대 일본어에서「飲み歩く, 書きまくる, つかれきる」처럼 두 개의 동사가 결합할 때 '전항동사의 연용형'과 '후항동사'의 조합 형태로 되는 것을 말한다. 이러한 형태로 형성되어 의미적으로는 하나의 동사로 문법적 · 형태적 성질을 유지하는 것이다. 이렇게 연결된 결합형태는 흔하고 사용빈도도 아주 높다. 복합동사는 전항동사의 동사 어간이 {i}와 {e}로 끝나는 것은 어미 {ru}를 없애고 후항동사와 조합시키면 된다. 또 전항동사가 {u}로 끝나는 동사는 {u}를 {i}로 바꾸어 후항동사와 결합시킬 수 있다. 이러한 형태를 소위「イ」복합동사형이라 한다.「イ」복합동사로 결합된 예는 그 수도 많고 의미도 다양하다.

(1) 外はすごい雨なんですけれども、じゃんじゃん電話が鳴る。

밖에는 비가 엄청나게 내리는데 쉴 새 없이 전화가 울린다.

(1′) 外はすごい雨なんですけれども、じゃんじゃんかかっていた電話が急にやんでしまった。

밖에는 비가 엄청나게 내리는데 쉴 새 없이 걸려 오던 전화가 갑자기 그쳐버렸다.

(2) 外はすごい雨なんですけれども、じゃんじゃんかかっていた電話が急に鳴りやんでしまって、一種異様な静けさになったのを今でも覚えている。

밖에는 비가 엄청나게 내리는데 쉴 새 없이 걸려 오던 전화가 갑자기 울리지 않자, 어쩐지 이상한 정적에 휩싸였던 것을 지금도 기억하고 있다.

(3) 最近アニメを見た私がイナズマイレブンを描いてみた。

최근에 애니메이션을 본 나는 이나즈마 일레븐을 그려 보았다.

(3′) 最近アニメを始めた私がイナズマイレブンを描いてみた。

최근에 애니메이션을 시작한 나는 이나즈마 일레븐을 그려 보았다.

(4) 最近アニメを見始めた私がイナズマイレブンを描いてみた。(見る十始める)

최근에 애니메이션을 보기 시작한 나는 이나즈마 일레븐을 그려 보았다.

(1)의「鳴る」에서 어미 {u}를 {i}로 고치면「鳴り」가 되고, (1′)의「やんだ」와 조합하여 구성된 것이 (2)의「鳴りやんだ」이다. 또 (3)의「見た」의 원형「見る」에서 {ru} 앞의 어간이 {i}로 끝나므로 {ru}를 제거하고 (3′)의「−始めた」의 원형「始める」와 조합시키면 (4)의「見始める」가 된다. 즉 (1)의 전항동사「鳴る」는 어미 {u}를 {i}로 고쳐 후항동사「止む」와 조합되고, (3)의 전항동사「見る」는 {ru} 앞이 {i}로 끝나기 때문에 어미 {ru}를 제거하고 후항동사「−始める」와 조합되는 것이다.

2.2. 어형성상의 절차 2: 전항동사의「テ」형+후항동사

전항동사의 연결어미「テ」형에 후항동사가 이어진 것을 말한다. 전항동사와 후항동사(원래의 어휘적 의미를 잃고)가「テ」형으로 조합된 경우이다. 여기에는「食べてしまう」와「食ってかかる」같은 두 가지 종류가 있다. 전자에 있는 후항동사를 보조동사라 하고, 후자를 전체로 단순동사라 한다. 일본어의「テ」형은 동사와 동사의 접속뿐만 아니라 앞의 문장과 뒤의 문장을 연결하는 역할을 하기도 한다.

(5) 毒物を食べてしまった時にはどのように対処すれば良いのでしょうか。(食べる+しまう)

독극물을 먹어 버렸을 때는 어떻게 대처하면 좋을까요?

(6) そして西岡議長の指摘に対して朝日の記者が菅内閣護持の立場をもろに出して食ってかかったという事です。(食う+かかる)

그리고 니시오카 의장의 지적에 대하여 아사히 기자가 간나오토 내각 지지 입장을 정면으로 내걸고 덤벼들었다는 것입니다.

(7) 世界の頂は果てしなく遠かった。日本のラグビーは80分間、NZに走られまくった。

세계의 정상은 멀고도 멀었다. 일본의 럭비는 80분 동안 뉴질랜드에 마구 끌려 다녔다.

(5)는 전항동사「食べる」와 후항동사「しまう」의 결합으로「食べてしまう」가 된다. 후항동사「しまう」는 원래의 어휘적 의미를 잃고 보조적 의미로서 전항동사의「テ」다음에 연결되어 사용된 것이다. 전항동사「食べる」를 제거하면「ケーキをしまった」처럼 의미를 알 수 없게 되어 부자연스러운 문장이 되기도 한다. 이처럼「テ」에 이어지는 동사(보조동사)는「ーてみる, ーていく, ーてくる, ーている, ーてある, ーてしまう, ーておく」와 같은 몇 개로 한정된다.

또 (6)의 전항동사「食う」에「テ」가 연결된「くってかかる」처럼 조합되어 고정화된 표현이 있다. 전항동사「くう」를 제거하면「僕にかかった」처럼 의미가 불분명한 문장이 된다. 후항동사「かかる」를 제거한 경우의「*僕に食った」도 부자연스럽다. 이처럼「テ」형과 조합되어 하나로 굳어진 표현의 수는 한정되어 있다.「食ってかかる, うってかわる, とってつける, ついていく(くる), うまれてくる, つれていく(くる), やってくる」같은 것이 있다. 이것은 형태상으로는 동사 두 개의 결합이지만 전항동사와 후항동사 간에 어떤 형식도 들어갈 수 없다. 즉 결합이 극히 강한 복합동사이다. 또「つんでおく」가 축약되어 변한「つんどく」처럼 고정화된 두 개의 동사로 분리하는 것이 불가능한 명사도 있다.

또 (7)과 같이 두 개의 문이 접속된 병렬문도 존재한다. 이러한 형태는 전항동사의 연용형+후항동사(走られまくってさっていく)에도 나타난다. 이러한 형태는 (7)처럼 두 개의 문이 접속한 병렬문 중에도 포함되어 있기 때문에 이러한 것은 제외한다.

이상에서 일본어의 동사와 동사의 결합 형태는 크게 '전항동사의「マス」형+후항동사' 형태와 '전항동사의「テ」형+후항동사' 형태가 있다는 것을 알았다.

3. 한국어의 동사와 동사의 결합 절차

복합동사에서 구성요소의 의미적 관계는 서로 얽혀 있는 경우가 많다. 따라서 의미를 구체적으로 분류하기는 어렵지만 형태적 특징을 조사하는 것은 그다지 어렵지 않다. 어기(語基)의 한국어 복합동사의 카테고리의 설정과 타당성, 어휘 범주의 기준은 형태적 측면에서 생각할 수 있다. 한국어의 동사(동작을 나타내는 것과 상태를 나타내는 것)는 일본어와 마찬가지로 어간과 어미로 이루어지고, 이 어간과 어미는 항상 대칭되는 개념이다. 어미는 어형이 변하는 부분이고, 어간은 변하지 않는 부분을 가리킨다.

3.1. 어형성상의 절차 1: 전항동사+연결어미 {아}+후항동사

어미 {아}는 형태소를 나타낸다. 구체적으로는 {아 · 어}를 취하지만 대표적으로 {아}로 표기한다. 이들은 동사결합의 가장 보편적인 형태이다. 예를 들면 '걷어차다(蹴飛ばす)', '받아들이다(受け入れる)'처럼 전항동사에 후항동사 '차다(ける)', '들이다(入れる)' 등이 {아}를 매개로 조합된 것이다. 이러한 전항동사의 연결어미 {아}와 조합된 후항동사로는 '가다, 오다, 먹다, 버리다, 보다, 두다, 지다' 등이 있다. 황병순(1986:258)은 이러한 전항동사와 후항동사의 결합 특징에 착안하여 전항동사의 연결어미 {아}+후항동사를 다음과 같이 규정했다. 복합동사의 {아}는 의미상 주종관계에 있는 것을 이어 주는 것이고, 그러기 위해서 전항동사와 후항동사의 상이 적어도 하나 이상 동일해야 한다.

이처럼 {아}로 연결된 것은 의미상 밀접한 관계에 있는 두 개의 동사(전항동사+후항동사)가 주종관계에 있는 경우로 보이는 것이다. 또 연결어미 {아 · 어}가 조합될 때 주의해야 할 것은 형태음운적 제약이다. 동사와 동사를 조합할 때 전항동사의 어간과 결부될 때에는 모음조화규칙에 의해 연결어미 {아}형({다} 어미의 앞에 있는 어간말 모음이 양성모음일 때)을 취할지, 연결어미 {어}형({다} 어미의 앞에 있는 어간말 모음이 음성모음일 때)을 취할지를 결정해야 하는 것이다. 예를 들면 '끌다+내다'의 경우 전항동사 {다}는 어미에서 모음조화규칙에 의해 '끌어'로 되고 그 '끌어'까지가 전항의 어간이 된다. 그래서 '끌어내다'로 되는 것이다.

[표 3-1] {아} · {어}의 차이 구별

A류: 양성모음 {아} [전항+양성모음 {아}+후항]	B류: 음성모음 {어} [전항+음성모음 {어}+후항]
안{아} 일으키다(抱き上げる)	잊{어} 버리다(忘れてしまう)
돌{아} 보다(振り替える)	죽{어} 가다(死にかけている)
갈{아} 입다(着替える)	내리{어} 가다(降りていく)
살{아} 나다(生き返る)	웃{어} 버리다(笑ってしまう)
날{아} 가다(飛んでいく)	(나이)먹{어} 가다(年取っていく)
참{아} 내다(耐えきる)	기{어} 오르다(はい上がる)
살{아} 남다(生き残る)	빼{어} 나다(抜き出る)

[표 3-1]의 A류와 B류처럼 전항동사의 어간이 양성모음인지 음성모음인지에 따라 {아}{어}의 형이 결정된다. 이 형의 의미적인 차이는 없지만 규칙대로 지켜지는 것이다. 모음조화규칙에 따르지 않고 자유롭게 사용하면 의미가 통하지 않거나 불명확한 문장이 된다.

(8) 그리하여 몇 해를 지내는 동안 그는 그 동네에서는 밭을 못 얻으리만큼 신용을 잃어버리고(*잃아버리다) 말았다. (감)

こうして何年かがたつうちに彼はその村では小作をさせてもらえないほど信用を失ってしまった。

(9) 그녀는 여러 가지 말로 남편이 병으로 죽어 가느니(*죽아 가다) 어쩌느니 핑계를 댔지만, 그런 핑계에 단련된 평양시민의 동정은 역시 살 수가 없었다. (감)

彼女はいろいろと夫が病気で死にかけているとか何だとか言い訳をしたけれども、そんな言い訳に鍛えられた平壌市民の同情はやはり買えなかった。

(10) 하지만 곧 묵직한 두 팔이 가로피를 안아 일으켰다(*안어 일으켰다). (현)

でも、すぐに、二本のがっしりした腕が、ガロッフイを抱き起こした。

(11) 나, 오후에 입는 옷으로 갈아입었어요(*갈어입었어요). (열)

私、午後の着物に着替えたわ。

(8)은 전항동사 '잃다'와 후항동사 '버리다'의 조합으로 만들어진 것이다. 전항동사의 어간 '잃'의 {이}는 음성모음이어서 연결어미 {어}를 취하게 된다. 또 (9)의 경우도 전항동사 '죽다'와 후항동사 '가다'가 조합된 '죽어 가다'인데, 전항동사 '죽다'의 '죽'의 {우}는 음성모음인 {어}를 취한다. 이처럼 음성모음으로 조합된 것은 '쓸{어} 버리다, 나눠(누{어}) 먹다, 걷{어}치우다, 챙겨(기{어})드리다, 일러(르{어})바치다, 질러(르{어})쌓다, 옮겨(기{어})놓다, 옮겨(기{어})두다, 일러(르{어})쌓다' 등이 있다. 한편 (10)의 전항동사 '안다'와 (11)의 전항동사 '갈다'의 어미 {다}를 제외한 '안'의 {아}와 '갈'의 {가}가 양성모음이므로 {아}가 되는 것이다. 양성모음으로 조합된 것은 '돌{아}오다, 돌{아}가다, 돌{아}다니다, 돌봐(보{아}) 주다, 돌{아}보다, 참{아} 내다' 등이 있다. 이처럼 전항동사와 후항동사의 연결은 전항동사가 양성모음 {아}인지 음성모음 {어}인지에 따라 다르게 연결된다.

3.2. 어형성상의 절차 2: 전항동사+연결어미 {고}+후항동사

전항동사가 연결어미 {고}를 취해 후항동사의 종지형과 조합되는 경우이다. '주{고}받다'의 경우는 '주다'와 '받다' 사이에 전항동사의 '주다'의 어미 {다}를 제거한 후 연결어미 {고}와 조합하여 '주고받다'가 된다. '보{고} 전하다'의 경우도 전항동사 '보다'와 후항동사 '전하다' 사이에 전항동사 '보다'의 어미 {다}를 제거한 후 연결어미 {고}를 매개로 조합된 것이다. 이 형식도 세부적으로는 두 가지로 나눌 수 있다.

[표 3-2]의 A류 · B류는 {고}로 조합된 경우지만 A류는 통어적인 구의 역할을 하고 있고 B류는 한 덩어리의 어휘적인 역할을 하고 있다.

[표 3-2] {고} 조합의 형태 차이

A류	B류
데리고 나오다(つれ出す)	타고나다(生まれつく)
먹고 오다(食べてくる)	싸고돌다(かばってまわる)
타고 가다(乗っていく)	죽고 싶다(死にたい)
마시고 놀다(飲んであそぶ)	파고 들다(掘り下げていく)
데리고 살다(つれて住む)	죽고 말다(死んでやむ)

(12) 강 대위의 설명을 듣고 보니 팔에는 과연 모두 도장이 찍혀 있었다. (홍)

カン大尉の說明を聞いてみると、腕にはたしかにみな印が押してあった。

(12′)강 대위의 설명을 듣고{서} 보니 팔에는 과연 모두 도장이 찍혀 있었다.

(13) 그래, 가지고 갔던 돈을 어쨌느냐니까? (곡)

そう、持って行ったお金をどうしたの？

(13′) 그래, 가지고{서} 갔던 돈을 어쨌느냐니까?

(14) 그러나 옆방에서 먹고 남은 음식을 나에게 주려 들지 않는다. (날)

しかし、隣の部屋からの食べ殘ったものを私にくれようとしない。

(14′) 그러나 옆방에서 먹고{서} 남은 음식을 나에게 주려 들지 않는다.

(15) 엊저녁에는 데리고 나와 청요리집으로, 추어탕집으로 새로 두 점을 치도록 돌아다닌 때문인 것 같았다. (복)

昨夜は外へ連れ出して支那料理屋から泥鰌汁屋と午前二時になるまで飲みまわった所爲のようだった。

(15′) 엊저녁에는 데리고{서} 나와 청요리집으로, 추어탕집으로 새로 두 점을 치도록 돌아다닌 때문인 것 같았다.

(16) 그러자 돈 벌 용기가 병자에 대한 염려를 없애고 말았다. (운)

すると金儲けの勇気の方が 病人に対する心配をかき消してしまった。

(16′) 그러자 돈 벌 용기가 병자에 대한 염려를 없애고{*서} 말았다.

(17) 아무에게도 편지를 받고 싶지 않다. 그리고 아무에게도 편지 쓸 일이 없으면 좋겠다. (가)

誰からも手紙をもらいたくない。そして誰にも手紙を書くことがないとうれしい。

(17′) 아무에게도 편지를 받고{*서} 싶지 않다. 그리고 아무에게도 편지 쓸 일이 없으면 좋겠다.

(18) 그러나 그는 갑자기 떠오른 한 가지 생각 때문에 그만 싱겁게 웃고 말았다. (가)

しかし彼は不意にあることを思い出して思わずニヤリと笑ってしまった。

(18′) 그러나 그는 갑자기 떠오른 한 가지 생각 때문에 그만 싱겁게 웃고{*서} 말았다.

(19) 그리고 드디어 그 사내가 전번처럼 파나마 모자를 쓰고 나타났을 때, 최씨는 자기도 모르게 소리를 지르고 말았다. (가)

ついにその男が以前と同じ様にパナマ帽を被って現われた時、チェ氏は思わず悲鳴をあげてしまった。

(19′) 그리고 드디어 그 사내가 전번처럼 파나마 모자를 쓰고 나타났을 때, 최씨는 자기도 모르게 소리를 지르고{*서} 말았다.

(12)~(15)는 {서}의 삽입이 가능하므로 문법적 성질을 지니고 있고, (16)~(19)는 {서}의 삽입이 불가능하므로 어휘적 성질을 지닌다고 할 수 있다. 결국 연결어미 {서}의 삽입이 가능하다는 것은 문법적 성질을 지니고 있다는 단서이다. 문법적 복합동사 종류인 (12) 같은 예는 전항동사 '듣다'와 후항동사 '보다'가 조합된 '듣{고} 보다'가 되고, (16)도 전항동사 '없애다'와 후항동사 '－말다'가 조합된 '없애{고} 말다'가 되는 것이다. 이것은 전항동사와 후항동사를 연결하는 '받고 싶지 않다'의 연결어미(時, 連結語尾) {고}에 의해 나타난다. 이러한 구조로

조합된 예는 '싸{고} 돌다, 오{고} 가다, 파{고} 들다, 지지{고} 볶다, 먹{고} 보다, 먹{고} 싶다' 등이 있다. 앞에서 열거한 (12)~(15)의 후항동사는 동사로 사용할 수 있지만, (16)~(19)의 후항동사 '-싶다(희망), -말다(중지)'는 항상 본동사로는 사용되지 않고 전항동사와의 결합에 의해서만 사용되고 있다는 점을 주의해야 한다. 또 남기심(1978:1~21)은 {고}는 앞의 두 가지 동사의 연결기능 외에도 두 개의 문장을 접속하는 공간적 나열기능과 시간적 나열기능이 있다고 설명했다. 또 시행의 의미로 사용되는 후항동사의 '보다'에는 전항동사의 연결어미에 {아}와 {고}가 함께 사용되는 경우도 있다.

(20) 거북이 손을 먹어 볼까 고민하고 있다.
亀の手を食べてみようか悩んでる。

(21) 일단 곰발바닥을 먹고 보자.
一応、熊の手を食べてみようね。

본동사 '보다'는 원래 눈으로 무엇을 '본다(見る)'는 기본적 의미를 가지고 있지만 (20)(21)의 '먹{어} 보다'와 '먹{고} 보다'의 '보다'는 본동사「見る」의 의미를 잃은 것이다. 일본어의「食べて見る」가 이러한 예에 해당된다. 즉 동사와 결합할 때 후항동사 '보다'는 시행(try)의 의미로 바뀌는데, 전항동사의 연결어미가 {어}인지 {고}인지에 따라 양자의 의미는 다르다. (20)의 의미는 맛있어 보이긴 하지만 정말로 맛있는지 어떤지 알아본다는 의미이고, (21)은 배가 고파서 맛은 제쳐 두고 일단 먹고 난 후 생각해 보자는 의미이다. 따라서 여기에서 말하는 후항동사 '보다'는 눈으로 보는 것뿐만 아니라 심리적 · 정신적으로 '판단하다 · 실행하다 · 시도하다'를 나타낸다. 이것은 {어}와 {고}의 차이를 분석할 때, 전항동사 '끌다'와 후항동사 '가다'가 조합된 '끌고 가다'는 가는 것이 1차 행위로 {고}로 연결된 연결어미이고, '끌어가다'는 가는 방법을 나타내는 것으로 {서}가 생략된 표현으로 끄는 것이 2차 행위라는 양인석(1978:166)의 주장과 일치하는 것이다.

3.3. 어형성상의 절차 3: 전항동사+{ø}+후항동사

전항동사의 어미 {다} 대신에 {ø(ゼロ)}와 후항동사의 종지형이 조합된 영(零) 형태가 있다. 즉 '오(다)가다, 죽(다)살다'처럼 전항동사 '오다'의 어미 {다}와 '죽다'의 어미 {다}가 제거(오+ø+가다, 죽+ø+살다)되는 것이다.

[표 3-3] {ø}의 결합 형태의 차이

A류	B류
사놓다(買っておく)	캐묻다(聞き出す)
파먹다(ほって食べる)	오가다(行き来する)
빼먹다(とって食べる)	여닫다(開いたり閉じたりする)
파헤치다(掘り起こす)	오르내리다(上がったり下がったりする)

[표 3-3]의 A류는 전항동사+{ø}+후항동사일 때 {ø} 대신에 {서}를 넣는 것이 가능하거나 {아}가 생략되는 것이고, {ø} 대신에 {고}를 넣는 것이 가능한 것은 B류이다.

(22) 그리고 심지어는 혹시 그분이 자살을 하고 싶어 했다든가 그런 이상한 기색을 보인 적이 없었느냐 하는 것까지 꼬치꼬치 캐묻고 들었어요. (가)

それからもしやあの人が自殺したがっていたとかそんな異常な気色を見せなかったかということまで、ことこまかに聞き出そうとしてきました。

(23) 삼천 원어치 땅을 사놓고 날마다 신문을 읽어 가며 수소문을 한다. (복)

3千ウォンの土地を買っておいて新聞を毎日読んだり、噂を漁り回ったりする。

(24) 흙을 파헤치고 손가락으로 뒤적뒤적하면 뚝뚝 부러진 메의 뿌리가 나온다. (창)

土を掘り起こして指で探るとぽきぽき折れる昼顔の根が出てくる。

(22)는 전항동사 '캐다'와 후항동사 '묻다' 사이에 {ø} 대신 {고}를 삽입할 수 있고, (23)의 전항동사 '사다'와 후항동사 '놓다'가 조합된 복합동사 '사ø놓다'의 경우도 {ø} 대신에 {서}를 삽입할 수 있다. (24)의 경우 전항동사 '파다'와 후항동사 '헤치다'가 조합되어 '파ø헤치다'가 되는 것이다. 이외에도 '감ø싸다, 날ø뛰다, 오르ø내리다, 떠ø오르다, 돌ø보다, 캐ø묻다' 등이 있다.

연구자 중에는 '오ø가다'는 '오고가다', '사ø들이다'는 '사고들이다', '파ø내다'는 '파고 내다'의 축약형으로 보는 사람도 있지만 {ø}는 {서}와 {고}를 구별할 필요가 있다고 생각된다. 왜냐하면 '파내다'는 「掘り出す」라는 의미로 전항동사와 후항동사 사이에 시간적 관계가 없다. '파고 내다'는 「掘ってから出す」라는 의미로 전항동사와 후항동사의 시간적 폭이 다른 것이다. 결국 '파고 내다'의 '파다'는 일차적인 행위이고 '내다'는 2차적인 행위가 되는 것이다.

3.4. 어형성상의 절차 4: 전항동사+양형 가능({아 · 어}{고})+후항동사

전항동사와 후항동사 사이에 {아}와 {고} 모두 가능한 동사가 존재한다. 그 수는 그다지 많지 않지만 여기서는 {아}와 {고}의 기능 차이를 확실히 알 수 있다.

[표 3-4]의 A류와 B류는 전항동사와 후항동사 모두 동일한 동사로 구성되어 있다. 즉 {아 · 어}와 {고}의 호환이 가능하다. 그러나 연결어미 {아 · 어}와 {고}로

[표 3-4] 양형 가능({아 · 어}{고})의 결합 형태의 차이

A류	B류
잡{아}가다(捕まえる)	잡{고} 가다(とっていく)
먹{어} 보다(とっていく)	먹{고} 보다(食べて帰っていく)
참{아} 보다(我慢してみる)	참{고} 보다(我慢してからみる)
기{어}오르다(はい上がる)	기{고} 오르다(はってからあがる)
먹{어} 치우다(食べおわる)	먹{고} 치우다(食べてしまう)
쌓{아} 나가다(積みあがる)	쌓{고} 나가다(積んで出かける)
기대{어} 서다(たよりかかる)	기대{고} 서다(たよってたつ)
끌{어}당기다(ひきよせる)	끌{고} 당기다(ひっぱってよせる)
기{어} 다니다(はいあるく)	기{고} 다니다(はってあるく)

나뉘어 사용되므로 {아 · 어}와 {고}의 의미기능을 다음의 예에서 고찰해 본다.

(25) 점점 나이를 먹어 가는 것은 인간만이 아닙니다.

どんどん年をとっていくのは人間だけではありません。

(26) 기뻐하지 않고, 자기도 하기 때문에 공원에서 내가 간식을 먹고 가는 경우가 많습니다.

喜ばなくて、寝てたりするんで、公園で私がおやつ食べて帰っていくことが多いです。

{어}가 조합된 (25)의 경우는 「年をとっていくのは人間だけではありません」이라는 의미로 「いく」에 초점을 두어 '점점'이라는 지속을 나타내는 부사 {어}와 공기하기 쉬운 것이다. 그러나 {고}가 조합된 (26)은 「食べる」에 초점을 두어 지금 배가 고프니 먼저 먹고 나서 간다는 뜻으로 쓰인 것이다. 이처럼 (25)의 '먹어 가다'는 '가다(いく)'가 본래 가지고 있는 이동의 의미는 사라지고 지속의 의미만 남아 있다. 그러나 (26)의 '먹고 가다'는 본동사의 '가다(いく)'라는 장소이동의 의미가 그대로 남아 있다.

(27) 어머니의 손을 잡고 갔다.

お母さんの手をとって行った。

(28) 경찰은 사린을 뿌린 범인을 잡아갔다.

警察はサリンをばらまいた犯人を捕まえた。

(27)은 전항동사의 행위가 지속되고 있으며, 전항동사와 후항동사 사이에 '학교에'와 '천천히'를 넣어도 자연스럽다. 그러나 (28)은 지금 잡았는지 어제 잡았는지는 알 수 없지만 잡았다고 하는 사실만이 서술되어 있는 경우이다. 또 전항동사와 후항동사 사이에 '학교에, 천천히'를 삽입하면 부자연스럽다. 즉 이 문장에서는 범인을 잡았다는 사실에 초점을 두었다는 점과 전항동사와 후항동사가

대등한 관계라는 점이 중요하다. 이처럼 (27)의 '잡고 가다'와 (28)의 '잡아가다'는 모두 이동을 나타내지만 어떤 상태, 어떤 형태로 이동하는지는 다르다.

(29) 잘 쓰이는지 어떤지 볼펜을 써 보았다.

よく書けるかどうかボールペンを書いてみた。

(30) 헤어진 옛 애인에게 편지를 쓰고 보자.

別れた昔の恋人に手紙を書いてみよう。

(29)의 경우는 볼펜이 잘 써지는지 아닌지는 알 수 없지만 실행하기 위해 써 보았다는 의미로 「みる」에 초점이 있다. 그러나 (30)의 경우는 만사 제쳐 두고 우선 안부 등을 알기 위해 편지를 써 본다는 의미에서 「かく」에 초점이 있는 것이다. 따라서 후항동사 '보다'는 {어}와 {고}의 차이를 알 수 있는 근거이기도 하다.

(31) 담배가 피우고 싶었지만, 일주일 정도 참아 보았다.

煙草が吸いたかったが、一週間ほど耐え抜いた。

(32) 억울하지만, 참고 보았다.

悔しかったが、我慢してみた。

(31)의 경우는 내가 인내심이 강한지 어떤지 실험해 보기 위해 일단은 일주일 정도 담배를 피우지 않고 참은 행위 그 자체의 시행을 나타낸다. 혹시 계속 피우지 않는다면 이번에 담배를 그만 피울 계획이라는 의미이다. 그러나 (32)의 경우는 아주 분하지만 다른 것을 위해 참는다는 판단을 나타낸 것이다. 이처럼 {고}는 전항동사와 후항동사의 대등한 관계를 나타낸다.

(33) 그녀는 요즘 나에게 기어올랐다.

彼女はこの頃私をあまく見ている。

(34) 애기가 식탁까지 기어올랐다.

赤ちゃんが食卓まではってあがった。

(33)의 경우는 요즈음 내가 그녀에게 친절했던 탓인지 그녀가 나를 만만하게 보아 말과 행동을 함부로 한다는 뜻이다(放題). 그러나 (34)는 아기가 조금씩 커 감에 따라 식탁에 기어오르거나 내리거나 한다는 의미이다.

(35) 굶어 죽는 것보다 빌어먹는 것이 낫다.

食べずに死ぬことより物乞いするほうがいい。

(36) 하느님에게 빌고 먹었다.

神様に祈ってから食べた。

(35)는 전항동사와 후항동사가 긴밀한 경우로 먹지 못해서 죽는 것보다 빌어서라도 먹고 사는 쪽이 낫다는 의미를 가지고 있다. 그러나 (36)은 전항동사와 후항동사가 대등한 예인데, 식사할 때는 항상 하느님에게 맛있는 음식을 주셔서 감사합니다 하고 기도한 후 식사를 한다는 의미로 쓰였다.

(37) 야마다 씨는 밥을 빨리 먹어 치웠다.

山田さんはご飯を早く食べおわった。

(38) 야마다 씨는 밥을 먹고 치웠다.

山田さんはご飯を食べてから片付けた。

(37)의 경우는 야마다 씨는 항상 밥을 빨리 먹어 치웠다는 의미로 먹는 행위를 확실히 끝내고 전항동사의 행위를 정리하는 기분을 나타낸다. 그러나 (38)은 밥을 먹고 나서 깨끗이 치웠다는 의미로 전항동사 '먹다'와 후항동사 '-치우다'의 대등한 행위를 나타낸다. 이 경우 불필요한 것을 어느 장소에서 다른 장소로 옮기거나 제거한다는 본동사 '치우다'의 의미는 그대로 남아 있다.

(39) 이 교수님은 훌륭한 연구 업적을 쌓아 나갔다.

李先生は立派な研究業績を積み上げた。

(40) 그는 벽돌을 쌓고 나갔다.

彼はレンガを積んでから出かけた。

원래 '쌓다'라는 본동사의 기본적인 의미는 구체적인 대상물을 쌓는 행동을 나타내지만 (39)처럼 복합동사에서 사용될 때에는 연구업적이나 실적 같은 비구체적인 대상물에도 사용되어 본동사 본래의 의미가 사라져 버린다. 그러나 (40)은 전항동사의 '쌓는다'는 의미와 후항동사의 '나간다'는 의미가 대등하게 존재하고 있다.

이상에서 전항동사와 후항동사가 동일한 때의 {아 · 어}와 {고}의 호환가능성을 중심으로 의미상의 차이를 조사해 보았다. 그 결과 {아 · 어}로 조합된 후항동사는 본동사의 의미가 추상화하거나 변한 경우가 많고, {고}의 경우는 접속어미처럼 사용되어 본동사의 의미가 그대로 남고 전항동사와 후항동사도 대등한 관계를 유지하는 경우가 많았다. 따라서 {고}로 결합되는 경우는 통어적 구의 구조임을 확인할 수 있다.

황병순(1987)은 {아}와 {고}만 복합동사로 인정하고 있다. '뛰어가다'처럼 {어}와 조합된 것은 전항동사와 후항동사가 의미상 주종관계를 이루고, '오르내리다'처럼 {고}와 조합된 것은 전항동사와 후항동사가 의미상 대등한 관계라고 보았다. 또 김성화(1992:30～34)는 전항동사와 후항동사의 접속구성에서 {아}는 긴밀성을, {고}는 대등성의 의미를 지닌다고 서술했다. 그러나 {고}는 복합동사로 보기에는 많은 문제가 있기 때문에 제외해야 한다. 예를 들면 '오ø가다'와 '오고가다', '파ø내다'와 '파고 내다'는 같지만, '파ø먹다'와 '파고 먹다', '뛰ø놀다'와 '뛰고 놀다'는 다르기 때문이다. 황병순(1987:122～127)은 복합동사를 {어}와 {고}로 나누어 '뛰어가다'처럼 {어}는 주종관계이고 '오르고 내리다'의 {고}는 의미적으로 대립관계라고 분류했다. 동일한 문장에서 {어}와 {고}가 동시에 사용될 때 {어}와 {고}의 교환이 가능한 경우와 교환이 불가능한 경우가 있다. 교환이 가능한 경우, 정도의 차는 있을지라도 의미적 차이가 존재한다. 먼저 교환이 가능한 경우를 구체적으로 살펴보겠다.

(41) 태국 요리를 먹{어} 보자.

タイ料理を食べてみよう。

(42) 태국 요리를 먹{고} 보자.

タイ料理を食べてみよう。

(43) 상한 우유를 먹{어} 버렸다.

変質した牛乳を飲んでしまった。

(44) 상한 우유를 먹{고} 버렸다.

変質した牛乳を飲んで捨てた。

(45) 오랫동안 고생을 하며 살{아} 왔다.

長い間苦労しながら生きてきた。

(46) *오랫동안 고생을 하며 살{고} 왔다.

長い間苦労しながら生きてきた。

(41)과 (42)는 의미의 차이는 있지만 {어}와 {고}를 교환할 수 있다. (41)은 태국 요리가 맛있을지 어떨지 알 수 없지만 일단 먹어 본다는 의미이다. 또 (42)는 다양한 요리가 있지만 태국 요리가 다른 요리보다 싸니까 일단 먹어 본다는 의미로도 해석할 수 있다. (43)(44)는 {어}와 {고}를 교환하는 것이 가능하지만 이들은 전혀 다른 의미가 된다. 그러나 (45)는 {아}와 {고}를 교환하면 전연 의미가 통하지 않는 비문이 되거나 부자연스러운 문이 된다. 이상 (41)~(46)에서 알 수 있듯이 교환이 가능한 {아 · 어}와 {고}는 의미기능이 전혀 달라 항상 교환이 가능하지는 않다. 교환이 가능하다 하더라도 의미용법은 달라진다.

3.5. 어형성상의 절차 5: 전항동사+{기}+후항동사

전항동사의 명사형 어미 {기}+후항동사로 조합된 형태의 복합동사 예는 극히 한정적이다. 이러한 형태는 개시를 나타내는 '시작하다'와 상태를 나타내는 '어렵다, 싫다, 좋다'의 전항동사와의 조합밖에 없고, 전항동사와 결합되어 사용빈도는 높다. 이를 복합동사로 보는 한국어학자는 거의 없다. {기}가 명사형 어미이기 때문에 후항에 동사도 오고 형용사도 오기 때문이다.

[표 3-5] {기}의 결합 형태의 차이

A류 [전항동사+{기}+동사성]	B류 [전항동사+{기}+상태성]
먹기 시작하다 (たべはじめる)	하기 쉽다(しやすい)
	쓰기 힘들다(書きにくい)
	집기 어렵다(取りにくい)
	먹기 좋다(食べ良い)

(47) 그는 어둠 속에서 점점 모습을 드러내며 외롭게 걸어오기 시작하는 것이었습니다. (가)

彼は闇の中からだんだん姿を現しながら、寂しそうに歩いて来はじめるのでした。

(48) 여러 가지가 있었기 때문에, 선생님에게는 말씀드리기 어렵습니다.

いろいろありましたので、先生には申しかねます。

(49) 아무리 가늠해 봐도 힘으로는 어느 쪽도 당해 내기 어려울 것 같은 녀석들이었다. (우)

どう計算してみても力ではどちらにもかないそうにもないような奴等だった。

(50) 그렇게 편지를 쓰기 싫어하는 사람들에게 편지를 쓰게 하려고 불철주야 머리를 싸매고 고뇌하는 구세주의 이야기를 말이다. (가)

そんなに手紙を書くのを嫌う人達に手紙を書かせようと一日中頭を抱えて苦

悩する救世主の話だ。

(51) 여러 가지 무늬가 보기 좋다. (날)

取りどりの模様が眼を楽しませる。

(47)의 '시작하다'의 형식은 아주 생산적이어서 많은 동사에 붙는다. 이러한 점에서는 문법적 접미사에 가깝다고 할 수 있다. 또 (48)(49)의 후항동사 '어렵다'는 어려운 상태를 나타내는 상태적 동사 같은 역할을 한다. (50)의 '싫다', (51)의 '좋다'에서도 한국어의 연결어미 {기}는 연결어미 {아}와 같이 두 개의 상태적 동사를 연결하는 기능을 한다. 이와 유사한 것으로 {기 때문에}로 연결되는 것이 있는데, 이는 {어서} {으니}와 마찬가지로 이유 · 원인 · 근거를 나타내는 연결어미이다. 참고로 연결어미 {아}와 {어}가 존재하는데, {아}는 끝음절의 모음이 'ㅏ, ㅗ'인 어간에 붙을 경우이고 {어}는 끝음절의 모음이 'ㅏ, ㅗ'가 아닌 용언의 어간 뒤나 '이다, 아니다'의 어간 뒤에 붙는 경우이다. 기본적 의미로는 시간적 전후관계를 나타내는 연결어미, 이유나 근거를 나타내는 연결어미, 수단이나 방법을 나타내는 연결어미로 사용된다.

전성어미인 {기}는 {음}과 마찬가지로 명사형 전성어미이다. 따라서 일본식으로 생각하면 동사와 동사의 결합으로 생각된다. 형태적인 면에서 보면 「食べ始める」가 '먹기 시작하다'로 대응되기 때문에 일본어의 관점에서 보면 동사와 동사의 결합에 포함시킬 수밖에 없다.

3.6. 그 외의 동사와 동사의 결합

이상과 같이 전항동사와 후항동사가 조합될 때 '전항동사+연결어미 {아, 어, 고, ø, 기}+후항동사' 이외에도 예는 적지만 몇 개의 다른 형태가 있다.

(52) 마침내 교원인 듯한 양복장이를 동광학교까지 태워다 주기로 되었다. (운)

ついに教員らしい洋服の紳士を東光学校まで乗せていくことになった。

(53) 어린애 모양으로 손뼉을 치며 웃는다. (운)

子供のように手を打ちながらはしゃいだ。

(54) 그들은 요행히 어떤 집 막간살이로 들어가게 되었다. (감)

かれらは運よくある家の小部屋に住み込めるようになった。

(55) 동생은 언제나 텔레비전을 보다가 잔다.

弟はいつもテレビを見て寝る。

(56) 그는 이제는 경마장에는 가지 않는다.

かれはいまは競馬にはいかない。

(57) 아들을 담배심부름을 가게 했다.

息子にタバコをかいに行かせた。

(52)의 경우 전항동사 '태우다'와 후항동사 '주다'가 조합될 때 그 사이의 접속조사로 {어다}가 사용되었고, (53)의 전항동사 '치다'와 후항동사 '웃다'가 조합된 '치며 웃다'는 그 사이의 접속어미로 {며}가 사용되었다. (54)(57)의 '게'는 「するように」라는 의미로 (57)과 같이 '하다'와 조합하면 사역의 의미가 된다. (54)(57)은 전항동사와 후항동사가 연결어미 {게}로 조합된 것이다. (55)처럼 전항동사 '보다가'와 후항동사 '자다'가 결합된 경우는 미완료 또는 중단의 의미로도 사용된다. 예를 들면 '나는 어제 학교에 가다가 말았다'의 경우 학교에 가는 행위 자체가 화자가 의도하는 발화 행위의 일부분으로서 후항동사 '말다(やめる)'가 서술한 내용을 덧붙여 '가다 말다'가 된 것이다.

(56)은 항상 부정의 의미가 있을 때 '전항동사+{지}+후항동사'로 조합되어 사용된다. 이처럼 '전항동사+연결어미{지, 게, 어다, 다가, 며}+후항동사'의 조합도 있다. 한국어에서는 대부분 최현배의 관점을 지지하면서 이를 근거로 해서 대부분 분류하고, 보조동사와 보조형용사의 구별법을 더 강조하고 있다. 동사와 동사의 결합에 대한 관점이 다르다고 할 수 있다.

3.7. 남은 문제점

후항동사 '-가지고'와 '-서서'는 동사가 문 전체 중에서의 활용형과는 달리 허사처럼 사용되는 것이다. 원래는 동사 '가지다'와 '서다'에서 파생되어 사용되는 것으로 보인다. 후항동사 '-가지고'와 '-서서'는 아직 불투명한 점이 많지만 고정된 어형으로서 다른 활용형을 가질 수 없고 보조동사의 기능도 없다.

(58) 저놈의 인력거꾼이 저렇게 술이 취해 가지고(*취해 가지다) 이 진땅을 어찌 가노. (운)

あの人力車夫の野郎、あんなに酔っぱらってこの泥んこ道をどうやっていくつもりだ。

(59) 복녀는 집 모퉁이에 숨어 서서(*숨어 서다) 눈에 살기를 띠고 방 안의 동정을 살피고 있었다. (감)

福女は家の角に隠れて、目に殺気を帯び部屋の中の様子をうかがっていた。

(58)의 후항동사 '-가지고[1)]'는 다른 복합동사와 달리 고정화된 형태만 취하며 실질적인 의미는 없다. (58) '-가지고'와 (59) '-서서'는 뒤에 행하는 동작에 대한 선행동작의 수단을 나타내는 기능밖에 없으므로 실질적인 의미가 없다고 할 수 있다. 다른 예인 '사 가지고'는 '*사 가지다'가 아니고, '만나 가지고'는 '*만나 가지다'가 아니다. 이와 마찬가지로 '넣어 가지고'는 '*넣어 가지다'가 아니고, '주워 가지고'는 '*주워 가지다'가 아니며, '그려 가지고'는 '*그려 가지다'가 아니다. 이러한 (58)의 '-가지고'와 (59)의 '-서서'는 후항동사의 종지형이 아니라 {고}{서}로 끝나기 때문에 어휘적으로 고정된 것은 아니다. 이상에서 볼 때 한국어 동사와 동사의 결합표현에는 크게 전항동사의 어미 {아 · 기 · ø} 형태와 전항동사+{고}+후항동사의 형태가 있는 것을 알 수 있다.

1) 후항동사 '가지고'와 같은 형식으로 일본어에도 이와 같은 분류를 Yoshiko Tagashira(1986:6~14)에서 하고 있다. 복합동사와 복합명사가 가능한 「くりかえす」, 복합동사만 가능한 「歩きまわる」, 복합명사만 가능한 「立ち読み, 押し売り」 경우로 나누어 설명하고 있다.

4. 한일 양 언어의 복합동사 표현

일본어와 한국어에서 복합동사는 동사의 형태적인 카테고리지만 문의 내용과 구조라는 점에서 의미적 · 통어적인 측면과 관련지어 생각할 수 있다. 먼저 복합동사에는 어떤 언어현상이 있는지 조사해 보았다.

(60) 子どもを下から持つ

(60′) 어린애를 아래에서 들다.

(61) 子どもを下からあげる

(61′) 어린애를 아래에서 올리다.

(62) 子どもを下から持ちあげる

(62′) 어린애를 아래에서 들어 올리다.

(63) WMAPのデータから宝石を掘るための手法を確立し、信頼できる結果を出すことを可能にしました。

(63′) WMAP의 데이터에서 보석을 캐기 위한 방법을 확립하고, 신뢰 가능한 결과를 내는 것을 가능하게 했습니다.

(64) WMAPのデータから宝石を出すための手法を確立し、信頼できる結果を出すことを可能にしました。

(64′) WMAP의 데이터에서 보석을 내기 위한 방법을 확립하고, 신뢰 가능한 결과를 내는 것을 가능하게 했습니다.

(65) WMAPのデータから宝石を掘り出すための手法を確立し、信頼できる結果を出すことを可能にしました。

(65′) WMAP의 데이터에서 보석을 캐내기 위한 방법을 확립하고, 신뢰 가능한 결과를 내는 것을 가능하게 했습니다.

(66) 東京の町を日本交通マークのEVタクシーが走った。

(66′) 도쿄 거리를 일본 교통마크 EV택시가 달렸다.

(67) 東京の町を日本交通マークのEVタクシーが始めた。

(67′) 도쿄 거리를 일본 교통마크 EV택시가 시작했다.

(68) 東京の町を日本交通マークのEVタクシーが走り始めた。

(68′) 도쿄 거리를 일본 교통마크 EV택시가 달리기 시작했다.

앞의 예문에서 볼 수 있듯이 일본어의 동사 (62)는 동사(60)+동사(61)=(62)라는 동사결합의 구조를, (65)는 동사(63)+동사(64)=(65)라는 결합구조를 가지고 있다. 이처럼 전항동사의 연용형과 후항동사의 종지형이 결합한 형태를 복합동사라고 정의한다.

이에 대하여 한국어의 동사는 동사(60′)+동사(61′)=(62′)라는 동사결합구조로 대응하고, (65′)는 동사(63′)+동사(64′)=(65′)라는 동사결합의 구조에 대응한다. 일본어의 '전항동사의 연용형'으로 조합된 복합동사 (62)는 한국어 '전항동사의 연결어미 {아}'로 조합된 (62′)에 대응하고, 일본어의 '전항동사의 연용형'으로 조합된 동사결합 (65)는 한국어 '전항동사의 연결어미 {ø}'에서 조합된 (65′)에 대응한다. 또 일본어의 동사(68)은 (66)동사의 연용형+동사(67)=(68)이라는 결합 구조를 가지며 이에 대응하는 한국어의 복합동사 (68′)는 (66′) 동사의 연결어미 {기}+후항동사(67′)가 된다. 이처럼 일본어와 한국어는 교착어 특징의 하나인 동사와 동사의 결합이 가능한 언어이다.

따라서 본 연구에서는 한국어 복합동사를 (62′)(65′)(68′) 같은 전항동사(연결어미 {아}{기}의 전항요소)와 후항동사(후항요소)가 결합하여 하나의 새로운 동사가 되는 경우로 정의한다. 따라서 한일 양 언어에서 복합동사는 형태적인 면에서 보면 분리 가능한 성질을 가지고 있지만 의미적인 면에서 보면 의도된 내용을 유지하기 위해 분리 가능 · 불가능한 형식을 함께 가지고 있다. 즉 복합동사는 사항 · 동작 · 상태 등을 나타내고, 통어적인 면에서는 하나의 서술기능을 행한다. 한편 Sohn, Ho-min(1976:143)은 복합동사를 다음과 같이 정의했다.

A compound verb is defined as a sequence of two or more verbs between which, only the so-called infinitive suffix(－e, －a, or－ ø) occurs without any pause intervening.

복합동사는 휴지의 개입 없이 모든 부정법 접미사 (－아, －어, 또는 － ø)만 사이에 끼어들 수 있는 두 개 이상의 동사의 접속체이다.(역: 필자)

이와 같이 Sohn, Ho-min은 두 개 이상의 동사와 동사의 결합에서 연결어미 {－아, －어, － ø }가 조합된 것만을 복합동사로 보았다. 본 연구에서는 논쟁의 대상이 되는 애매한 한국어 전항동사의 연결어미 {－고}와 후항동사의 결합표현 형식은 고찰대상에서 제외하고 Sohn, Ho-min의 '－아, －어, 또는 － ø '에 '－기'를 덧붙여 고찰해 보겠다.

5. 한일 양 언어의 동사와 동사의 결합표현과 복합동사의 자리매김

복합동사는 현대 일본어에서 단순동사만으로는 표현하기 힘든 동작이나 행위를 자유롭게 표현하기 위해 만들어진 것으로 보인다. 본 절에서는 한일 양 언어의 복합동사의 사용빈도와 생산성을 조사해 보겠다. 사용빈도에 따라 나누어지는 복합동사의 생산성은 복합동사의 중요성과도 연결된다. 즉 전항동사와 후항동사가 조합될 때 전항동사가 많이 사용되면 전항동사의 생산성이 높고, 전항동사의 사용이 적으면 전항동사의 생산성이 낮다고 할 수 있다. 일본어의 동사와 동사 결합표현은 한국어의 동사와 동사 결합표현보다 사용빈도도 다양하고 조어의 결합능력도 풍부하다. 이것은 복합동사의 전체적인 사용 상황에서 개별 사용 상황까지 조사하기 위해 실제 사용되고 있는 복합동사의 사용빈도를 한일 대역본에서 조사한 [표 3-6]과 [표 3-7]에서 확인할 수 있다. 이들 표에는 많이 사용되고 있는 후항동사 15개가 수록되어 있다.

[표 3-6]과 [표 3-7]에서 복합동사의 생산성(productivity)의 차이를 알 수 있다. [표 3-7]에서 전항동사의 연결어미 {아}로 조합된 것이 압도적으로 많고, 또

[표 3-6] 생산적인 일본어 후항동사의 사용빈도 순위

순위	후항동사	빈도	연결어미	대응어
1	出す	395	기 아	시작하다 내다
2	こむ	378	아 부사	넣다 철저히 하다
3	つける	341	아	붙이다
4	きる	313	아 부사	내다 끝까지 하다
5	あう	292	부사	서로 하다
6	あげる	257	아 부사	올리다, 내다 마치다, 다 하다
7	はじめる	243	기	시작하다
8	あがる	241	아 부사	오르다 완전히 하다
9	つく	228	아	붙다, 나다
10	とる	205	아	잡다
11	かける	189	기 아	시작하다 가다
12	終わる	132	부사	끝나다, 끝내다
13	すぎる	120	부사	지나치다
14	ぬく	96	아	내다, 뚫다
15	たてる	77	부사	마구 해내다

{기}로 연결된 것은 '시작하다' 하나밖에 없지만 생산성이 높은 편이다. 또 {고}는 '타고나다, 하고 말다, 사고 보다, 먹고 싶다'에 한하는 것이 특징적이다. {아}{고}{기}가 가지는 의미의 차이는 곧 해결될 문제는 아니기 때문에 본 연구에서는 논하지 않기로 한다.

[표 3-7]에서 특징적인 것은 '먹다'라는 후항동사이다. '먹다'라는 의미인 「食べる」가 전항동사의 연용형과 조합되어 복합동사를 이룰 경우 두 개의 이미지를 갖는다. 「食べる」의 의미를 그대로 살릴 경우에는 중립적이지만, 추상화되어 사용될 때에는 나쁜 이미지로 사용된다. 즉 '부려 먹다, 잡아먹다, 우려먹다, 속여

[표 3-7] 생산적인 한국어 후항동사의 사용빈도 순위

순위	후항동사	빈도	연결어미	대응어
1	가다	156	아	いく
2	지다	122	아	なる, おちる
3	보다	105	아	みる
4	오다	92	아	くる, ふる
5	시작하다	61	기	はじめる, だす, かける
6	버리다	58	아	しまう, すてる
7	내다	56	아	きる, ぬく, あげる, だす
8	먹다	52	아	たべる
9	놓다	48	아	おく, てある
10	가지다	45	아	もつ
11	들다	41	아	もちあげる, 入る
12	나다	38	아	でる
13	주다	31	아	くれる, やる
14	나오다	15	아	でてくる, でる
15	오르다	11	아	あがる

먹다, 떼어먹다, 팔아먹다'의 후항동사 '－먹다'는 '속이다: 騙す', '부려먹다: こき使う'와 같은 의미로 사용되는 것이다.

즉 한국어 복합동사의 후항동사 '－먹다'는 일본어에서는 본동사로만 사용되지만 한국어에서는 복합동사의 후항동사로 자주 사용되는 것이 특징이다. 한편 일본어에서도 한국어에서도 문법적 복합동사는 생산성이 크다. 그러나 어휘적 복합동사는 전항동사와 후항동사의 제약이 많기 때문에 비생산적이라고 할 수 있다. 앞 절에서 조사한 대로 동사와 동사의 결합표현이 어형성할 때의 절차는 한국어가 일본어보다 다양하지만, 실제 동사 결합표현은 일본어 쪽이 한국어보다 많다. 그 이유는 일본어의 복합동사가 한국어에서 타동사의 수동형 동사의 사역형 「한어(漢語)+する」 등에 대응해서 사용되는 것이 많기 때문이다.

빈도수가 적고 비생산적인 복합동사도 일본어보다 한국어 쪽이 두드러진다. [표 3-8]과 [표 3-9]는 비생산적 복합동사이다. 동사와 동사의 결합표현은 일본

[표 3-8] 비생산적인 일본어 복합동사

복합동사	대응어
(ふり)しきる	계속해서 내리다
(ひき)はらう	파헤치다
(ふり)とばす	팽개치다
(呼び)とめる	불러 세우다
(うち)破る	깨뜨리다
(かき)消す	지워 없애다
(うち)續く	죽 계속되다
(ひき)こもる	틀어박히다
(ひっくり)かえる	뒤집혀지다
(立ち)働く	바지런히 일하다
(吹き)飛ばす	불어 날려 버리다
(書き)なぐる	휘갈겨 쓰다
(煮え)たぎる	펄펄 끓어오르다
(踏み)つぶす	밟아 부수다
(寝)靜まる	잠들어 고요해지다

어보다 한국어 쪽이 많을 것으로 예상(동사와 동사가 결합되는 절차가 다양하기 때문)되지만 실제로는 일본어 쪽이 압도적으로 많다. 또 일본어의 경우 생산성이 높은 복합동사보다 전항동사와 후항동사의 선택제약이 많은 것이 특징이다.

[표 3-8]은 전항동사가 접두어(ひき, うち, たち)로 사용되며, 어휘적으로 굳어진 복합동사(寝靜まる)이고 전항동사가 후항동사를 수식하는 경우가 주로 많다. [표 3-9]에서 한국어의 복합동사가 가지는 특징은 한국어의 전항동사와 후항동사의 순서가 고정되어 있지 않다는 점이다. 예를 들면 '고쳐 쓰다'는 「直し書く」가 아니고 「書き直す」이고, '바꾸어 넣다'는 「かえ入れる」가 아니고 「入れ替える」이다. 이처럼 한국어 복합동사의 순서는 일본어와 달리 행동의 순서에 따라 사용되고 있다. 즉 '고쳐 쓰다'는 「直してから書く」이고 '바꾸어 넣다'는 「かえてから入れる」이다.

[표 3-9] 비생산적인 한국어 복합동사

복합동사	대응어
(부르)짖다	鳴り立てる
(집어)삼키다	飮みこむ
(뿌리)치다	拂い除ける
(나가)자빠지다	笑いこける(笑いころげる)
(지껄여)대다	しゃべりまくる
(긁어)모으다	かき集める
(스며)들다	しみいる
(풀어)헤치다	解き放つ
(들어)서다	入り立つ
(고쳐) 쓰다	書き直す
(다가)앉다	寄り座る
(묻어) 감추다	埋め隱す
(들어)앉다	引き籠る
(바꾸어) 넣다	入れ替える
(흐느껴) 울다	むせび泣く

(69) 이튿날은 오전 7시에 엘 · 에스 · 티가 뒷문을 열어젖힌 채 부두에 닿았다. (홍)

翌日は午前7時にLSTが後方扉を開け放ったまま埠頭に着いた。

(70) 그래서 더욱 그것을 집어삼키려고 맹렬히 덤벼들곤 했다. (가)

そのためいっそうそれを呑み込んでしまおうと猛烈な勢いで突進したのだ。

(71) 공산군의 머리 위에 포격과 호응하여 불비를 퍼부었다. (홍)

共産軍の頭上に、砲撃に呼應して火の雨が降り注いだ。

[표 3-10]과 [표 3-11]에서 알 수 있듯이 한국어 전항동사의 어미 {아}+후항동사는 일본어 전항동사의 연용형+후항동사에 가깝고, 한국어 전항동사의 어미 {고}+후항동사는 일본어 전항동사 「テ」형+후항동사에 가깝다.

[표 3-10] 한국어에 대응하는 일본어

어미	{イ}형	{テ}형
{아}	135	47
{ø}	55	39
{고}	21	169
{기}	43	0

[표 3-11] 일본어에 대응하는 한국어

어미	{아}	{ø}	{고}	{기}
{イ}형	180	17	36	23
{テ}형	34	15	173	0

6. 문법적 복합동사와 어휘적 복합동사의 구분

복합동사의 내부에 문법적 현상이 있는지 여부는 문법적 복합동사와 어휘적 복합동사의 기준과 문법적 복합동사의 하위구분의 기준이 된다. 따라서 이를 구분하기 위한 테스트프레임(test frame)을 다음과 같이 설정할 수 있다.

(i) 전항동사와 후항동사 간에 문법적 요소(수동 · 사역)의 삽입 가능성

(ii) 전항동사와 후항동사의 분리 가능성

(iii) 패러프레이즈(paraphrase)의 가능성

(iv) 두 개 이상의 동사의 결합 가능성

(v) 대형(代形)의 가능성

(vi) 아스펙트적 의미 유무의 판단기준

문법적 복합동사는 다시 완전한 것(문법적 복합동사)과 불완전한 것(중간적 복합동사)으로 나눈다. 불완전한 것은 문법적 성질과 어휘적 성질을 공유하는 것을 말한다.

7. 마무리

이상과 같이 동사와 동사의 결합절차를 거쳐 복합동사의 개념을 규정하고 복합동사의 틀을 설정해 보았다. 일본어에서는 동사와 동사가 결합할 때 어형성의 절차는 두 가지이지만, 한국어의 경우에는 다양하다는 것을 알 수 있다. 지금까지는 일본어나 한국어 모두 동사와 동사의 결합표현을 체계적이거나 전체적으로 논한 연구가 적었다. 동사와 동사의 형태적 특징을 논하지 않고 대부분 보조동사와 복합동사의 단계로 들어가 버리는 경우가 많았다. 이에 따라 본 장에서는 하나의 언어에 치우지지 않도록 대등하게 연구하기 위해서 한일 양 언어에서 어떤 동사와 동사의 결합이 있는지부터 파악해 보았다. 또 한국어 동사의 결합절차를 좀 더 명확하게 하기 위해 전체의 동사와 동사의 결합에서 복합동사를 조망하고, 동사와 동사의 결합 특징을 다음과 같이 정리해 보았다.

(i) 동사와 동사의 결합 특징

{イ}형 : 전항동사는 연용형을 취하고 후항동사는 종지형을 취한다. 후항동사의 성질에 따라 두 개의 동사의 결합력이 강한 것과 약한 것이 존재한다.

{テ}형 : 전항동사는 {テ}형을 취하고 후항동사는 종지형을 취한다. 두 개의 동사는 통어적으로 구성되어 있다. 전항동사를 보조하는 보조동사로 사용된다.

{아}형 : 전항동사는 연결어미 {아}형을 취하고 후항동사는 종지형을 취한다. 두 개의 동사 간에는 결합력이 강한 것과 약한 것이 있다. 모음조화규칙에 따라 전항동사의 어간이 양성모음일 때에는 연결어미 {아}로, 음성모음일 때에는 연결어미 {어}로 조합된다.

{ø}형 : 전항동사의 어미 {다}를 제거하고 후항동사와 조합된 경우이다. 이 경우 {ø}는 연결어미 {서}와 {고}이다. 이 판별은 후항동사에 따라 파악할 수 있다.

{기}형 : 전항동사는 명사형 어미 {기}를 취하고 후항동사는 종지형을 취한다. 후항동사가 동작을 나타내는지 상태를 나타내는지에 따라 구별이 가

능하다. 동작을 나타내는 경우에는 '시작하다', 상태를 나타내는 경우에는 '어렵다, 좋다, 싫다'와 조합된다.

양형 가능형({어}{고}형) : {어}와 {고}가 교환 가능한 경우도 있고 교환 불가능한 경우도 있다. 전자의 경우에는 문법적 복합동사에 가깝지만 후자의 경우는 어휘적 복합동사에 가깝다.

{고}형 : 전항동사는 {고}형을 취하고 후항동사는 종지형을 취한다. 두 개의 동사는 통어적으로 구성되어 있다. 전항동사를 보조하는 보조동사로 사용된다.

(ii) 동사와 동사의 결합 형태

복합동사에는 {イ}형, {아, 어}형, {ø}형, {기}형이 있다. 일본어의 {イ}형은 한국어의 {아, 어}형과 유사한 형태를 나타내고, 일본어의 {テ}형은 한국어의 {고}형과 유사한 역할을 하고 있는 것을 알 수 있다.

(iii) 생산성의 고저관계

생산성이 높은 복합동사와 생산성이 낮은 복합동사로 구별할 수 있다. 한일 양언어에서 공통적으로 생산성이 높은 복합동사는「－出す, －切る, －まくる, －こむ, －つける」, '－시작하다, －내다, 대다, 넣다, 붙이다'이다.

제 4 장

일본어 복합동사의 재탄생

1. 들어가기

복합동사에 대한 정의는 학자마다 다르지만, 여기서는 동사의 「マス」형 뒤에 또 하나의 동사가 결합되어 전체가 하나의 동사가 된 것으로 정의한다. 복합동사는 문법적으로 취급할 수 있는 것과 어휘적으로 취급할 수 있는 것이 있으나 하나의 어휘로 취급할 수 있는 것도 복합동사로 본다. 예를 들어 「思い出す, はりきる, 降りつづく」처럼 하나의 어휘로 굳어진 것도 복합동사로 보고, 앞에 오는 동사를 전항동사, 뒤에 오는 동사를 후항동사라고 하기로 한다. 복합동사의 후항은 생산성이 높은 것에서부터 생산성이 낮은 것, 하나의 복합동사가 여러 의미를 가진 것, 문법적인 성질을 가진 것 등 다양한 특질을 가지고 있으며 성질은 보조동사에 가깝다 할 수 있다.

우선, 전항과 후항이 단단하게 결합되어 각각 본래 가지고 있던 의미와는 다른 의미를 가지는 동사를 살펴보자.

(1) はりきってがんばっていこう!

활기차게 열심히 해 가자!

(1′) *はってがんばっていこう。

붙여 열심히 해 가자.

(1″) *きってがんばっていこう!

잘라 열심히 해 가자!

「張り切る」라는 동사는 앞의 예문에서 보듯이 그 구성요소인 「張る」와 「切る」와는 다른 새로운 의미를 가진다. 「張り切っている, 張り切って取り組む, 張り切りようね, 張り切り過ぎ, 張り切り過ぎだ」 등의 굳어진 표현으로도 자주 사용된다. 따라서 별개의 동사로 취급하고 그 의미와 용법을 알아야 한다. 「張る」에는 '접착', 「-切る」에는 '절단'의 의미가 있지만 두 개의 동사가 결합되어 하나의 새로운 동사가 된 것이다.

이에 비해 각각의 동사가 원래의 의미를 유지하면서 결합하여 하나의 어휘로 되는 것도 있다. 「焼き切る」라는 동사에는 「焼く」와 「切る」 각각의 의미가 살아 있다.

(2) 強盗がガスバーナーで金庫の扉を焼き切った。

강도가 가스버너로 금고문을 달구어서 잘랐다.

여기서 「焼き切った」는 「焼いて切った」의 의미와 거의 비슷하다. 물론 뭔가 다르기 때문에 별도의 표현이 생겼을 테지만, 이런 복합동사의 경우는 전항이 후항의 동작에 대한 수단이 되므로 전항동사가 후항동사의 의미를 보조한다고 할 수 있다. 동일한 후항동사 「切る」라도 전항동사의 성질에 따라 하나로 굳어진 동사인지 아니면 전항동사를 보조하는 역할을 하는 동사인지가 결정되는 것이다.

앞에서 살펴본 두 종류의 복합동사 중에서, 전항은 본래의 의미용법을 유지하고 후항은 보조동사적 용법이 되는 부분이 문법적으로 흥미롭다.

복합동사를 분류하는 방법은 학자에 따라 다르고 통어적 성질에 따라 다르지만 복합동사의 일부를 아스펙트라는 관점에서 다룰 수 있다. 예를 들면 「食べ始める, 食べ続ける, 食べ終わる」, 「走り出す, 走りつづける, 走り終える」, 「書きかける, 書き続ける, 書き終わる」 등은 '개시, 계속, 종료(완수)'의 아스펙트로 다양하게 나타나고 있다. 이 외에도 「話しかける, 呼びかける, 持ち上げる, 持ち上がる, 追い込む, 詰め込む, 考え込む, はりつける, はりつく, 書き直す, 打ち直す, 走り出る, 走り出す」 등 다수가 존재한다. 또 후항동사가 전항동사의 의미를 추가하는 보조동사적 역할을 하는 것도 있다. 「たべてみる, 書いておく, 飲んでしまう」처럼 '동사의 テ형'에 접속하는 보조동사와 비교된다.

복합동사의 전항에 올 수 있는 동사는 후항동사에 따라 제한적이고, 보조동사의 전항에 오는 것은 복합동사보다는 덜 제한적이지만 그 수가 적다. 복합동사의 후항은 전항동사에 따라 굳어져 버린 하나의 동사인지 전항동사를 보조해 주는 보조동사인지에 따라 달라진다. 복합동사는 생산성이 높은 것부터 생산성이 낮

은 것까지 다양하게 있다. 또한 전항동사에 대한 제한이 적고 여러 동사와 조합되는 경우도 있기 때문에 복합동사를 한 마디로 정의하기는 매우 곤란하다. 복합동사는 문법과 어휘적 의미용법의 중간에 위치한다고 할 수 있고, 고정된 조합 외에는 사용되지 않는 것도 있으므로 연구해 볼 만한 가치가 있다. 「かかる」와 「つづく」는 통어적 성질보다는 어휘적 성질이 강하고, 전항동사와 결합하여 굳어진 동사로 보는 것이 타당한 경우가 많으며, 원래의 의미와 다르게 쓰이는 경우는 적다. 특히 「つづく」는 사용 빈도가 적은 어휘적 복합동사이다.

복합동사를 의미로 분류할 때 생산성이 높은 것을 중심으로 살펴보면 다음과 같다.

아스펙트를 나타내는 복합동사는 「始める, 続ける, 終える, 終わる, 出す, かける, あげる」 등이다. 그러나 「得る, かねる, すぎる」 등은 앞에서 서술한 복합동사처럼 통어적 성질을 가지고 있으나 아스펙트의 의미는 가지고 있지 않다. 또한 하나의 커다란 카테고리를 설정할 정도로 중요한 것은 방향을 나타내는 복합동사인 「出す, 出る, あげる, あがる, こむ, 入れる, 下がる, 下げる, 落ちる, 落とす, 付く, 付ける」 등이다.

복합동사의 후항동사가 부사적 성질을 가지고 정도의 강조를 나타내는 것에는 「切る, 込む, いる, つける, 返る, 果てる, 立てる, 抜く, 通す, 尽くす, まくる」가 있고, 상호동작을 나타내는 것으로는 「合う, 合わせる」가 있다. 또 「過ぎる」는 '과잉', 「得る」는 '가능'의 의미를 지닌다. 그 밖에 다양한 개별적 의미를 나타내는 것은 「そこねる, 漏らす, 忘れる, 直す」 등 무수히 많다.

우선 복합동사 중에서 사용빈도가 높고 중요시되는 아스펙트를 나타내는 카테고리를 살펴보고자 한다. 「はじめる, つづける, おえる」는 그다지 문제가 되지 않으나 「かける, あげる, あがる, 出す」 등은 여러 문제를 안고 있다. 또한 다의성(多義性)을 가진 복합동사는 학습하기도 어렵고 구별하기도 어렵다. 그러므로 방향과 정도의 강조를 나타내는 것을 좀 더 상세하게 살펴보면 복합동사의 전반적인 사항을 알 수 있다. 정도의 강조, 상호동작, 과잉, 기타 사항에 대하여 간략하게 살펴보자.

2. 복합동사의 의미의 대응

일본어의 복합동사는 동사의「マス」형에 후항동사를 결합하는 형태이다.「話す」에「始める」가 붙은「話し始める」는 '이야기하기 시작하다'가 된다.「差す」에「こむ」가 접속하면「さしこむ」로 '집어넣다'는 의미가 된다. 그러나 이와 달리 일본어의 후항동사가 한국어로는 전항에 와서 부사가 되는 경우도 있다.「ふるえる」와「あがる」가 결합된「ふるえあがる」는 '마구 떨다',「疲れきる」는 '몹시 피곤하다'는 의미이다.「切る」에는 원래의 절단의 의미도 있지만 '끝까지 달려 완수하다'라는 의미의「走りきる」처럼 추상화되어 사용되는 경우가 많다. 그러나 무엇보다도 중요한 것은 자동사인「売り切れる(다 팔리다)」처럼 부정의「ない」가 붙어 관용적으로 사용되는 경우이다.

전항동사+切れない는 '완전히 ~할 수 없다'에 해당된다.「やり切れない」는 '끝까지 할 수 없다'이고「数え切れない」는 '다 셀 수 없다'가 된다. 또「持ち切れない」는 '더 이상 가질 수 없다'이고「悔やんでも悔やみ切れない」는 '끝없이 분하다'가 된다.「死んでも死にきれない」는 '죽으려 해도 죽을 수 없다'이며「その日が来るのが待ち切れません」은 '그날이 오는 것을 기다릴 수가 없습니다'가 되는 것이다. 후항동사가 동일하더라도 전항동사가 다르면 전혀 다른 의미로 사용되기도 한다. 예를 들어「読み反す」는 '다시 읽다'이지만「言い返す」는 '말을 되받아 치다'이다.

또한「返す」는 타동사이지만 자동사인「返る」는 '완전히 ~하다'라는 강조의 의미로만 사용되는 경우도 있다. 예를 들면「静まり返る」는 '아주 조용하다'이고,「あきれ返る」는 '참으로 어이없다'가 되는 것이다. 또한「かえる」의 동음이의어는 다수가 있기 때문에「替える」의 경우는 한국어와 상반되어 나타난다.「言いかえる」는 '바꾸어 말하다',「乗り換える」는 '갈아타다'이다. 특이할 만한 복합동사는「かかる」와「かける」이다. 이는 전항동사에 かかる가 결합되면 '막 ~하다'가 된다. 예를 들면 '개구리가 막 죽어 가다'를 일본어로 표현하면「カエルが死にかかっている」가 되는 것이다.「かかる」와 항상 대비되는 것이「かける」이다. 이「かける」는 '막 ~하려 하다'는 의미로도 쓰이고 '막 ~한'이라는 의미로도 쓰인다. 「読みかけた漫画」라고 하면 '막 읽으려고 한 만화'와 '읽다가 만 만화'라는 두 가지 의미가 있다. 기타 주요 복합동사의 한국어 대역을 살펴보면 다음과 같다. 우선 후항동사 「こむ」에 나타난 예문을 통하여 살펴보자.

「差し込む」는 '끼워 넣다', 「思い込む」는 '굳게 믿다, 믿어 버리다', 「考え込む」는 '골똘히 생각하다, 생각에 잠기다, 몰두하다'가 되기 때문에 본동사 「思う」와 「考える」는 의미가 유사하지만 복합동사가 되면 전혀 다른 의미가 된다.

(3) 本の間に手紙を差し込む。

책 사이에 편지를 끼워 넣다.

(4) てっきり自分の傘だと思い込んでいたら彼のだった。

틀림없이 내 우산이라고 확실히 믿고 있었는데 그의 것이었다.

(5) 思い込んだら後へは引かない。

굳게 마음먹으면 물러서지 않는다.

(6) 何をそんなに考え込んでいるんだ。

뭘 그렇게 골똘히 생각하고 있는 거야?

「込む」는 가장 많이 알려진 (3)의 「差し込む(끼워 넣다)」처럼 안쪽으로 이동함을 나타내는 경우와, (4)~(6)처럼 '굳게, 깊이, 골똘히'라는 강조의 의미로 사용되는 경우가 있다. 이와는 달리 후항동사가 강조를 나타내는 부사처럼 사용된 것이 「抱きしめる」이다. 이는 「しめる」가 부사인 '꽉'이 되어 '꽉 껴안다'가 된 것이다. 그러므로 「再会したわが子を抱きしめる」는 '다시 만난 자식을 꽉 껴안다'로 번역할 수 있다. 「思い立つ」는 '무슨 일을 하려는 생각을 문득 일으키다, 마음먹다'는 의미이다. 「祖父は福祉事業への寄付を思い立った」를 한국어로 번역하면 '할아버지는 복지사업에 기부하기로 마음먹었다'가 된다. 후항동사 「立つ」는 자동사이고 「立てる」는 타동사이다. 「立つ」보다는 「立てる」가 사용되는 경우가 많고 그 의미용법 또한 복잡하다. 예를 들어 「言い立てる」 는 '강하게 주장하다'로 여기서 「立てる」는 '강하게'라는 의미가 된다.

(7) みんなが言い立てるほどそれが栄誉あるものだったとは思わない。

모두가 강하게 주장할 만큼 그것이 명예로운 것이었다고는 생각하지 않는다.

(8) ことさらに言い立てるほどのことではない。

새삼스럽게 강하게 주장할 만한 일은 아니다.

(7)(8)의 「たてる」는 한국어에서는 전항이 되어 '강하게'로 변해 버린다.

그러나 「~たて(の)」의 용법은 '지금 막 ~한'으로 시간이 얼마 지나지 않은 상황을 나타내기도 한다. 예를 들면 「焼き立てのパン」은 '갓 구운 빵'이라는 의미이다.

(9) パン屋さんで焼き立てのパンを買ったとしてもその場で食べない限りは焼き立てパンとは言えない。

빵집에서 갓 구운 빵을 샀다 해도 그 자리에서 먹지 않는 이상 갓 구운 빵이라고는 할 수 없다.

(10) 絞りたてのコーヒーが一番美味しいのは言うまでもない。

갓 뽑은 커피가 가장 맛있는 것은 말할 필요도 없다.

이와 같이 「たてる」에서 파생된 「たての」의 경우는 서로 관련짓기가 어려운 것 중의 하나이다.

3. 일본어 복합동사의 한국어 번역

여기서는 하나의 어휘로 굳어진 복합동사의 의미용법을 번역을 통하여 살펴보고자 한다. 어휘적 복합동사는 너무나 다양한 형태로 나타나기 때문에 규칙을 만들 수는 없다. 대등하게 1:1로 대응되는 경우도 있고, 강조의 의미인 경우에는 일본어의 후항동사가 한국어에서는 부사적으로 쓰이기도 한다. 또한 동일한 복합동사이지만 문맥에 따라 다양하게 번역하거나 문장으로 풀어서 번역해야 하는 경우도 있다.

(11) 彼について妙なうわさを聞き付けた。

그에 대해 묘한 소문을 들었다.

(12) 外国から小麦を買い付ける。

외국에서 밀을 사들이다.

(13) 短期債を売却し長期債を買い入れる。

단기채를 매각하고 장기채를 매입하다.

(14) 画家に真実を見抜く心眼がなくては芸術と人生の一体化は無理だ。

화가에게 진실을 꿰뚫어보는 마음의 눈이 없으면 예술과 인생의 일체화는 무리이다.

(15) カメラをどこかに置き忘れる。

카메라 둔 곳을 잊어버리다.

(16) 電車に傘を置き忘れた。

전철에 우산을 두고 내렸다.

(17) この年齢になると何でもすぐに聞き忘れてしまう。

이 나이가 되면 뭐든지 금방 듣고도 잊어버린다.

(18) 彼の名前を聞き忘れた。

그의 이름을 묻는 것을 잊었다.

(19) 合格者発表の掲示に見入る。

합격자 발표의 게시를 지켜보다.

(20) 人形のあまりの美しさに見入ってしまった。

인형이 너무 예뻐서 눈을 뗄 수가 없었다.

(21) 先生の話に聞き入る。

선생님 말씀을 열심히 듣다.

(22) 演奏にじっと聞き入る。

연주를 조용히 귀 기울여 듣다.

(11)의 「聞き付ける」에는 '얻어듣다, 들어서 귀에 익다'라는 의미가 있는데 후항동사에 따라 의미용법이 달라진다고 할 수 있다. (12)의 「買い付ける」에도 '늘 사다, 물건을 사들이다'라는 두 가지 의미가 있다. 또 (13)의 「買い入れる(매입하다)」, (14)의 「見抜く(간파하다＝見透かす・見て取る)」처럼 '한자어＋하다'의 결합으로 나타나는 경우도 있다.

후항동사 「忘れる」에는 의미를 예측하기 어려운 (15)(16)이 있는가 하면, 예측이 가능한 (17)(18)도 있다. (15)(16)의 「置き忘れる」는 '둔 곳을 잊다, 잊고 두고 오다'이나 (17)(18)의 「聞き忘れる」는 '들은 것을 잊다, 물을 것을 잊다'가 된다. 역시 알기 어려운 것 중의 하나가 (19)～(22)의 「入る」이다. (19)(20)의 「見入る」는 '주시하다, 지켜보다', (21)(22)의 「聞き入る」는 '(귀를 기울여) 열심히 듣다, 귀담아듣다'는 의미이다. 이와 같이 「つける, 忘れる, 入る」 등의 후항동사는 본동사의 성질을 잘 파악해 두면 이해하기 쉬울 것이다.

(23) 彼女ならギリシア語の原書も読みこなせる。

그녀라면 그리스어로 된 원서도 충분히 이해할 수 있다.

(24) 書き慣れた万年筆。

늘 써 와서 손에 익은 만년필.

(25) よく利用するガソリンスタンドの利用理由を聞いたところ、「便利な場所にある」「価格が安い」「行き慣れている」「ポイントサービスがよい」などであった。

자주 이용하는 주유소의 이용 이유를 물어 봤더니 '편리한 곳에 있다' '가격이 싸다' '늘 가던 곳이다' '포인트 서비스가 좋다' 등이었다.

(26) こんな景色は見慣れていておもしろくない。

이런 경치는 늘 봐서 재미가 없다.

(27) 買って後悔する人と買い損なう人。

사고 후회하는 사람과 살 기회를 놓친 사람.

(28) 彼と駅前で待ち合わせることにした。

그와 역 앞에서 만나기로 했다.

(29) この列車で行くと待ち合わせの時間が長い。

이 열차로 가면 약속시간까지 오래 기다려야 한다.

(23)의 「読みこなす」는 '읽어서 내용을 충분히 이해하다'라는 의미로 하나의 문장을 이룬다. 한국어인 '읽어서 내용을 충분히 이해하다'를 일본어로 「読みこなす」라고 작문할 수 있는 학습자는 상당한 수준이다. (24)의 「書き慣れる」는 '쓰는 데 익숙하다'라는 자연스러운 일본어이지만, 이도 한국어를 일본어로 작문할 때 자연스럽게 「書き慣れた万年筆」로 표현할 수 있을지는 문제이다. (25)의 「行き慣れる(가는 데 익숙하다)」와 (26)의 「見慣れる(보는 데 익숙하다)」도 「慣れる」에 습관의 의미가 있다는 것을 학습자에게 명확히 인지시킬 필요가 있다. (27)의 「買い損なう(살 기회를 놓치다)」도 상당히 어려운 복합동사 중의 하나라 할 수 있다. (28)(29)의 「待ち合わせる」는 '미리 시간과 장소를 정해 놓고 만나기로 하다'라는 의미이다. 이런 경우에 복합동사를 사용하면 문장의 경제성뿐만 아니라 고상함까지 살릴 수 있다. 이외에도 「酌み交わす(술잔을 서로 주고받다)」는 원래의 의미를 이해하지 못하면 사용하기 어렵다. 예를 들면 「別れの杯をくみ交わす」는 '이별의 술잔을 주고받다'라는 뜻이다. 또한 아주 특이한 것 중의 하나가 「合わせる」라는 후항동사이다. 「合わせる」가 '마침'이라는 부사로 변해 전혀 다른 의

미로 사용되는 것이다.

(30) 事故現場に居合わせた。

사고현장에 마침 있었다.

(31) 有り合わせた紙に書く。

마침 옆에 있던 종이에 쓰다.

(32) 持ちあわせた傘を貸す。

마침 가지고 있던 우산을 빌려 주다.

(30)의 「居合わせる」는 '마침 그 자리에 있다', (31)의 「有り合わせる」는 '마침 옆에 있다', (32)의 「持ち合わせる」는 '마침 가지고 있다'라는 의미이다.

그러나 「見合わせる」와 「打ち合わせる」에는 다양한 의미용법이 함유되어 있기 때문에 주의해야 한다. 「見合わせる」는 '마주 보다, 보류하다, 비교하다, 대조하다'의 의미로 사용되며 「打ち合わせる」는 '미리 의논하다, 맞부딪치다' 등의 의미로 사용된다.

(33) 顔を見合わせる。

얼굴을 마주 보다.

(34) 原簿と決算書を見合わせる。

원부와 결산서를 대조하다.

(35) 雨になりそうだったのでハイキングは見合わせた。

비가 올 것 같아서 하이킹은 보류했다.

(36) 試合の前に作戦を打ち合わせる。

시합 전에 작전을 미리 의논하다.

(37) 彼女と旅行の日程を打ち合わせた。

그녀와 여행일정을 미리 상의했다.

(38) 杯を打ち合わせて乾杯する。

술잔을 맞대고 건배하다.

「見合わせる」의 경우 다양한 의미용법을 가지고 있다. (33)은 '마주 보다'이고 (34)는 '대조하다', (35)는 '보류하다'이다. 「打ち合わせる」의 경우 (36)(37)은 '미리 상의하다'이고, (38)은 '술잔을 맞대다'이다.

후항동사가 부사적 용법으로 한국어의 전항이 되는 경우의 예를 들면 「見違える」는 '잘못 보다', 「言い尽くす」는 '죄다 말해 버리다', 「やり通す」는 '끝까지 해내다', 「書き直す」는 '다시 쓰다', 「困り抜く」는 '몹시 곤란하다', 「はれわたる」는 '활짝 개다', 「書きまくる」는 '마구 쓰다', 「疲れ果てる」는 '몹시 피곤하다' 등이 있다.

또한 '한자어+하다'로 번역이 되는 경우로는 「買い入れる」가 '買入하다', 「見放す」가 '抛棄하다', 「酌み交わす」가 '對酌하다', 「読み取る」가 '看破하다'로 대응되는 예를 들 수 있다. 그러나 「言いつける」는 문맥에 따라 '늘 말하다, 명령하다, 고자질하다' 등으로 구별하여 번역해야 한다. 「見合わせる」 역시 '마주 보다, 보류하다, 비교하다, 대조하다' 등의 의미가 있으므로 번역할 때 주의해야 한다.

하나의 구(句)를 이루는 경우도 있다. 「聞き付ける」는 '들어서 귀에 익다', 「書き慣れる」는 '쓰는 데 익숙하다', 「買い損なう」는 '살 기회를 놓치다', 「言いそびれる」는 '말할 기회를 놓치다', 「置き忘れる」는 '잊고 두고 오다'와 같이 하나의 구를 이루는 것이다. 또한 「書き立てる」는 '하나하나 들어서 써 대다, (신문 · 잡지 등에서) 눈에 띄도록 요란스럽게 써 대다', 「取り込む」는 '(갑작스런 일이나 길흉사 등으로) 어수선해지다, 자기 것으로 하다', 「張り詰める」는 '온통 덮이다, 긴장되다', 「待ちあぐむ」는 '기다림에 지치다', 「聞き入る」는 '(귀를 기울여) 열심히 듣다', 「居合わせる」는 '마침 그 자리에 있다', 「読みこなす」는 '읽어서 내용을 충분히 이해하다'가 되고 「聞き取る」는 '알아듣다, 청취하다'가 된다. 「聞き惚れる」는 '도취되어 듣다'는 의미이다. 따라서 일본어 복합동사를 한국어로 번역할 때는 가장 정확한 의미를 찾아내는 것이 중요하다.

4. 통어적 복합동사 인정

시간을 나타내는 표현에는 텐스와 아스펙트가 있다. 텐스는 어떤 사건이나 사실이 일어난 시간 선상의 위치를 표시하는 문법 범주이며, 아스펙트는 동사가 나타내는 동작이나 사건이 어느 단계까지 와 있는가를 나타내는 문법범주이다. 아스펙트는 기본적으로 '개시, 계속, 종료(완수)'를 나타낸다. 일본어에서 아스펙트에 대한 기본적인 정립을 한 연구자 긴다이치 하루히코(金田一春彦)는 아스펙트를 문법적 성질에 따라 '일본어 동사의 분류'로 나누고 있다. 「전항동사+始める・続ける・終える・終わる・得る・出す・かける・あげる・かねる」가 된다. 이들은 뒤에서 다룰 것과는 문법적으로 상이한 성질을 가지고 있다. 우선 전항에 올 수 있는 동사에 제한이 적다. 역으로 말하자면 많은 동사와 결합할 수 있다. 또 「食べられ始める, おされかける, 食べられ続ける, 行かせ終わる」처럼 수동이나 사역의 형태로도 전항에 올 수 있다. 다른 후항동사에 수동과 사역을 붙일 수도 있다. 가령 「食べ始められる, おしかけられる, 食べ続けさせる, 行き終わらせる」 등이다. 또 「見合わせ続ける, 飛び降りはじめる, 書き込みおわる」처럼 두 가지 이상의 동사와 결합할 수 있다. 이들은 전항동사에 대한 제한이 적기 때문에 그만큼 보조동사화되어 있다. 이들 후항이 결합된 복합동사의 후항동사에서는 「はじめる, つづける, おわる」 등이 문법적 성질을 명확하게 지니고 「だす, かける, あげる」 등은 전항동사의 보어와 같다. 후항에 어떠한 동사가 오느냐에 따라 문법적 특성이 상당히 달라진다. 아스펙트를 나타내는 후항동사는 대부분 타동사이지만 애매한 경우도 있다. 예를 들어 「終わる」는 원래 자동사이지만 자동사와 타동사가 함께 사용되는 애매한 동사로, 복합동사로 사용될 때는 주로 타동사로 쓰인다.

(39) 試験委員が「これで<u>試験を終わります</u>。退室して結構です。」といったら、問題カードを試験委員に返して、自分の持ち物を持って速やかに退出してください。

시험위원이 "이것으로 <u>시험을 마치겠습니다</u>. 퇴실해도 좋습니다."라고

하면 문제카드를 시험위원에게 제출하고 자기 소지품을 가지고 신속하게 퇴실해 주세요.

(40) 昔からご飯を食べ終わるのが遅いんです。

옛날부터 밥을 다 먹는 것이 늦습니다.

(39)의 본동사 「終わる」는 「終える」의 의미로도 사용된다. (40)의 후항동사 「おわる」는 생산성이 높다. 따라서 이를 일일이 사전에 명기하기 어렵기 때문에 복합동사는 사전에 실려 있지 않다. 실제로 「食べはじめる, 食べ続ける, 食べ終わる」를 표제어로 실어 놓은 사전은 없다. 개시의 의미인 「出す」도, 「動き出す」가 「動き始める」의 의미로는 실려 있지 않으며, 「食べ出す」도 「食べはじめる」와 같은 의미로는 사전에 나와 있지 않다. 사전에는 '밖으로 뛰어나가다'라는 뜻을 가진 「飛び出す」와 같은 이동의 의미만 나와 있다. 이처럼 사전에 실려 있는 것은 '이동'의 의미의 경우이고 '개시'의 경우는 사전에 실려 있지 않다. 이는 생산성이 너무 많기 때문에 일일이 사전에 기록할 수 없기 때문이다. 따라서 한국인 일본어 학습자가 알아 두어야 할 내용은 일본어를 배울 때 생산성이 높은 복합동사 「はじめる, つづける, おわる」처럼 아스펙트의 의미를 가진 단어일수록 확실하게 기억해야 한다는 점이다. 또 복수의 용법을 가지는 「かける, あげる, だす, きる」 등도 특히 주의해야 한다.

5. 어휘적 복합동사 인정

5.1. 방향을 나타내는 후항동사

방향을 나타내는 복합동사는 「出す, 出る, あげる, あがる, こむ, 入れる, 下がる, 下げる, 落ちる, 落とす, 付く, 付ける」 등 다수가 존재한다. '이동'이라고 하면 가장 쉽게 떠오르는 개념인 내부에서 외부로 이동하는 뜻의 단어로는 「だす」와 「でる」가 존재한다. 전자는 타동사이고 후자는 자동사이다. 이들은 모두 이동의 대표적인 동사이다. 「だす」는 안쪽에서 외부의 전면으로 이동하거나 내면에서 표면으로 이동하는 경우이고, 「でる」는 「だす」와 마찬가지이지만 자동사적인 의미 용법으로 표면 또는 전면으로 이동을 나타낸다. 여기에는 「申し出る」와 같이 태도의 의미로도 쓰인다.

「ーあがる」는 위치변화에 따른 상향이동과 부분적 위치변화를 나타내며, 형태변화로서의 상향이동을 나타내기도 한다. 「ーあげる」 역시 위치변화에 의한 상향이동과 부분적 위치변화를 나타내기도 한다. 특이한 점은 행위자와 상대에 관한 인간관계에 따라 이동관계를 나타내기도 한다는 것이다.

「ーのぼる」는 아래에서 위로 향하는 이동의 방향성이 강한 복합동사이다. 「ーおとす」는 수직하향이동을 나타내며 「いる」는 내부이동의 방향성이 강한 복합동사이다.

「こむ」는 자동사이고 「こめる」는 타동사이다. 「こむ」의 경우는 '어떤 장소에 대상물이 가득 차다, 또는 복잡하게 짜여 있다, 정교하다'의 의미를 가지고 있다. 후항의 「ーこむ」는 내부이동, 정도진행의 의미로 분류된다. 내부이동에 해당하는 「かけこむ, 追いこむ」는 '집에 달려 들어가다, 몰아넣다'의 의미로 '어떤 영역 안으로 이동하는' 의미를 나타낸다. 또 하나는 정도진행의 의미로 '동작과 작용의 진행 정도가 고조되어 밀착이 극에 도달한다'라는 의미이다. 복합동사를 풀어서 학습하는 것도 좋지만, 원래의 동사의 뜻과는 관계 없이 앞에 오는 동사를 보조하거나 강조할 경우에도 사용되기 때문에 전항동사와 후항동사의 성질을 잘 이해해야 한다.

이어서 방향을 나타내는 것을 몇 가지 살펴보자. 그중에서 아스펙트도 나타내는 「ー出す」와 그에 대응되는 자동사 「ー出る」를 먼저 살펴보기로 한다. 방향을 나타내는 것 중에서 안에서 바깥으로의 이동을 나타내는 것이 「出す」와 「出る」이다. 이외에 상하 좌우 등 공간이동을 나타내는 예로는 「あげる, あがる, こむ, 入れる, 下がる, 下げる, 落ちる, 落とす, 付く, 付ける」가 있다. 일한사전을 찾아보면 「あげる」는 타동사로 '올리다, 집어올리다, 튀기다'로, 「あがる」는 자동사로 '오르다, 나오다, 들어가다, 잡히다, 튀겨지다'로 나와 있다. 또한 아래방향의 이동을 나타내는 「おりる」는 자동사로 '내리다, 나오다, 벗어나다', 「おろす」는 타동사로 '내리다, 물리다, 물러나게 하다'는 의미이다.

'개시'를 나타내는 후항동사인 「－出す」를 구체적으로 살펴보면, 원래의 의미는 '안에 있는 사물을 밖으로 이동' [人ガ[1]][物ヲ](中から)(外へ)出す이다. 복합동사의 후항으로 쓰일 때도 같은 의미를 나타낸다. 즉 본동사로 쓰이는 경우는 「椅子を(外)に出す」, 복합동사로 쓰일 때는 「椅子を(外)に運び出す」의 형태가 된다.

또한 「引き出しの中から履歴書を取り出して下さい」에서 후항동사인 「出す」를 제거하면 「引き出しの中から履歴書をを取ってください」가 되는데, 「取ってください」는 구체적인 방향을 나타내지 못한다. 전자와 같이 「出す」가 있어야 안에서 밖으로라는 구체적인 방향을 알 수 있는 것이다. 「外(に)へ」라는 말이 없어도 「－出す」가 덧붙은 것만으로도 동작의 방향이 분명하게 나타난다. 안쪽에서 바깥으로, 내부에서 외부로의 이동 등을 나타낸다고 할 수 있다. 기본적으로는 내부에서 외부로의 이동을 나타내지만 「思い出す」처럼 눈에 보이지 않아 의미가 애매한 경우가 있다. 사실 유사표현인 「思い出す, 思い付く, 思い浮かべる」의 구별도 쉽지 않다. 굳이 구별하자면 「思い出す」는 옛일이나 새로운 아이디어가 갑자기 떠오를 때 사용되는데, 사실 뭔가 생각하려 했는데 잘 떠오르지 않다가 문득 생각이 났을 때 이 표현이 적당하다. 「思い付く」는 생각하지 않으려 해도 다시 생각이 나 머릿속에 꽉 달라붙었다는 뜻이다. 그러나 「思い浮かべる」는 어떠한 생각이 머리에서 떠나지 않아 잊어 보려고 노력을 해도 자꾸 머리에서 빙빙 떠돌고 있는 듯한 느낌이다.

(41) そのためには、これまでの人生で一番辛かった経験を思い出す必要があるかもしれません。

그렇게 하기 위해서는 지금까지의 인생에서 가장 괴로웠던 경험을 상기할 필요가 있을지도 모릅니다.

(42) このアイディアを思い付いたのは彼だ。

이 아이디어를 생각해 낸 것은 그 남자이다.

---

1) 『日本語基本用法辞典(1989)』에는 문법과 의미정보가 자세히 잘 나와 있다. 격과 유사표현에 대한 정보가 매우 구체적이다.

(43) 昔の写真に子供時分のことを思い浮かべた。

옛날 사진을 보며 어릴 적의 일을 회상했다.

「だす」가 있어도 되고 없어도 되는 것으로 「はこぶ」 같은 단어가 있는데, 「はこぶ」는 타동사의 성격을 가지고 있기 때문에 「はこび出す」가 되어도 같은 의미이다. 이에 대응하는 자동사 「－出る」는 후항동사로 쓰일 때는 '개시'의 의미로는 사용되지 않고 '방향'만을 나타낸다. 「－出す」와 마찬가지로 '밖으로의 이동'을 의미하며 자동사를 받는다. (42)의 「つく」가 붙은 경우는 '내다'에 가까운 의미로 대응되고, (43)의 「浮かべる」는 '떠오르다'로 대응되어 나타난다.

(44) 世界でも稀な、炭酸冷泉が湧き出る「冷泉地」として有名です。

세계에서도 드물게 탄산냉천이 솟아나는 '냉천지'로서 유명합니다.

(45) 溢れ出るカリスマとは、文字通りカリスマがあふれ出ている状態のことである。

흘러넘치는 카리스마는 문자 그대로 카리스마가 넘쳐나고 있는 상태를 말한다.

일본의 『デジタル大辞泉』의 해설에 의하면 (44)의 「湧き出る[2)]」는 자동사로 다양하게 사용되고 있다.

그러나 타동사로 사용되는 「湧き出す」는 단순하게 하나의 이동을 의미하는 「中から外へわいて出てくる」는 의미로 「わきでる」와 같다고 설명되어 있다. 「湧き出す強烈な思い出(솟아오르는 강렬한 추억)」를 예로 들 수 있다. 「湧き出る」와 마찬가지로 굳어져 사용되는 것이 (45)의 「あふれでる」이다. 또한 「届け出る, 申し

---

2) 【湧き出る】
　1 水が地中からわいて出る。「岩間から清水が沸きでる」
　2 涙などが流れ出る。「涙がとめどなく沸きでる」
　3 物がわいたように次々と現れ出る。「雲がむくむくと沸きでる」
　4 虫などが自然に発生する。「うじが沸きでる」
　5 考え、感情などが、あふれるように生れ出る。「愛情が沸きでる」「アイデアが沸きでる」

出る」도 존재한다. 「届け出る」는 '신고하다', 「申し出る」는 '(의견 · 희망 · 요구 등을) 자청해서 말하다, 신청하다, 신고하다'는 의미로 이때 「−出る」는 '공공연히, 공적으로'라는 뜻이다.

(46) 各事業場の分の就業規則をまとめて、本社で一括して届け出ることは可能です。ただし、一定の要件を満たす必要があります。

각 사업장에 해당되는 취업규칙을 정리해 본사에서 일괄 신고하는 것은 가능합니다. 단, 일정한 요건을 갖출 필요가 있습니다.

(47) 契約者から申し出がなければ自動更新となりますので、更新を希望しない場合は申し出る必要があります。

계약자의 신청이 없으면 자동갱신이 되기 때문에 갱신을 희망하지 않는 경우는 자청해서 신고할 필요가 있습니다.

따라서 (46)의 「届け出る」는 '신고하다'이고, (47)의 「申し出る」는 '자청해서 말하다, 신청하다'라는 의미로 사용되고 있다는 것을 알 수 있다. 그러나 같은 전항동사에 「−出す · 出る」 양쪽이 다 결합되는 「走る」 같은 경우도 있다. '밖으로 달려 나가다'의 의미로는 「走り出す」와 「走り出る」가 있다. 이 둘의 쓰임을 구별하기 위해서는 「出す」와 결합되는 문에 「急に」를 넣어 보면 된다. 「急に走り出した」는 '갑자기 밖으로 달려 나갔다'가 되고, 「外へ走り出た」는 '밖으로 달려 나갔다'가 되는 것이다. 여기에는 분명 차이가 있다. 「走り出す」는 '개시'를, 「走り出る」는 '밖으로의 이동'을 나타내므로 이 경우는 상보적으로 쓰이고 있다. 그러나 「外へ飛び出している」는 '밖으로의 이동'을 의미하며 「外へ飛び出ている」와 같다. 둘 다 '밖으로의 이동'을 나타내므로 차이가 나지 않는다. 또한 「−出す」가 붙어 있지만 자동사이다. 이런 점이 일본어 학습자나 교사를 힘들게 한다. 전항동사나 후항동사가 모두 같은 형태의 복합동사라도 뜻이 여러 가지일 경우가 있다. 「−出す」에는 몇 가지 용법이 있다. 가령 「書き出す」에는 '쓰기 시작하다'라는 의미와, '뭔가에서 뽑아내어 쓰다'라는 의미가 있다.

(48) 先生が説明を終えると、生徒たちはさっそく作文を書き出した。

선생님이 설명을 끝내자 학생들은 즉시 작문을 쓰기 시작했다.

(49) この名簿から、九州出身者を書き出して下さい。

이 명부에서 규슈 출신자를 가려내어 써 주세요.

(48)의 「書き出す」는 '쓰기 시작하다'이고, (49)의 예는 '뭔가에서 뽑아내어 쓰다'라는 의미이다. 즉 「ー出す」는 「書く」에 각각 '개시'와 '밖으로의 이동·제시'의 의미를 더해 준다.

여기서 문제는 대다수의 일본인은 어떻게 각각의 차이를 순간적으로 알 수 있느냐는 것이다. 또한 학습자들은 어떻게 해야 그 차이를 알 수 있는가이다. 후항동사의 용법에 따라 취할 수 있는 전항동사가 다르면 쉽게 알겠지만, 앞의 예처럼 같은 경우는 해석하기가 쉽지 않다. 이때는 앞뒤 문맥이나 그 문장 속의 다른 부분이 중요한 열쇠가 된다. 앞의 예를 보면 '개시'의 의미를 가진 「ー出す」가 사용된 문장에는 그에 호응하여 「早速・すぐに・急いで・急に」처럼 때나 상태를 나타내는 부사가 동반된다. 그에 비해 '밖으로'의 경우는 「N(の中)から・Nに/へ」와 같은 형태로 이동의 출발점과 도달점이 표시되는 일이 많다. 또 「作文」처럼 눈으로 볼 수 있는 형태가 아닌 경우는 '개시'의 의미일 가능성이 크다. 다른 예도 들어 보자. 「思い出す」는 '마음속에서'라는 의미가 들어 있지만 하나의 어휘라고 생각해도 될 것이다. 「考え出す」도 여러 각도로 생각해 보면 '출현'이라는 말로 정리할 수도 있을 것이다.

(50) 古い話を持ち出さないで下さい。

옛날 이야기를 꺼내지 말아 주세요.

(51) 親に黙って、家からお金を持ち出した。

부모님 몰래 집에서 돈을 꺼내 왔다.

(52) 無線で7号車を呼び出して下さい。

무선으로 7호차를 불러내 주세요.

(50)～(52)의 후항동사「出す」에서 다양한 의미를 확인할 수 있다. (50)의「持ち出す」는 하나의 어휘로 생각할 수도 있고, (51)의 예는「持つ」의 의미를 상실한 경우이며, (52)에는 '밖으로'라는 의미는 특별히 없다.「投げ出す」에는 '밖으로 던지다, 던지기 시작하다'와 '도중에 그만두다'라는 다른 의미도 있다.

「V－出す」에 관한 예를 좀 더 들어 보자.「差し出す, 打ち出す, 売り出す, 貸し出す, 聞き出す, 乗り出す, 作り出す, 抜き出す」에서 개시를 나타내는「－出す」와「－始める」는 기본적으로 의미가 동일하다.「－出す」는 예상하지 못했던 일의 발생이고,「－始める」는 시작과 끝이 있는 일의 시작단계이다. 이와 같은 개시표현으로는「－かける」와「－てくる」가 있다.「－かける」도 개시는 개시인데 중도에 그만두거나 개시 직전이라는 점이 다르다.「－てくる」는 보조동사이기 때문에 형식이 좀 다르지만「はじめる」와 같은 의미로 사용된다. 그러나 쓰임은 다음과 같이 확연하게 구분된다. 개시의「－出す」는「－てください」와 같은 지시문이나 명령문에서 쓸 수 없지만「はじめる」는 사용이 가능하다.「それでは、答えを書き始めてください」는 가능해도「それでは、答えを書き出してください」는 불가능한 것이다. 또「－出す」의 경우는 동작이 무의식중에 일어난 것을 의미한다.「泣く, 笑う, 怒る」처럼 감정을 나타내는 동사와 결합하기 쉽다.「泣き出す, 笑い出す, 怒り出す」는 자연스럽지만「泣き始める, 笑いはじめる, 怒りはじめる」는 어떠한 과정이 없이 갑자기 사용하면 문장이 어색해질 수 있다.

5.2. 예를 통해 본 후항동사의 특징

5.2.1. 동사와「込む」의 결합

'밖으로의 이동'을 나타내는「出す・出る」에 대응하여 '안으로의 이동'을 나타내는 동사는 대개「入る・入れる」를 쓰지만, 복합동사에 흔히 쓰이는 것은「込む」이다. 이 경우에는 '혼잡하다'라는 원래의 의미에서 조금 벗어나 있다. 엄밀하게 말하면 본동사의 경우는「混む」이고 복합동사로 사용되면「込む」가 되는 것이다. 가장 많이 알려진「こむ」의 의미용법으로는 '안쪽으로의 이동'과, '굳게, 깊이, 골똘히'처럼 강조의 의미로 사용되는 경우가 있다. 가장 기본이 되는 '안쪽으로의 이동'을 나타내는 예로는 「荷物を鞄の中に押し込む(짐을 가방 속에 쑤셔 넣다)」를 들 수 있다. 이와 같은 의미용법으로 쓰이는 복합동사로는 「引き込む(끌어넣다), 投げ込む(던져 넣다), 書き込む(써넣다), 駆け込む(뛰어 들어가다), 乗り込む(함께 안에 타다), 吹き込む(불어넣다)」 등이 있다. 「書き込む」는 「NがNを」로 타동사인 「入れる」에 가깝지만, 「駆け込む」의 경우는 「NがNに」로 되어 자동사인 「入る」에 가까운 의미가 되므로 「込む」는 자동사와 타동사 양쪽의 용법을 지니는 양용동사이다. 「やくざが他の組に殴り込む」에서는 「N(の中)に」라는 보어를 취할 수 있으므로 격조사의 변화가 없지만 「やくざを殴り込む」가 되면 격조사에 변화가 생긴다. 이를 통해 동일한 복합동사라도 장소냐 사람이냐에 따라 「込む」의 격이 변하는 것을 알 수 있다. 「こむ」는 이동의 방향을 나타내는 것과는 달리 강조로 사용되는 경우가 많다. 「こむ」가 전항을 수식하는 부사적 용법으로 쓰이는 것이다.

(53) てっきり自分の傘だと思い込んでいたら彼のだった。

틀림없이 내 우산이라고 확실히 믿고 있었는데 그의 것이었다.

(54) 思い込んだら後へは引かない。

굳게 마음먹으면 물러서지 않는다.

(55) 何をそんなに考え込んでいるんだ。

뭘 그렇게 골똘히 생각하고 있는 거야?

(56) 放送大学の学生に動詞の変化と形容動詞の変化の過程を教え込む。

방송통신대학교 학생에게 동사의 변화와 형용동사의 변화과정을 열심히 가르친다.

(57) 放送大学の学生に日本語の動詞の活用を覚え込む。

방송통신대학교 학생에게 일본어 동사 활용을 강하게 주입시킨다.

(58) 放送大学の学生にややこしい用事や問題を頼み込んではいけない。

방송통신대학교 학생에게 까다로운 일이나 문제를 강하게 부탁해서는 안 된다.

(53)(54)의 「思い込む」는 '굳게 믿다, 믿어 버리다'라는 뜻이고, (55)의 「考え込む」는 '골똘히 생각하다, 생각에 잠기다, 몰두하다'의 뜻이다. 이처럼 같은 「こむ」라도 전항동사의 쓰임에 따라 '굳게' 또는 '강하게'로 의미가 달라진다. (56)의 「教え込む」는 「こむ」가 '열심히'가 되어 '열심히 가르치다'라는 뜻이 된다. 그러나 (57)(58)에서는 「こむ」가 '강하게'라는 부사로 변해 버린다. (57)의 「覚え込む」는 '강하게 주입시키다', (58)의 「頼み込む」는 '강하게 부탁하다, 열심히 부탁하다, 한결같이 간청하다'라는 숨은 의미가 함유되어 있다. 재미있는 것은 「個人の恋人の問題を話す」가 「個人の恋人の問題について話し込む」로 되는 점이다. 「話す」는 「ヲ」격이 되지만 「話し込む」가 되면 「について」로 바뀐다.

의미의 변화를 살펴보면 다양한 것들이 나타나고 있다. 「座り込む」의 「一込む」는 '오랫동안'이라는 의미에서 '움직이지 않는다'는 의미로 변한 것이다. 「使い込む」도 '많이'라는 의미에서 '부정하게, 사사로이'로 변한 것 등을 찾아보면 여러 의미로 파생되었음을 알 수 있다. 여기서 주목해야 할 점은 내부이동의 「こむ」와 「いれる」는 유사표현이라는 사실이다. 「書き込む」와 유사한 표현으로는 「書き入れる」가 있다. 둘 다 한국어로는 '써 넣다'가 된다. 「一いれる」는 「一込む」와 마찬가지로 '안쪽으로의 이동'을 나타내는데 「一込む」보다는 접속할 수 있는 동사의 범위가 좁다고 할 수 있다. 즉 「こむ」는 전항동사에 다양하게 접속되므로 사용빈도가 높은 복합동사라 할 수 있다. 물론 「はじめる, つづける, おわる, かける, だす, あげる」와는 달리 하나의 어휘로 굳어진 복합동사이다. 「こむ」는 어휘적 복합동사로 쓰이는 경우가 특히 많다. 「データを読み込む, データを書き込む」는 컴퓨터용어로만 사용되고, 유사표현인 「読み入れる」와 「書き入れる」는 컴퓨터용어로는 부적절한 표현이다.

복합동사는 의미용법이 유사해도 상황과 문맥에 따라 쓰임이 달라지므로 주의를 기울여야 한다. 「乗り込む, 乗り入れる, 取り込む, 取り入れる, 聞き込む, 聞き入れる」는 가능한 표현이다. 그러한 차이는 단어 하나하나를 외울 수밖에 없고, 문법문제라고 할 수는 없으므로 몇 가지 예만 들어 둔다.

5.2.2. 동사와「あげる」의 결합

「Vあげる」 하면「てあげる」가 떠오른다. 하지만 동사의「マス」형에「あげる」를 붙여 쓸 수 있고 실제로 많이 쓰이고 있다.「あげる」는 구글 사전에 다음과 같이 정의되고 있다.

(일반적 의미) 낮은 위치에서 높은 위치로 이동시킨다

【挙げる】手を使って高い位置に移動させる。

손을 사용해 높은 위치로 이동시키다.

【揚げる】目の高さより、相当に高い位置に移動させる。

눈 높이에서 상당히 높은 위치로 이동시키다.

(위에서 입으로 역겨운 것을) 토해내다.

低い値から高い値にする。낮은 가격에서 비싼 가격으로 하다.

成績を上げる。성적을 올리다.

血圧を上げる。혈압을 올리다.

価格や価値を高める。가격과 가치를 높이다.

(調理法) 熱した油をくぐらせ、食品に熱を通すと同時に余分な水分を揮発させる。

열을 가한 기름에 볶아 식품에 열을 가함과 동시에 여분의 수분을 없애 버린다.

【騰げる】주식시장 등의 상장회사에서 가격 등을 낮은 것에서 비싼 것으로 한다.

目立たないところから、より分け目立たせる。

눈에 띄지 않는 곳에서부터 보다 눈에 띄게 하다.

【上げる】大声を上げる。큰 소리를 내다.

【挙げる】지적하다, 열거하다.

欠点を挙げる。결점을 지적하다

【挙げる】추천하다, 추거하다.

候補者を挙げる。후보자를 추천하다.

일한사전을 찾아보면 '(작품 등을) 완성시키다'로 나와 있고 다음과 같은 예문

을 들어 설명하고 있다. 「ヘミングウェイは晩年をこの街で暮らし、名作『老人と海』をここで書き上げた」. 이를 번역하면 '헤밍웨이는 만년을 여기에서 보내며, 명작 『노인과 바다』를 여기에서 완성했다'이다.

「－あげる」의 원래 의미는 물론 '대상을 위쪽으로 이동시키는 일'로 「[ひと/もの]が [もの]を [所]から [所]に 上げる」라는 형식을 취한다. 「－あげる」는 타동사에, 「－あがる」는 자동사에 접속된다. 즉 「荷物を引き上げた」는 '짐을 들어 올렸다'가 되고 「原稿を書き上げた」는 '원고를 끝까지 마무리했다'가 된다.

「引き上げる」의 「あげる」가 '위쪽으로'라는 의미가 되는 것은 「引く」가 대상의 이동을 나타내는 동사이기 때문이다. 그에 비해 「書く」에는 이동의 의미가 없기 때문에 「あげる」가 동작의 완료를 의미한다. 또 「引き上げる」에는 '그 장소에서 떠나다'라는 의미도 있지만 그 경우는 자동사이므로, 「荷物を」라는 대상이 있는 경우와는 구별할 수 있을 것이다. 「会場から引き上げた」는 '회의장을 떠났다'로 이동이지만 다음은 완성을 나타내는 예이다.

(59) 設定が出来たら、メニューの表示 → 読み上げ → 読み上げ起動をクリック。再度、表示 → 読み上げ → 文書の最後まで読み上げるをクリック。 読み上げが終了すると、WAV ファイルで同じフォルダに音声ファイルが出来上がります。

설정이 완료되면 메뉴의 表示 → 読み上げ → 読み上げ起動을 클릭합니다. 다시 表示 → 読み上げ → 文書의 끝까지 다 읽음을 클릭합니다. 読み上げ가 끝나면 같은 폴더에 WAV파일로 음성파일이 완성됩니다.

(59)의 「読み上げる」를 살펴보면 완수를 나타내는 부사구인 「最後まで」와 함께 쓰이는 경우가 많다. 실제로 예문을 찾아보니 다수의 예를 볼 수 있었다.

(60) 印刷させる広告のコピーを書くときは、心の中で読み上げることはせずに、出来るだけ視覚的に文章を捉えるようにしましょう。放送される広告のコピーは、アナウンサーになりきったつもりで大きな声で読み上げてください。

인쇄를 맡길 광고 카피를 쓸 때는 마음속으로 소리 내어 읽을 것이 아니라 가능한 한 시각적으로 문장을 파악하도록 합시다. 방송될 광고 카피는 완전히 아나운서가 되었다 치고 큰 소리로 낭독해 주세요.

「大きい(大きな)声で」와 「読み上げる」가 결합되어 나타날 때는 완수의 의미가 아니라 '큰 소리로 낭독하여'라는 의미이다. 따라서 동일한 「読み上げる」라도 문맥에 따라 '소리 내어 읽다, 다 읽다, 읽어 내다'인지 파악해야 한다. 완성의 의미는 「読み上げる」 이외에 「仕上げる」도 존재한다. 「しあげる」는 「物事を最後の段階までしおえる, 完成させる」는 뜻이다. 하나의 예를 들어 보자. 「昼夜兼行で工事をしあげる」는 '밤낮을 가리지 않고 일해서 공사를 마무리하다'가 된다. 「財産・身分などを作り上げる」는 「立身する」의 의미로 나타난다. 「一代でしあげた店」는 '당대에 이룬 가게'라는 의미로 사용되기도 한다.

(61) 彼は私の欠点を数え上げた。

그는 나의 결점을 하나하나 열거했다.

(62) この作文の文法の間違いを数え上げたらきりがない。

이 작문에서 문법이 틀린 곳은 일일이 세려면 끝이 없다.

(63) この問題を解く２通りの方法は組み合わせで算出する方法と数え上げる方法です。しかし、数え上げの方法は、この場合は大変な作業になり、見落としが起こしやすいため、おすすめしません。

이 문제를 푸는 두 가지 방법은 조합으로 산출하는 방법과 하나하나 세는 방법입니다. 그러나 하나하나 세는 방법은 이 경우에는 아주 힘든 작업이고 빠뜨리기도 쉬우므로 추천하지 않습니다.

(64) なぜ無理数は数え上げることができないんですか？

어째서 무리수는 전부 셀 수가 없는 겁니까?

(65) 倉庫の荷物をやっと数え上げた。

창고의 짐을 겨우 다 세었다.

(61)～(65)의 「数え上げる」는 '끝까지 다 세어 내다'라는 의미로 완수를 나타낸다. 문장에 따라서는 '하나하나 세다, 열거하다'라는 의미도 있으므로 문맥을 보고 판단해야 한다.

(66) フェイスロック(Facelock)というのは、主にプロレスで使用される格闘技の技である。自分の腕で相手の顔面を締め上げる技で、大体頬の高さ、その部分を腕で締め上げる。

페이스락이란 주로 프로레슬링에서 사용되는 격투기 기술이다. 자신의 팔로 상대방의 안면 부분을 단단히 조르는 기술인데, 대체로 뺨 높이 정도의 부분을 팔로 단단히 죈다.

(67) 最近スノーボードのブーツでBOAシステムを採用しているものが各メーカーから出ていますが、普通のひもで締め上げるやつと比べると、どちらが良いですか？

최근 각 메이커에서 스노보드용 부츠에 BOA시스템을 채용한 제품이 나와 있는데, 일반적인 끈으로 세게 졸라 묶는 것과 비교하면 어떤 것이 좋습니까?

(68) ＥＵはリビアが原油輸出で獲得した資金の運用機関、リビア投資庁(ＬＩＡ)を制裁対象に加えたばかりで、カダフィ政権の資金源をさらに締め上げるのが狙いのようだ。

EU는 리비아가 원유수출로 벌어들인 자금의 운용기관인 리비아투자청(LIA)을 얼마 전에 제재 대상에 추가했는데, 카다피 정권의 자금원을 더욱 세게 죄는 것이 목적인 듯하다.

(69) これは豊かな泡ですっきりと清潔に洗い上げる弱酸性ボディシャンプーです。

이것은 풍부한 거품으로 상쾌하고 청결하게 씻어 내는 약산성 바디샴푸입니다.

(70) 野球のユニフォーム(練習着)を白く洗い上げる方法を教えてください。

야구 유니폼을 하얗게 빠는 방법을 알려 주세요.

(71) 高温で12分で洗い上げる大型食器洗い機を購入し、6年間、本当に毎日大活躍してくれた。

고온에서 12분에 완전히 세척하는 대형 식기세척기를 구입했더니, 6년 동안 정말로 매일 대활약을 해 주었다.

(72) 容疑者の身元を洗い上げる。

용의자의 신원을 철저히 조사하다.

(66)의 「締め上げる」는 '단단히 죄다, 세게 조르다'는 의미이다. (69)의 「洗い上げる」는 '씻어 내다, 다 씻다'는 의미지만 (72)에서는 추상화되어 '철저하게 조사하다'라는 의미가 되어 버린다. 이때의 「－あげる」는 '철저하게, 샅샅이'라는 의미가 된다. 이는 복합동사의 의미가 추상화되는 대표적인 예라 할 수 있다.

「あげる」와 대비되는 것으로 자동사인 「あがる」가 있는데, 이는 「論文が書き上がった」처럼 완수의 아스펙트를 나타내기도 한다. 즉 「あがる」도 「あげる」와 마찬가지로 완수의 아스펙트라 할 수 있다. 「しあがる」와 「できあがる」 역시 같은 용법이며 하나의 단어로 간주해도 된다. 그러나 「あがる」에는 「縮み上がる(바싹 움츠러들다)」와 「震え上がる(부들부들 떨다)」처럼 강조의 의미도 들어 있다.

이처럼 복합동사는 본동사와 유사한 의미, 추상적인 의미, 강조의 의미 등을 다양하게 내포하고 있으므로, 매끄럽고 세련된 문장이나 말을 쓰기 위해서는 복합동사를 반드시 익혀 두어야 한다.

제 5 장

일본어 복합동사의 유사표현과 다양성

1. 들어가기

복합동사는 전항동사의 「マス」형과 후항동사의 종지형이 결합된 동사이다. 복합동사는 동사와 동사의 결합이므로 복잡하고 다양한 의미를 가진다. 실제로 복합동사는 단순한 단어라기보다 문(文)에 가까워 문장에 사용하면 풍부하고 세련된 표현이 가능하다.

복합동사는 어휘와 문법 사이에 있는 연구 분야이기도 하다. 복합동사의 어휘는 넓은 범위에서 개별 복합동사의 의미레벨에서 연구되고 있고, 문법은 복합동사의 통어론적인 것에 집중되어 연구된다. 다시 말하면 복합동사 연구는 대부분 후항동사의 의미용법, 어휘성과 통어성의 구별 등에 초점을 두고 있다. 복합동사의 성질을 확실히 하기 위해서는 결합성과 각 동사의 자리매김을 제대로 알아야 한다. 모든 동사와 동사가 결합하여 복합동사가 되는 것은 아니고 그 나름의 결합 규칙이 있다. 동사의 성질에 따라 동사가 전항에 오는 경우와 후항에 오는 경우, 양쪽에 모두 오는 경우 등이 있다.

동사 결합의 정체를 확실히 하기 위해서는 상당한 시간과 방대한 양의 조사가 필요하다. 그러므로 본 장에서는 선행연구에서 다루지 않은 복합동사의 의미용법과 관계가 있는 복합동사의 다양성을 중심으로 다루고자 한다. 그렇게 하면 복합동사의 일부가 확실해질 것이다. 우선 다양한 의미를 갖는 복합동사를 확실히 하기 위해 사물의 구체성과 추상성을 나타내는 동사와, 동작과 상태를 나타내는 동사를 조사해 본다.

(1) 出先に電報を打って呼び返す。

출장지에 전보를 쳐서 되돌아오게 하다.

(2) アメリカ人と思い込まれて仕事を任されたりもした。

미국인이라고 철석같이 믿고 일을 맡기기도 했다.

(3) キムさんの作詞は読めば読むほどため息が出るぐらい考え込まれていました。

김씨의 작사는 읽어 보면 읽어 볼수록 감탄할 정도로 생각에 잠기게 했습니다.

(4) 力を出しきれないで敗れる。

힘을 다 써 보지 못하고 패하다.

(5) 田中さんは切り出しにくい話をおもむろに切り出した。

다나카 씨는 하기 어려운 이야기를 천천히 꺼내기 시작했다.

(1)의 「呼び返す」의 후항동사 「－返す」는 사역의 의미가 포함되어 있는 복합동사이다. 본동사 「返す」에는 원래 장소로 되돌린다는 의미가 있다. 즉 「返す」에는 사역의 의미가 없으나 동사와 동사를 결합시킨 복합동사에서는 사역의 의미가 나타나는 것이다. 그러므로 「呼び返す」는 「呼んで引き返させる」의 의미가 된다. 또 「返す」와 「返す」가 조합된 「返す返す」에는 여러 차례 거듭한다는 의미의 부사도 있으나 여기서는 전항동사 マス형＋후항동사의 종지형에 한정되므로 다루지 않기로 한다.

(2)의 「思い込む」의 「思う」와 (3)의 「考え込む」의 「考える」를 보면 후항동사 「込む」와 결합되어 유사한 복합동사가 된다. (2)의 정의적인 의미를 갖는 「思う」와 (3)의 지적인 의미를 갖는 「考える」가 복합동사의 전항동사가 된 경우 후항동사 「込む」와 조합하면 미묘한 차이가 발생한다. (2)의 「思い込む」는 「すっかり信じてしまう」의 의미이나 (3)의 「考え込む」는 「一つのことについて深く考える」의 의미가 된다. 여기에서 주목해야 할 것은 (2)의 「思う」는 「信じる」라는 의미로 변하나 (3)의 「考える」는 「深く考える」라는 「考える」를 강조한 의미가 된다는 것이다. 본동사 원래의 의미만으로는 이해하기 어렵다. 「本当だと思い込んだら後へは引かない」라는 「思い込む」의 예문과 「あまり考えこまない方がいいですよ。あんまり考え込むと体に悪いですよ」라는 「考え込む」의 예문을 보아도 마찬가지이다.

그런데 (4)(5)는 동일한 「出す」가 사용된 복합동사이지만 동사의 위치가 다르다. 즉 (4)에서는 전항동사로 (5)에서는 후항동사로 사용되었다. 이처럼 같은 동사가 전항에 오는 경우와 후항에 오는 경우가 있다. 같은 「出す」이지만 전항동사로 사용된 경우와 후항동사로 사용된 경우는 의미용법이 달라진다. (4)의 「出し

きる」는 「中にあった力を外にすっかり出してしまう」라는 이동 중 눈에 보이지 않는 표출의 의미이나, (5)의 「切り出す」는 「話や相談ごとを言い出す」라는 시작 단계의 개시를 의미한다. 이처럼 같은 「出す」라도 위치가 다를 경우 의미가 달라진다. 본동사 「出す」에는 이동의 의미가 있다. 「ー出す」가 후항동사로 사용되면 개시의 의미와 이동의 의미가 있는데, 「出す」가 전항동사로 사용되면 '이동'의 의미밖에 없다. 즉 본동사 「出す」와 복합동사 「出す」에는 「出す」만의 개별적 특징이 숨어 있는 것이다.

다양한 역할을 하는 복합동사는 여러 관점에서 연구가 가능하나 여기에서는 흔히 볼 수 있는 전항동사의 하나인 「飛ぶ」를 분석하기로 한다. 그리고 외국인이 복합동사를 학습할 때 어렵게 생각하는 복합동사를 몇 가지 발췌해서 조사하고, 일본문화와 관계가 깊은 복합동사도 고찰한다. 이 연구는 복합동사의 의미의 다양성에 관하여 고찰하는 것을 목적으로 한다.

2. 전항동사의 특징

복합동사에는 아스펙트, 텐스, 모달리티, 태(態), 부사 등이 복합적으로 관여되어 있으므로 의미적 성질로 분류하는 것이 쉽지 않다. 복합동사 연구는 후항동사만 강조하는 것이 대부분이다. 전항동사도 후항동사 못지않게 중요하지만 대부분의 연구에서 이를 소홀히 하고 있다. 우선 본 장에서는 전항동사를 두 가지 관점으로 나눈다. 복합동사에는 접두어적 성질을 갖는 것과 하나로 굳어진 의미를 갖는 어휘적 복합동사가 있다. 예를 들어 전항에 오는 동사에는 「とる, ひく, ふく, さす, つく, たつ, 飛ぶ, 見る, 言う, 聞く, 書く, 切る, 思う, 踏む, 乗る, 吹く, 持つ, 読む」 등이 있다. 실제로 접두어적인 것과 어휘적 전항동사의 중요성을 인식하고 분류한 연구는 많지 않다. 접두어적인 것은 「とる, ひく, ふく, さす, つく, たつ」, 어휘적 전항동사는 「飛ぶ, 見る, 言う, 聞く, 書く, 切る, 思う, 踏む, 乗る, 吹く, 持つ, 読む」부터 시작하는 것도 하나의 방법이다. 이 가운데서 「飛ぶ」라는 전항동사의 의미용법을 생각해 보자.

「飛ぶ」는 원래 단어가 가지고 있는 「空中を移動する」의 의미로 사용되거나, 「うれしそうにぴょんぴょんと飛びながら歩く」처럼 과장 또는 추상화되어 사용되는 전항동사이다. 또한 양태적인 수식어 등과 함께 사용되는 경향이 강하므로 그 역할을 조사해 보면 「飛ぶ」의 정체가 확실해짐과 동시에 복합동사로 자리매김할 수도 있을 것으로 본다.

(6) 男は電車から飛びおりて死亡した。(基)

남자는 열차에서 뛰어내려 사망했다.

(6)의 「飛び降りる」는 「まだ止まりきっていない乗り物から、飛んで降りる」라는 의미이다. 여기에서 하나의 정형화된 표현인 「飛びおり自殺」가 파생되었다. 「飛び降りて自殺すること」를 「飛び降り自殺」라고 한다. 「飛ぶ」의 기본적 의미는 「空中を移動する」이다. 이와 함께 '서둘러 목적지로 향하는 것'과 '도중에 있는 것을 빼고 앞으로 이동'하는 의미도 있다. 이는 부차적으로 파생된 것이다. 또 하늘 등 높은 곳으로 한 번에 올라간다는 뜻으로, 장소를 목적으로 할 경우에는 이동의 의미도 있다. 지면이나 바닥을 차고 공중으로 올라가거나, 무언가를 뛰어넘거나, 무언가가 공중으로 튀어 흩어진다는 의미를 생각해 보면 전항동사와 후항동사의 의미가 그대로 전해진다. 그러나 (7)～(10)에서의 「飛ぶ」는 (6)의 「飛ぶ」와 의미가 다르다.

(7) 東京で、目の飛び出るほど高いバーやナイトクラブでは、交際費制度がなくなってしまってから、一夜にして店をたたまなければならなくなるであろう。(101)

눈이 튀어나올 정도로 비싼 도쿄의 바나 나이트클럽들은, 교제비 제도가 없어지고 난 뒤부터는 하룻밤 새에 가게를 접어야만 할 것이다.

(8) 女の子は、手をつないでもらったことがとてもうれしかったらしく、飛びはねるようにして一緒に歩き出した。(さる)

여자아이는 손을 잡아 준 것이 굉장히 기뻤는지 뛸 듯이 함께 걷기 시작했다.

(9) 飛び立つ思いで帰郷する。

날아갈 것 같은 마음으로 귀향하다.

(10) 夫の無事を聞き、飛び立つばかりに嬉しかった。

남편의 무사함을 듣고 뛰어오를 듯이 기뻤다.

(7)의 「飛び出る」는 「ほど」와 함께 사용되는 것이 자연스럽고, (8)의 「飛びはねる」는 위쪽으로 힘차게 뛰어오른다는 뜻이므로 「～ようにして」와 함께 사용되는 것이 자연스럽다. (9)의 「飛び立つ」는 (기쁨, 기다림 등으로) 설렌다는 의미이다. 「飛び立つ思いで帰郷する」에서 알 수 있듯이 「思いで」라는 형식과 공기(共起)한다. (10)의 「飛び立つ」는 「ばかり」와 공기하여 자주 사용되는 것을 보아도 실제의 의미를 엿볼 수 있다. 이 「飛び立つばかり」는 하나의 관용구처럼 쓰여 날아가고 싶을 정도로 기쁘거나 그리워하는 모습을 나타낸다. 한국어적 발상에서 보면 「飛ぶ」에는 「出る、飛び出す」 등의 의미도 포함되어 있는 것 같다. 그 증거로 「飛ぶ－」와 관련된 복합동사 뒤에는 「飛び出してくる」나 「突然現れ、飛んででる」와 같은 문이 오는 경우가 많은 점을 들 수 있다. 「飛び込んでいく」는 외부에서 날아와 안으로 들어오는 것이다. 「飛び付いてくる」는 「飛び上がって手でつかむ」 또는 추상화되어 「心を惹きつけられたものに衝動的に近づき求める」라는 뜻이 되기도 한다. 흥미로운 것은 전항동사 「飛ぶ」와는 관계없이 후항동사에 의해 「カ, ニ, ヲ」격 등이 다양하게 결정된다는 점이다.

전항동사 「飛ぶ」가 「ように」와 함께 쓰이면 의미가 과장된다. 「飛び起きる」라는 복합동사를 사전에서 찾아보면 '뛰어오르듯이 기세 좋게 일어나다'로 나와 있다. 여기에서 주목해야 할 것은 「とびあがるように」의 「ように」 같은 표현이다. 「飛ぶ」와 공기하는 것이 「ように」인 점에서도 본래의 「飛ぶ」에서 추상화되어 사용됨을 알 수 있다. 또 이 전항동사 「飛ぶ」와 후항동사의 「マス」형과의 결합도 자주 사용된다. 예를 들면 「飛び入り, 飛び込み, とびきり」 등이 있다. 이외에 「部下の汚職のために上司の首が飛んだ」도 있다. 이때의 「飛ぶ」는 '일을 그만 두게 되다, 해고되다'라는 의미이다. 『고지엔(広辞苑) 역순사전』에서 「飛ぶ」가 후항동사로 사용된 경우를 찾아보면 다음 다섯 가지밖에 나와 있지 않다. 「消し飛ぶ, すっ飛ぶ, 吹き飛ぶ, ぶっ飛ぶ, 乱れ飛ぶ」인데 실제로는 세차게 바람에 날린다는 의미의 「吹き飛ぶ」, 뒤섞여서 난무한다는 의미의 「乱れ飛ぶ」, 기세 좋게 뛴다는 의미의 「すっ飛ぶ」 세 가지밖에 없다. 「消し飛ぶ」는 「飛ぶ」를 강하게 말하는 표현이며, 「ぶっ飛ぶ」 역시 그렇다. 또한 「ふっ飛ぶ」는 「吹き飛ぶ」의 촉음화이다. 사용빈도를 봐도 「飛ぶ」는 후항동사보다 전항동사에 오는 것이 자연스럽다는 것을 알 수 있다. 따라서 「飛ぶ」의 복합동사는 '전항동사로서의 飛ぶ'를 말하는 것이다. 복합동사는 본동사, 전항동사, 후항동사의 상호관련성을 잘 살펴야 확실히 파악할 수 있다.

3. 복합동사와 유사표현

복합동사에는 동사와 동사의 결합이 자유로이 성립되어 유사표현이 만들어지는 경우도 있다. 지금까지 선행연구에서는 그러한 유사 복합동사 표현의 차이를 논한 적이 별로 없다. 실제로 일본어 교육연구와 대조연구에서 결코 소홀히 해서는 안 되는 것이 유사 복합동사임에도 유사 복합동사를 등한시해 왔다고 할 수 있다. 따라서 본 장에서는 사전에 나와 있지 않은 유사성이 있는 복합동사를 몇 가지 발췌하여 그 차이점을 알아봄으로써 혼동하기 쉬운 유사 복합동사의 정체를 명확히 하고자 한다. 이는 일본어학 연구와 일본어 교육학연구에도 일조할 수 있을 것으로 본다.

(11) 直訳すると、time to write in である。辞書によっては「商人が売り上げを元帳に書き込むのに忙しい時期」とある。貸し付けの担保として、借用証に書き入れることからきている。(日)

직역하면 time to write in이다. 사전에 따르면 '상인이 매상을 장부에 적어 넣기에도 바쁜 시기'이다. 대부의 담보로서, 차용증에 기입하는 것에서 왔다.

(11)의 「書きこむ」는 「書く」와 후항동사 「ㅡこむ」가 결합한 것이다. 이 「こむ」가 더해져 「深く, 十分に」라는 의미가 되었다. 한국어의 후항동사 'ㅡ넣다'에 해당하는 것으로는 「ㅡこむ」와 「ㅡ入れる」가 있다. 「記入する」라는 의미에 해당하는 「書きこむ」와 「書き入れる」는 유사 복합표현이다. 후항동사의 성질에 따라 의미용법에서 차이가 나타난다. 「書き入れる」는 서류에 필요사항을 하나하나 적어 넣는다는 뉘앙스가 강한 반면, 「書き込む」는 소정의 난에 빈틈없이 적어 넣는다는 뉘앙스가 들어 있다. 즉 「書き込む」보다 「書き入れる」의 범위가 넓다고 할 수 있다. 대상물의 공간적 이동 「書き入れる」와 「書き込む」의 차이에 따라 후항동사에는 '철저하게'라는 완수의 의미가 숨어 있다. 분석하자면 「こむ」가 「入れる」보다 완수의 정도가 높다고 할 수 있다. 「記入する」는 소정의 난에 문자나 숫자를 적는 것을 말하나, 「書き入れる, 書き込む」는 소정의 장소 외에 행간이나 여백 등에 적는 때에도 사용된다. 「書き入れる」는 이미 있는 문장에 가필할 경우에도 사용된다. 예문 (11)의 매상을 장부에 적어 넣는다는 표현에서도 알 수 있다.

(12) 大麻さんは「一人が踊り出すと、みんなが踊り出すんですか」と言って、最初に踊り出す役を自ら引き受け、踊り始めた。

오아사 씨는 "한 사람이 춤추기 시작하면 모두가 춤을 추기 시작하는 겁니까?" 하며, 맨 처음 춤을 추기 시작하는 역할을 스스로 떠맡고 춤을 추기 시작했다.

(13) 上級生を飛び越して一位になった。

상급생을 앞질러 1위를 했다.

(14) 先輩を飛び越えて昇進する。

선배를 뛰어넘어 승진하다.

(12)에서 「踊りを始める」를 복합동사로 표현하면 「踊り出す」와 「踊り始める」가 된다. 각각 「踊りを演じる」의 「踊る」에 후항동사 「ㅡ始める」와 「ㅡ出す」가 결합한 것이다. 여기서 전항동사는 똑같은 「踊る」이지만 후항동사의 성질에 따라 의

미용법에 차이가 있다. (12)의 「踊り出す」는 먼저 춤추기 시작했다는 '개시'의 의미로 사용되었다. 차례로 춤추기 시작한다는 의미와 관련이 있다. 「一人が踊り出すと、みんなが踊り出す」처럼 「踊り出す」를 반복 사용해서 표현효과를 올리는 것으로 볼 수 있다. 끝부분에 「踊り始める」를 사용한 것은 반복을 피하기 위해서이다. 이는 「踊り始める」가 가지는 다른 의미이다.

(13)(14)의 「前のものを越えて進む」에 해당하는 복합동사에는 「飛び越す」와 「飛び越える」의 두 가지가 있다. 이들도 유사 복합동사의 표현이긴 하지만 조금 다르다. (13)의 「飛び越す」는 순서나 단계를 밟지 않고 앞으로 나아가는 것을 뜻하며 치밀한 느낌이 드는 표현이다. 또한 날아서 그 위를 넘거나 순서를 넘어 위로 나아간다는 의미가 있다. 그러나 (14)의 「飛び越える」는 「飛び越す」보다 빠른 느낌이 든다. 「飛び越える」는 선배가 먼저인데 넘어섰다는 느낌으로 '넘다'라는 본래 의미인 over와 같은 이미지를 가지고 있다. 마치 '선을 뛰어넘다'와 같은 평면 이동처럼 보인다. 선배라고 하는 공간을 뛰어넘거나, 순서와 단계를 밟지 않고 앞으로 나아간다는 의미를 강하게 내포하고 있는 것이다. 「私は先輩を飛び越えて課長になった」라는 문장은 잘 어울리지만, 「私は先輩を飛び越して課長になった」는 부자연스러운 것도 같은 이유에서이다.

(15) 山田さんはいつも会社から帰ってくると洗濯機にTシャツを投げ入れた。

야마다 씨는 회사에서 돌아오면 항상 세탁기에 티셔츠를 던져 넣었다.

(16) 何でもかんでも手当たり次第に材料をほうりこんだ文章は、一流飯店の五目チャーハンとはいかず、きまってごちゃごちゃする。(悪)

아무거나 닥치는 대로 재료를 집어넣은 문장은 일류 중화요리집의 볶음밥과는 달리 반드시 엉망이 된다.

(15)(16)의 전항동사인 「なげる」와 「ほうる」도 유사표현이지만 후항동사인 「ーいれる」와 「ーこむ」 역시 유사표현이다. 여기서 (15)의 「投げいれる」의 경우에는 조금 거칠고, 목표점이 있는 듯한 느낌이 든다. 즉 세탁기라는 목표점이 확실함과 동시에 강하게 집어넣고자 하는 느낌이다. 또는 T셔츠라는 대상물을 강조

하는 듯하다. 「なげる」라는 행동에 의해 T셔츠가 어떤 물체의 안으로 공간 이동한다. 이것은 본동사 「なげる」의 본래 의미인 '손에 들고 먼 곳으로 내던진다'는 의미에서 기인한다. 「放る」에 난폭하게 집어넣는다는 뉘앙스가 있는 것과 같다. 하지만 (16)의 경우에는 공간에 물품을 던져 넣는, 주로 가까운 거리의 것을 넓은 범위에 여기저기 버린다는 의미이다. 「投げる」는 직선적으로 조금 더 먼 거리이며 아무렇게나 집어넣고자 하는 느낌이 든다. 원래 「投げる」는 「放る」와 유사하지만 약간 차이가 있어 대상물을 중시하지 않는 듯한 느낌이 든다. 후항동사에서는 「ーいれる」보다 「ーこむ」에서 다양한 활용을 볼 수 있다. 또한 격에 따라 의미용법이 변하는 것도 있다. 이러한 유사 복합동사는 「降り出す, 降り始める」, 「走りきる, 走りつくす」, 「書きまくる, 書き立てる」 등 여러 가지가 있다. 이와 같은 유사표현의 복합동사라고 해도 문장에 따라 의미가 다르고, 전항동사가 같더라도 후항동사가 다르면 의미 역시 전혀 다르게 바뀐다. 이런 유사 복합동사를 전부 찾아보기는 어렵지만 몇 가지를 발췌하여 조사해 보겠다.

(17) 一度失った信用を取り戻すのは難しい。

한 번 잃어버린 신용을 되찾기는 어렵다.

(18) 一度失った活気を取り戻してほしいです。

한 번 잃은 활기를 되찾았으면 좋겠습니다.

(17)(18)의 「信用」「活気」에 「を取り戻す」는 가능하지만 「取り返す」는 부자연스럽다. 그러나 「もの」의 경우는 「取り返す」나 「取り戻す」 어느 쪽이든 가능하다.

(19) 私が大事にしていたDVDをやっと取り返した。

내가 소중히 여겼던 DVD를 드디어 되찾았다.

(20) 盗まれたハンドバックを取り返した。

도둑맞은 핸드백을 되찾았다.

(19)(20)에서 「DVD、ハンドバックなどを取り返す」라는 표현을 「取り戻す」로 바꾸어 표현할 수 있다. 구체적인 명사에는 「返す, 戻す」 양쪽 다 사용할 수 있기 때문이다.

분명한 형태가 없는 것에는 「取り返す」를 사용하기 어렵다. 즉 손실, 의식, 건강, 원기, 자신, 용기, 신용, 지위 같은 것에 「取り戻す」는 가능하지만 「取り返す」는 불가능하다. 하지만 사물인 핸드백, 시계, 가방, 책, 안경, 짐, 돈 등에는 「取り戻す」도 「取り返す」도 사용할 수 있다. 바꾸어 말하면 「取り返す」는 자신의 것을 다시 원상태로 돌리는 것을 지칭하는 반면, 「取り戻す」는 일단 잃어버린 것을 다시 원상태로 되돌리는 것이다. 그러나 이전에 자신의 주변에 존재하던 물건이 어떤 이유로 자신의 주변에서 (얼마 동안) 없어졌고 그것을 다시 자신 주변에 존재하게 만들 때는 공통적으로 사용할 수 있다.

(21) 君はこのごろやっと以前の健康を取り戻したようで何よりです。

자네가 요즈음 드디어 예전의 건강을 되찾은 것 같아 무엇보다 다행이오.

(21′) *君はこのごろやっと以前の健康を取り返したようで何よりです。

자네가 요즈음 드디어 예전의 건강을 만회한 것 같아서 무엇보다 다행이오.

(22) *山田さんはヤット意識を取り返しました。

야마다 씨가 드디어 의식을 회복했습니다.

(22′) 山田さんはヤット意識を取り戻しました。

야마다 씨는 겨우 의식을 되찾았습니다.

(23) コンピュータのしにせであるアップル社は去年創立以来の損失だったそうだが、その損失を取り戻すため、最近大々的な組織改革を行った。

전통 있는 컴퓨터 회사인 애플사는 작년에 창립 이래 손실을 냈다고 하는데, 그 손실을 만회하기 위해 최근 대대적인 조직개편을 실시했다.

(23′) *コンピュータのしにせであるアップル社は去年創立以来の損失だったそうだが、その損失を取り返すため、最近大々的な組織改革を行った。

전통 있는 컴퓨터 회사인 애플사는 작년에 창립 이래 손실을 냈다고 하는데, 그 손실을 만회하기 위해 최근 대대적인 조직개편을 실시했다.

(24) 彼に本を貸すのはいいが、取り返すのが大変だ。

그에게 책을 빌려 주는 것은 좋지만, 되돌려 받는 것이 큰일이다.

(24′) 彼に本を貸すのはいいが、取り戻すのが大変だ。

그에게 책을 빌려 주는 것은 좋지만, 되돌려 받을지가 큰일이다.

(25) 山田さんが私のハンドバックを取って逃げたすりの後を追って、取り返してきてくれた。

야마다 씨가 내 핸드백을 훔쳐 도망친 소매치기의 뒤를 쫓아가 다시 찾아와 주었다.

(25′) 山田さんが私のハンドバックを取って逃げたすりの後を追って、取り戻してきてくれた。

야마다 씨가 내 핸드백을 훔쳐 도망친 소매치기의 뒤를 쫓아가 되찾아와 주었다.

「取り返す」와 「取り戻す」의 경우 (21)～(23)은 교환이 불가능하지만 (24),(25)는 교환이 가능하다. 따라서 「取り戻す」 쪽이 「取り返す」보다 그 의미 용법이 다양하고 범위도 넓다고 할 수 있다. 「取り返す」는 잃어버린 것을 다시 한 번 손에 넣는다는 의미이다. 원래부터 가지고 있던 물건으로서 소유의 기준점을 베이스로 하고 그 상태 그대로 회복하는 것을 나타내는 데 반해 「取り戻す」는 「取り返す」와 같은 기준점은 없지만, 어떤 것을 회복하기 위해 노력하거나 행동하는 것을 나타낸다. 본동사 「戻す」로 생각해 보면 일단 얻거나 잃었던 물건을 다시 자신의 것으로 만드는 것을 나타낸다. (24)(25)처럼 「本, ハンドバック」 등과 같이 구체적인 것은 「戻す」와 「返す」를 사용하지만 추상적인 것에는 「戻す」밖에 사용할 수 없다. 하지만 스포츠 중에서 축구, 야구 등에는 「返す」도 사용할 수 있다. 「取り返す」는 반대를 취한다는 의미가 강하지만 「取り戻す」는 「とって元の状態

に戻す」의 의미로서「元気, 笑顔, 落ち着き」 등의 추상적인 사물에 관해서도 많이 사용된다.

(26)「ゴーストップ事件」として新聞に書き立てられた。(黒い)

'고스톱 사건'이라고 신문에서 크게 써 댔다.

(27) 手紙を書きまくったが、結局出さなかった。

편지를 마구 썼지만, 결국 보내지 않았다.

(26)(27)은 전항동사「書く」에 후항동사「ーたてる, ーまくる」가 조합된 것으로「書き立てる」는「書きまくる」처럼 눈에 띄도록 문제 삼아서 요란스럽게 쓴다는 의미의 복합동사이다. 하지만 이들은 차이가 있는데, 그 차이는「書き立てる, 書きまくる」라는 범위의 문제가 아닌 내용적인 문제이다.

「週刊紙があの事件を書き立てる」처럼「書き立てる」는 매스컴이 독자의 눈에 띄도록 문제로 삼아 써서 알리는 것이다. 더욱이 세세한 부분에서도 빠짐없이 차례차례 써서 알리는 것이다. 그러나 (27)「書きまくる」는 누가 쓰는가에 상관없이 많은 문장을 마구 쓴다는 부분에 포인트가 있다. 이것은 결국 보내지는 못했지만 편지를 쓸 때 쉬지 않고 요란스럽게 쓰는 모습을 나타낸다. 유사표현으로는「騒ぎ立てる」와「騒ぎまくる」가 있다. 전자는 의도를 가지고 실행하지만 후자는 의도와는 관계없이 자신이 즐기기 위해「騒ぐ」하는 것이다. 따라서「ーたてる」는 그다지 좋은 표현이 아니며 세세하고 좋지 않은 내용까지 드러낸다는 의미이다. 즉 그렇게 큰 문제가 아닌데도 과장해서 표현하는 것을 말한다.「ーまくる」는 단순히 쉬지 않고 마구 써 대거나 요란스럽게 (쓸데없이) 무언가를 많이 쓴다는 이미지가 그 속에 들어 있다.

(28) 遅い車を追い越す。

천천히 가는 차를 추월하다.

(29) 遅い車を追い抜く。

천천히 가는 차보다 앞질러 달리다.

(28)의 기본적인 의미는 느린 자동차를 추월한다는 의미이다. 「追い越す」는 도로에서 같은 차선을 달리고 있는 뒤차가 일단 차선을 변경하여(진로를 바꿔서) 앞서 가는 차의 전방으로 나가는 것을 말하지만 (29)의 「追い抜く」는 진로를 바꾸지 않고 앞서 가는 차보다 앞으로 나가는 것(뒤에서부터 따라와서 앞에 있는 것보다 앞으로 나아감)을 말한다. 따라서 도로표지로 「追い越し禁止」는 가능하지만 「追い抜き禁止」는 부자연스럽다. 후항동사 「−越す」와 「−抜く」의 경우, 원래 본동사의 의미에서 유추할 수 있다. 「越す」는 앞에 있는 것을 앞질러 선행하며 경계 등을 넘어 나아간다는 의미이지만, 「抜く」는 지나쳐서 향한 쪽으로 간다는 의미이다. 다시 말해 「追い越す」는 선행하는 것에 따라붙어 그것을 넘어 앞으로 나아가는 것이고, 「追い抜く」는 선행하는 것을 옆으로 지나치는 것이 된다.

이처럼 유사 복합동사에는 범위의 문제, 내용상의 문제 등 여러 가지가 있지만 기원이 되는 본동사의 의미를 파악하는 것이 가장 중요하다. 그 속에 어떤 단서나 연관성 등이 담겨 있기 때문이다.

4. 마무리

일본어 복합동사에는 유사표현이 매우 많은 편이다. 그 이유는 동사와 동사의 결합으로 풍부한 중복의 의미를 갖는 것들이 많기 때문이다.

따라서 일본어 학습자가 일본어 복합동사를 구별해 바르게 사용하는 것은 용이하지 않다. 그중 몇 가지 예인 「書き込む, 書き入れる」, 「踊り出す, 踊りはじめる」, 「飛び越す, 飛び越える」, 「投げ入れる, 投げ込む」, 「取り戻す, 取り返す」, 「書き立てる, 書きまくる」, 「追い越す, 追い抜く」 등을 통하여 차이점 등을 알아보았다. 이 결과로 알 수 있는 것은 복합동사의 표현은 매우 풍부하며 그 안에 내재되어 있는 의미는 매우 심오하다는 것이다. 복합동사의 유사성과 다양성은 일본어 복합동사만이 지니는 커다란 특징이라 할 수 있다.

제 6 장

복합동사와 일본문화

1. 들어가기

일본어 복합동사는 단어와 문 사이에 위치하며 단순동사로는 나타낼 수 없는 깊고 풍부한 의미를 포함하고 있지만, 외국인 학습자들은 이를 습득하는 데 상당한 어려움을 느낀다. 일본어 복합동사가 어떻게 구성되어 있는지에 대해서는 현재까지 많이 논의되었으나 (i) 정말로 본동사에서 복합동사가 나온 것인지, (ii) 복합동사 속에 일본문화가 존재하는지에 관해서는 그다지 논의된 바가 없다.

본 장에서는 두 가지 의문점을 확실히 밝힘과 동시에 복합동사 속에 나타난 일본문화의 용례를 소개하고, 문법론과 어휘론으로는 설명할 수 없는 문화론에 대하여 기술하고자 한다. 또한 일본문화에 내재되어 있는 복합동사에 관한 새로운 연구방법을 제시하고, 전통적인 일본문화에서 사용되는 복합동사를 조사해서 일본문화를 정확하게 이해하는 데 도움을 주고자 한다.

2. 고유어(和語) 속의 복합동사

전통적인 일본어학에서의 품사에는 동사, 명사, 형용사 등 10품사가 있고, 어종은 고유어(和語, 야마토 언어라고도 불린다), 한자어(漢語), 외래어의 3어종이 있으며, 복합동사는 고유어로 구성된 두 가지 이상의 동사의 결합이라 볼 수 있다. 영어의 'save'에 해당하는 일본어는 「節約する」와 「切り詰める」이다. 「節約する」는 한자어, 「切り詰める」는 고유어로 된 것이다. 'save'가 「詰め切る」가 아닌 「切り詰める」가 된 것과 그 구성방법에도 의문이 생긴다. 「節約」에 해당하는 「切り詰め」라는 복합명사가 존재하지 않는 것도 의문이다. 명사형은 있으나 동사형이 없는 단어에는 「立ち飲み, 立ち食い」 등이 있다.

이 밖에도 복합동사의 생성에 대한 의문은 몇 가지 더 있다. 「食い逃げ」는 있으나 「*食い逃げる」라는 동사형은 없으므로, 파생(또는 유래)으로 보기도 어렵다. 또한 본동사 「まくる」와 「かきまくる」의 후항동사 「－まくる」와의 유래 관계도 확실하지 않다. 그리고 본동사「こむ」와「書き込む」도 파생관계라고는 보기 어렵다.

3. 본동사와 복합동사

복합동사는 본동사에서 파생(또는 유래)된 것으로 보인다. 실제로 대부분의 복합동사가 본동사와 파생관계라는 것은 부정할 수 없는 사실이다.

(1) 椅子を外に出す。

의자를 밖으로 내다.

(2) 椅子を外に運び出す。

의자를 밖으로 옮겨 내다.

(3) 実力を出す。

실력을 내다(발휘하다).

(4) 次々と名作を作り出す。

계속해서 명작을 만들어 내다.

(5) 店を出す。

가게를 내다(개점하다).

(6) 新製品を売り出す。
신제품을 팔기 시작하다.

(1)(2)는 구체적인 이동을 나타낼 때 사용할 수 있다. (3)(4)는 추상적 이동을 표출할 때 사용할 수 있다. (5)(6)은 새로운 가게를 열어 영업을 시작할 때 사용할 수 있다.

4. 복합동사와 일본어 교육

외국인 일본어 학습자는 일본어 복합동사의 습득에 상당한 어려움을 느끼고 있다. 외국인 일본어 학습자에게 복합동사는 수수께끼와 같다. 하나의 수수께끼가 풀리면 거기에서 또 다른 수수께끼가 생기기 때문이다. 따라서 일본어 교육에서 복합동사를 습득하는 일은 매우 중요하다. 초급자는 복합동사에 대한 인식이 그다지 깊지 않고, 인식한다고 해도 복합동사를 사용할 여유가 없다. 또한 사용한다고 해도 조합이 부자연스러운 경우가 많으므로 학습자에게 의식적으로 인식시킬 필요가 있다. 복합동사를 자유롭게 사용할 수 있어야만 상급레벨의 일본어 학습자라 할 수 있기 때문이다.

5. 복합명사와 복합동사

스모(相撲)나 경마에 나타나는 복합동사나 복합명사를 알아보자. 우선 스모에서 자주 쓰이는 복합명사 「寄(り)切り」는 상대의 마와시[1]를 잡고 몸을 기울이며 씨름판에서 떠밀어 내는 기술을 말한다. 복합동사 「寄(り)切る」는 「立ち合いから一気によりきる」처럼 사용된다. 경마에서 「かい食い」는 말의 식욕을 말하는데, 「かい食いがいい」는 말의 식욕이 왕성하다는 의미이다. 「折り合い」는 말과 기수가 호흡이 맞는지를 나타내는 단어이다. 「折り合いがつく」는 경주마가 기수의 제어・명령에 따르는 상태를 말한다. 「乗り替わり」는 기수를 변경하는 것인데, 변경하는 데는 여러 가지 사정이 있다. 여기서 조금 어려운 부분은 「追い込み」인데, 이는 무리의 후방에 속해 있던 말이 마지막에 직선으로 한 번에 나아가는 전법을 말한다. 이 전법이 특기인 말을 「追い込み馬」라고 한다. 「ひっかかる」는 기수와 말의 호흡이 맞지 않는 상태로, 도중에 기력을 잃는 경우도 있다.

---

1) 스모에서 샅바 구실을 하는, 남자의 음부를 가리는 폭이 좁고 긴 천.

이런 예에서 보듯 복합동사와 복합명사는 어떠한 관계가 성립되는 것으로 보인다. 본동사, 복합명사, 복합동사가 파생관계인 것이 많으나 파생관계로 보기 어려운 것도 존재하므로 새로운 연구 대상이 될 가능성이 높다.

복합동사는 전항동사가 다르면 동작의 방향이 달라진다. 「買い付ける(물건을 사들이다)」는 자기 쪽 방향인 데 비해 「売り付ける(상대에게 억지로 사게 하다)」는 상대방 쪽이다.

정형화된 후항동사의 수동형, 가령 「焼け出される, 巻き込まれる, とりつかれる」 등에는 부정적 이미지가 있으며, 「思いきって, 思いきり, 煮えきらない」 등은 동사와 동사의 결합에서 파생된 것이지만 복합동사라 하기는 어렵다.

6. 복합동사와 일본문화

일본어의 복합동사를 조사해 보면 일본인의 문화를 엿볼 수 있다. 일본문화에는 일본어를 모어로 하는 사람들의 생활이나 가치관이 반영되어 있으므로 언어 일반에 기여도가 높지만, 일본어 교육 분야에서 새롭게 주목받는 것은 언어 능력과 문화에 대한 이해이다. 최근에는 유창한 일본어 능력과 동시에 문화에 관한 이해도 중요해지고 있다. 중급 이상의 학습자들이 주로 배우는 일본어 복합동사는 일본문화와도 관계가 있다. 술, 스모, 경마 용어에는 복합동사 표현이 많다. 「한자어＋する」(예: 節約する) 표현은 중국어의 영향을 많이 받았지만 복합동사 표현(예: 切り詰める)은 일본 고유어이다.

(7) 歓迎会では酒がくみ交わされ、雰囲気がぐっと砕ける。

환영회에서 술을 주고받게 되니 분위기가 확 좋아진다.

(8) うまい肴で仲間と酒をくみ交わす、たまには一人でゆっくりと過ごしたい、そんな店を紹介します。

맛있는 술 안주로 친구와 술을 주고받는다. 가끔은 혼자서 천천히 지내고 싶다. 그런 가게를 소개합니다.

(7)의 「くみ交わされる」는 (8)의 「くみ交わす」의 수동형이다. 왜 술을 「飲み交わす」가 아닌 「くみ交わす」라고 하는지 생각해 보자. (7)(8)의 「酌み交わす」는 어원이나 문화를 모르면 이해하기 어려운 복합동사라 할 수 있다. 「くむ」는 술이나 물을 그릇에 따르거나 붓는다는 뜻이다. 「バケツで池の水をくむ、お茶をくむ」 같은 표현이 자주 사용된다. 「くむ」와 「かわす」가 조합된 「くみ交わす」는 '술잔을 주고받으며 술을 마시다' 또는 '모여서 술을 마신다'는 의미이다.

(9) 「全勝横綱千秋楽決戦」を実現させた。結果は若の花がよりきって優勝したのだが、相撲が野球に置替わったと見ればいい。
'전승 요코즈나 최종일 결승'을 실현했다. 결과는 와카노하나가 밀어내기로 우승했는데, 스모가 야구로 대체되었다고 봐도 된다.

(9)의 「よりきる」에서 온 「寄りきり」는 스모의 기술 중 하나이다. 이것은 마주 선 자세에서 앞으로 나가 상대를 경기장 밖으로 밀어내는 기술이다. 「よりきる」도 스모 용어로 서로 맞붙은 채 상대편을 씨름판 밖으로 밀어낸다는 의미이다. 또 양팔을 함께 또는 번갈아 뻗쳐 상대편 가슴을 세게 밀쳐내는 「つっぱる」, 상대에게 밀리거나 하여 씨름판 밖으로 발이 나가는 「踏み切る」도 있다.

(10) 若の花は7勝8敗で負け越した。
와카노하나는 7승 8패로 이긴 횟수보다 진 횟수가 많아졌다.

(10) 「負け越す」는 진 횟수가 이긴 횟수를 웃도는(예: 7승 8패) 것인 데 비해 「勝ち越す」는 진 횟수보다 이긴 횟수가 많다(예: 8승 7패)는 뜻이다. 즉 상대보다 이긴 횟수가 많다는 의미이다. 복합동사인 「負け越す」와 함께 복합명사 「負け越し」도 많이 사용된다. 실제로 스모에서는 복합동사보다 복합명사를 많이 쓴다. 스모 대회에서 정식경기 15일 동안에 7승 이하이면 「負け越し」, 8승 이상은 「勝ち越し」라 한다. 승점에서 진 횟수를 뺀 수치를 세어 「負け越し何点」으로 표기한다.

가령 6승 9패라면 「負け越し3点」이 된다. 출장하지 않았을 경우는 진 것과 동일하게 취급하지만 「負け越し何点」이라는 말은 사용하지 않는다. 스모의 기본기술(7手)과 특수기술(19手)도 복합명사이다. 일본 고유어 중심의 이런 스모 용어는 외국인이 이해하기는 상당히 어렵다. 특수기술(19手) 중에는 「極めだし」와 「極め倒し」가 있는데 이것도 구별하기 어렵다. 「極めだし」는 상대편 팔의 관절을 세게 조여 꼼짝 못하게 해서 씨름판 밖으로 밀어내는 기술이고, 「極め倒し」는 겨드랑이에 지른 상대편 팔의 관절을 세게 조여 꼼짝 못하게 해서 비틀어 넘어뜨리는 기술이다. 이러한 용어에서도 알 수 있듯이 고유어 중심의 복합동사와 복합명사는 일본문화를 이해하는 데 상당히 중요하다.

(11) 「引っかかる」は騎手が抑えてもいうことをきかず突っかかるように行きたがる状態をいう。騎手と馬が折り合っていない走りぶりで、レースでこういう状態になると能力に影響することが多い。

「引っかかる」란 기수가 제어하는데도 경주마가 말을 듣지 않고 달려나가는 상태를 말한다. 기수와 말이 타협을 못하고 마구 내달리는 모습으로, 레이스에서 이런 상황이 되면 기수의 능력에 영향을 주는 일이 많다.

(12) ゴール直前で猛然と追い込む。

골인 직전에 맹렬하게 힘을 내어 달려들어가다.

(13) 仕掛けるのが早かった。

승부수를 너무 빨리 던졌다.

(14) 「中間順調に乗り込んで…」などと使われるように調教を十分に積むことをいう。

‘중간까지 순조롭게 잘 달리다가…’ 등으로 쓰이듯이, 훈련을 충분히 쌓는 것을 말한다.

(11)의 「ひっかかる」는 기수가 제어하는데도 말이 말을 듣지 않고 계속 달리려 하는 상태로, 도중에 기력을 잃기도 한다. (12)의 「追い込む」는 마지막 단계에서

남은 힘을 다하는 것을 뜻한다. 이 「追い込む」에서 나온 말이 「追い込み」이다. 「追い込み」는 자주 사용되는 복합명사로, 전반에는 후방에 위치하다가 마지막 직선 단계에서 선행마를 쫒는 전법을 말하며 이것을 잘하는 말을 「追い込み馬」라 한다. 선행마 혹은 처음부터 끝까지 잘 달리는 말과 대비되는 타입이다. 강한 말이 「追い込み馬」로 불리던 시대도 있었지만, 이런 타입은 남을 의지하려는 경향이 있어 슬로우 페이스면 이길 상대에게 지는 경우도 많으므로 현재 일류마로 불리는 말 중에서 「追い込み」에만 치중하는 경향은 적다. 「追い込み」는 탄 채로 안으로 들어간다는 의미가 변하여 기세 좋게 어떤 장소로 달려 들어간다는 뜻이 되었다. 전항동사 「追う」와 관계 있는 용어로는 복합명사 「追い切り」가 있다. 「追い切り」는 말의 상태를 최고로 유지하기 위해 경주 3, 4일 전에 충분히 훈련시키는 것을 말하는데, 「追い切り」라는 말에는 다분히 몰아붙인다는 의미가 포함되어 있다. 출전에 즈음하여 말의 상태를 파악하고 조정하는 것이 목적이다.

(13)의 「仕掛ける」는 레이스 중, 승부수를 던질 때라고 판단한 기수가 말에게 기합을 넣어 속력을 내게 하는 것을 말한다. 또 경주 전 훈련단계에서 말이 알아서 코스를 돌고 와서 결승점 앞에서 가볍게 기합을 넣는 것을 말하기도 한다. (14)의「乗り込む」는 훈련을 충분히 쌓는 것을 말한다. 훈련과정을 착실하게 소화한 다음 천천히 잘 마무리하는 것을 가리키는 경우가 많은데, 휴식이 끝났거나 처음 출전하는 말의 상태를 판단하는 포인트가 된다. 또한 「長目を乗り込む」라는 말도 있는데, 이것은 훈련에서 구보연습을 하려고 긴 거리를 뛰는 것으로 실전에서 호흡을 유지하기 위해 단련하는 것을 말한다.

(15) 2500メートルの間に、最後の4コーナーのカーブまでにぐっと外から上がってきて、そして直線でさしきるという馬なんです。
2,500미터 사이에, 마지막 4코너의 커브까지 바깥코스에서 단숨에 들어와, 직선코스에서 앞질러 이기는 말을 말합니다.

(15) 「指しきる/差しきる」는 경마에서 앞서 달리는 말을 앞지르고 이긴다는 의미이다.

앞의 예들을 보더라도 경마용어에 복합동사 표현이 많음을 알 수 있다. 경마를 순수한 일본문화라고는 할 수 없으나, 일본에 정착하여 일본화된 오락의 하나로 보아도 좋을 것이다.

이처럼 술, 스모, 경마 부문에는 복합동사로 된 용어가 많다. 따라서 일본문화를 폭넓게 아는 것은 복합동사를 이해하는 데도 도움이 된다.

7. 마무리

일본문화에 복합동사 표현이 많은 것은 어떤 동작을 좀 더 구체적으로 표현할 수 있기 때문이다. 따라서 앞으로도 더 많은 복합동사가 생길 가능성이 있으므로 복합동사를 통하여 일본의 고유문화나 현대 과학기술문화의 여러 표현들을 익혀 가는 방법도 효과적일 것이다.

지금까지 일본어 복합동사 연구는 후항동사의 의미용법만을 중요시한 경향이 있으나, 앞으로는 언어연구와 함께 문화와 일본어 교육과의 관련성 전반에 대한 연구가 필요할 것으로 본다. 일본어 학습에 다양한 일본문화를 응용한다면 훨씬 더 재미있게 학습할 수 있을 것이다. 새로운 복합동사 연구의 일환으로 일본문화 속에 숨어 있는 복합동사의 영향력을 발견해 보자.

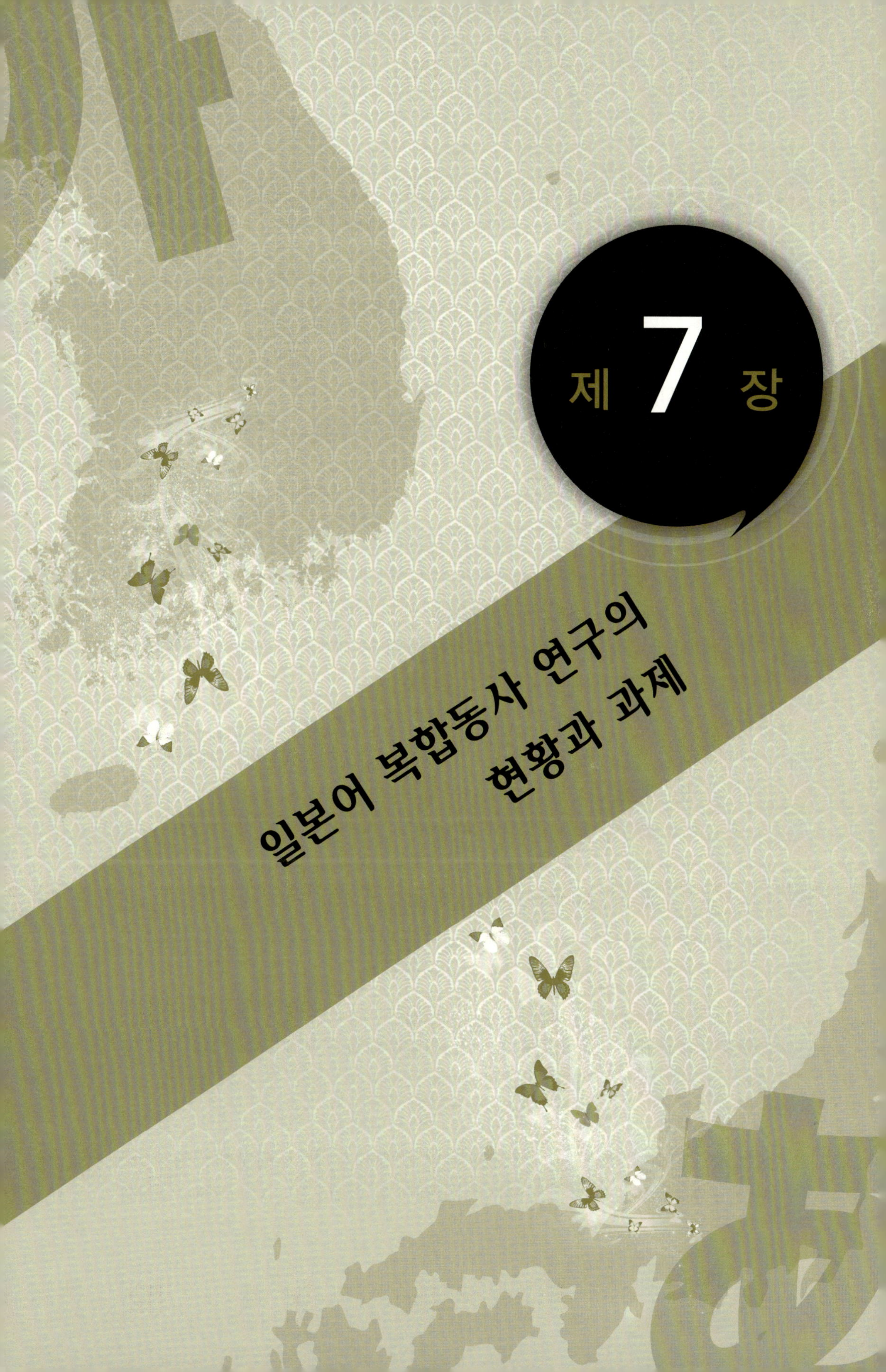

제 7 장

일본어 복합동사 연구의 현황과 과제

1. 들어가기

동사와 동사의 결합에서 전항동사의 「テ」형에 결합하는 후항동사는 보조동사이고, 전항동사의 「マス」형에 결합하는 후항동사는 복합동사라 할 수 있다. 넓은 의미에서 이 둘을 모두 복합동사로 보는 견해도 있다. 보조동사에 관한 연구는 실제로 다양한 방법으로 행해지고 있고, 일본어 문법연구와 일본어 교육에도 응용되고 있다. 여기서는 동사의 결합절차만 기술하되, 주로 복합동사를 중심으로 알아보고자 한다.

복합동사 연구는 종래 히메노(姫野, 1975)를 중심으로 행해졌다. 히메노(1975)는 복합동사의 기본적인 의미용법 연구의 출발점이라 할 수 있다. 그는 복합동사를 어휘레벨에서 통어레벨로 확장하며 광범위하게 연구했다. 이를 기본으로 히메노(1975～1979)는 짝을 이루는 자 · 타동사, 이동동사의 의미 변화에 이르기까지 문법적 특징을 개별적으로 연구했으며, 특히 문 레벨의 구체적인 연구에서는 동작과 변화를 파악했다. 히메노(1979) 이후는 주로 접미사적 역할을 하는 후항동사의 의미와 기능에 초점을 맞추고 있다.

데라무라(寺村, 1984)는 이를 조금 더 발전시켜 3차 아스펙트라는 관점에서 시간적 상, 공간적 상, 강도의 상으로 나누어 동적 아스펙트와 관련지어 파악하려고 했다. 이를 수정한 것이 시로타(城田, 1985)의 동작상 접미사인데, 시로타(1998)에서 좀 더 구체적으로 동작상과 보이스로 나누어 재분류했다. 상(相)이라는 관점에서는 시로타부터 포괄적 연구에 이르렀다. 그러나 실질적으로 문법적인 면에서 연구를 시작한 학자는 통어적 성질의 복합동사와 어휘적 성질의 복합동사가 존재한다고 주장한 모리야마(森山, 1988)이다.

이에 대한 반론으로 가게야마(影山, 1993)는 새로운 카테고리로 중간적 성질의 복합동사의 존재를 덧붙이고 있다. 이는 어형성을 하는 복합동사의 어휘적인 면, 통어적인 면을 염두에 둔 것이다. 이후 야마나시(山梨, 1993～1995)가 인지의미론 관점에서 행한 논문도 주목할 만하다. 가게야마(2007)의 복합동사 연구는 단어레벨에서부터 인지의미론에 이르기까지 폭이 넓었다. 그럼에도 불구하고 복합동사와 본동사의 관련성이나 전항동사의 중요성에 관한 연구는 적다. 특히 본동사와 후항동사의 무관련성, 본동사로 사용되지 않는 복합동사에 관한 연구는 중요시 되지 않았다. 본동사와의 관련성, 전항동사의 재검토, 후항동사 의미의 추상화 과정, 외국어와의 대조연구, 복합동사의 오용, 일본어 교육으로의 대용 등에 관한 연구는 아직 불충분하다. 여기서는 지금까지의 복합동사 연구 성과를 재정리하고, 몇 가지 새로운 연구 가능성을 제시하는 것을 목적으로 한다.

2. 동사의 결합 절차에 의한 분류

동사와 동사의 결합에는 「テ」형으로 결합된 보조동사와 「マス」형으로 결합된 복합동사가 있다. 이 둘은 기본적으로 동사와 동사의 결합표현이라는 점에서는 유사하나, 각각 다른 기능과 의미를 가지고 있다. 따라서 데라무라(1984)는 「ーてしまう」를 2차 아스펙트, 「ーはじめる」를 3차 아스펙트로 파악하고 있다. 3차 아스펙트에는 시작(ーはじめる, ーだす, ーかける), 계속(ーつづける, ーつづく), 종료(ーおわる, ーおえる)가 있다. 이는 통어적 성질의 복합동사로, 전항동사의 격 및 타동성, 자동성을 정하는 중요한 역할을 한다. 이들은 전항동사의 성질에 따라 격과 자·타동사의 성질이 결정된다. 「を書き始める」는 「ヲ」격이고, 타동성을 가지며, 「が降り始める」는 「カ」격으로 자동성이 된다. 그렇다면 「テ」로 결합하는 보조동사의 경우는 어떤지 알아보자.

(1) しかし、急に歩調をゆるめることもできないので、 私は冷淡なふうに女たちを追い越してしまった。(いず)

그러나 갑자기 보조를 늦출 수도 없어서, 나는 무관심한 척하며 여자들을 앞질러 버렸다.

(2) ヨクモンが、いたけだかに夏村に食ってかかった。(愛)

요쿠몬이 위압적인 태도로 나쓰무라에게 대들었다.

(1)의 「追い越してしまった」의 「ーてしまう」와 (2)의 「食ってかかる」의 「ーてかかる」는 전항동사인 「追い越す」와 「食う」의 「テ」형에 후항동사가 결합된 것이다. 「テ」형 접속에 의한 복합동사에서 기본적으로 「AてB」는 A와 B 두 가지 사항이 발생했다는 기능과 인과관계를 나타내는 것이다. A와 B의 「テ」형 연결은 대등 관계를 나타내며 「～して～する、をやって～をやった」와 함께 병렬적인 의미로 사용되는 경우가 많다.

그러나 전항동사의 「テ」형으로 접속되는 동사의 결합에는 몇 가지 성질의 차이가 있다. (1)의 「追い越してしまう」의 「ーてしまう」는 일반적으로 말해 종결을 나타내는 보조동사이다. 이런 보조동사류는 많지는 않으나 상당수의 동사와 결합할 수 있고 본래의 어휘적 의미가 약해져 문법 형식으로서 확립되어 있는 데 비하여, (2)의 「食ってかかる」는 하나로 굳어진 성질의 어휘적 형식 동사 표현이라 할 수 있다. 따라서 (2)의 「食ってかかる」는 「ーてしまう, ーておく, ーてみる」처럼 문법적 성질을 갖는 보조동사와는 달리, 하나의 덩어리로 된 동사로 보는 편이 타당하다. 이러한 동사에는 「くってかかる, うってかわる, とってかえす, もってくる, やってのける, うってでる, ついていく, ついおてよむ, くってかかる, あわてふためく, とってつけた」 등이 있다. 그중 「とってつけた」는 어색하고 부자연스러운 모습을 나타내는 「タ」형의 연체 용법이다. 「とってつける」는 「とってはつける」 또는 「とってをつける」처럼 두 개 동사 사이에 어떠한 문법적 요소의 삽입도 불가능하다는 점에서 하나로 굳어진 성질의 어휘적 형식이라고 본다. 또한 「あわてふためく」의 예도 흥미롭다. 후항동사 「ふためく」는 부산을 떤다는 의미이지만 「ーふためく」만으로는 현재 거의 사용되지 않는다. 그러나 자주 사용되는 전항동사 「あわてる」라는 동사와 조합하여 그 의미가 강해진다. 따라서 「あわてふためく」는 「慌てるまたは、じたばたする」라는 의미가 된다. 이 외에도 유사한 것이 몇 가지 있다. 특히 흥미로운 표현인 「買って出る」는 「店から本を買って出た」와 같지만, 실제로 사용되는 예를 보면 다음과 같다.

(3) 「買って出る」とは、もともと to volunteer のことだが、色々な含みがある。進んで申し出るだけでなく、それ以上のニュアンスを持つ場合が多い。(日)

'자진해서 떠맡다'는 원래는 to volunteer를 뜻하지만, 여러 의미가 함축되어 있다. 자청한다는 뜻뿐만 아니라 그 이상의 뉘앙스를 가지는 경우가 많다.

(4) この本は職種も会社も経歴も違う仲間たちがよってたかって、作ったものです。

이 책은 직종도 회사도 경력도 다른 동료들이 모두 힘을 모아 만든 것입니다.

(5) 公表する文書でなく、日記ではあるが、うろたえない見識が見てとれる。(天)

세상에 알리는 문서가 아니고 일기이기는 하지만, 탄탄한 식견을 간파할 수 있다.

(3)의「買って出る」, (4)의「よってたかって」, (5)의「見てとれる」와 같은 종류를 하나로 굳어진 동사라고 한다. 즉 (3)~(5)도 후항동사가 아스펙트를 나타내지만, 실질적인 본동사의 의미가 아니라「テ」형 접속에 따른 것이다. (3)의「買って出る」는「買う」와「出る」의 결합이지만「買いでる」라고는 하지 않으며, 용기를 내어 '자진해서 떠맡는다'는 뜻으로 본래 동사가 갖는 의미와는 거리가 있다. (4)의「よってたかって」는「よる」와「たかる」가 결합되었으나「よりたかる」라고는 하지 않으며, '여러 사람이 합세한다'는 의미로서 연어(連語)처럼 하나로 굳어진 형식이다. 이는「よってたかる」 형태로는 쓰이지 않고「思いきって」처럼 하나로 굳어져 부사처럼 사용되는 연어 형태의 부사적 용법이다. (5)의「見てとれる」는「見てとる」에서 나온 말인데 '알아챌 수 있다, 간파할 수 있다'는 뜻으로「見取る」와는 의미가 다르다. 비슷한「見て知る」가「みとめる」라는 의미로 사용되고 있다.「見取る」에는 보고 베끼거나 병자를 돌본다는 의미도 있다.

「テ」형과「マス」형은 전항동사, 후항동사의 성질에 의해 의미용법이 변한다. 특히「マス」형에는 문법성이 있는 것과 하나의 동사로 굳어진 것이 있다. 동사와 동사가 결합될 때「テ」형에 접속됨과 동시에 전항동사「マス」형에 접속되는 것도 있다. 동사와 동사가 결합할 때 전항동사가「テ」형 접속과「マス」형 접속 양쪽 형태를 취하는 것이다. 예를 들면 「みて回る」와 「見回る」, 「書いておく」와 「書きおく」, 「切っておとす」와 「切りおとす」, 「すてておく」와 「すておく」, 「去って行く」와 「去り行く」, 「歩いてまわる」와 「歩きまわる」, 「訪ねてまわる」와 「訪ねまわる」 등이다. 이런 동사들은 특히 외국인 학습자가 혼동하기 쉬우며, 기능과 용법도 다르므로 별도의 설명이 필요하다. 이러한 동사의 의미용법에 관한 차이를 분명히 알면 「テ」형과 「マス」형의 접속에 관계되는 것의 실체를 파악할 수 있을 것이다. 다음으로 전항동사가 「マス」형으로 결합하는 복합동사를 알아보자.

(6) 家じゅうの人を、この不吉な出来事のために呼び集める。(熱)

온 집안사람들을 이 불길한 사건 때문에 불러모으다.

(7) すべてが片付き、語り終えられ、もう一度と動きやすい。(熱)

모든 것이 일단락되고 이야기도 끝났으니 다시 한 번 해 보자 하며 행동하기 쉽다.

(6)의 「呼び集める」는 「呼ぶ」와 「集める」의 결합이고, (7)의 「語り終える」는 「語る」와 「終える」의 결합이다. (6)(7)은 전항동사의 「マス」형과 후항동사가 결합된 표현이다. 이들이 「マス」형과 결합되는 형태는 같지만 문법적 역할은 다르다. (6)의 「呼び集める」는 두 개의 동사가 결합되어 하나로 굳어진 어휘적 동사인데 비해, (7)의 「語り終える」는 두 개의 동사가 결합되면서 문법적 성질의 기능을 갖는 통어적 복합동사라 할 수 있다. 이처럼 똑같이 「マス」형으로 결합되는 복합동사지만 내용이 달라지는 것을 알 수 있다. 즉 하나로 굳어진 성질의 복합동사와 문법성이 있는 복합동사가 존재하는 것이다. 이들의 차이를 명확히 하기 위해서는 테스트프레임(test frame)을 통해 구별해서 일본어 교육에 응용할 수 있다. 복합동사가 문 안에서 어떠한 역할을 하는지, 어떤 면에서 달라지는지, 이것을 어떻게 분석해야 하는지, 더욱이 일본어 교육에는 어떤 부분을 어떤 레벨까지 적용할 수 있는지를 재점검해야 한다.

동사와 동사의 결합 절차에는 「テ」형과 「マス」형이 있는데, 이들의 차이점과, 서로 공유하는 부분과 이질적인 부분에 대한 검토가 필요하다. 두 동사가 결합될 때 음편현상이 일어나고 형태가 변하는 경우도 있다. 이것은 후항동사의 영향으로 음편현상이 일어나는 경우이다. 지금까지 「マス」형과 「テ」형의 결합절차에 따른 의미용법의 차이를 연구한 논문은 없다. 그러므로 이들의 의미 차이와 변화과정과 그 이유 등에 관한 연구가 필요하다. 다음 문장은 어린이 책에 자주 등장하는 일본의 동화 『모모타로(桃太郎)』에 나타난 「やっつける」라는 부분을 인용한 것이다.

(8) ある日、おにたちが村に来たので村の人たちは大変困ってしまいました。桃太郎は鬼をやっつけに行こうと決めました。鬼たちをやっつけに行く時、犬に会いました。キビダンゴをあげると、犬は桃太郎といっしょに行くことにしました。それから猿にも会いました。猿もいっしょに行くことにしました。そして、最後にキジにも会ってみんなでいっしょに行きました。桃太郎たちは、鬼がいる島に着きました。そして、みんなで鬼をやっつけました。(桃太郎)

어느 날, 도깨비들이 마을에 내려와서 마을 사람들은 몹시 난처해지고 말았습니다. 모모타로는 도깨비를 퇴치하러 가야겠다고 결심했습니다. 도깨비를 퇴치하러 갈 때 개를 만났습니다. 수수경단을 주자 개는 모모타로와 함께 가기로 했습니다. 그 다음에 원숭이도 만났습니다. 원숭이도 함께 가기로 했습니다. 그리고 마지막으로 꿩도 만나 모두가 함께 갔습니다. 모모타로 일행은 도깨비가 있는 섬에 도착했습니다. 그렇게 해서 모두가 도깨비를 물리쳤습니다.

(8)의 「やっつけに行こう, やっつけに行く, やっつけました」는 「やる」와 「つける」가 조합된 「やりつける」에서 나왔으며 이의 힘준 말이 「やっつける」이다. 「やりつける」라고 해도 될 것 같지만 현재 사용되는 「やりつける」는 「やっつける」와 다르다. 「やりつける」는 「やり慣れる」의 의미이다. 「やっつける」가 「やりつける」에서 변한 말이므로 「やりつける」의 음편현상으로 볼 수 있을 것이다. 이 「やっつける」 외에도 복합동사에서 음편현상이 나타나는 경우가 있다. 다음 예문에는

음편현상을 일으키는 두 개의 복합동사가 있다.

(9) 部長には、思いがけないことだった。stirred up a hornet's nest(蜂の巣を突っついた)のである。言い出したばかりに、余計な仕事をひっかぶって、あくせく働かねばならぬ羽目になった。(日本人)

부장으로서는 생각도 못 한 일이었다. stirred up a hornet's nest(벌집을 들쑤신) 것이다. 말을 꺼낸 지 얼마 안 돼, 쓸데없는 일을 떠맡고 악착같이 일을 해야만 하는 처지가 되었다.

(9)의「つっつく」는「つく」와「つく」가 결합된 것이고,「ひっかぶる」는「ひく」와「かぶる」가 결합된 것이다.「つきつく」와「ひきかぶる」로 해도 될 것 같지만 그렇지 않다. 또 동사와 동사가 결합할 때 연탁현상이 일어나지 않는지는 아직까지도 명확하지 않다. 명사와 명사 결합(예: かたがき、ほんばこ 등)에서는 연탁현상이 일어나는데 , 동사와 동사가 결합된 경우(예: かきこむ、よみかえす)에는 발생하지 않는다. 각각의 의미에 따른 경우가 많고 그 밖에 여러 상세한 룰이 있다. 동사와 동사의 결합 중「着替える」는 예외로「きかえる」나「きがえる」로 표기할 수 있다.

3. 복합동사의 사전 등록

많은 양의 복합동사를 사전에 등록하는 것은 불가능하다. 그러므로 통어적 성질의 복합동사와 어휘적 성질의 복합동사를 사전에 등록하는 경우에는 별도의 기준이 필요하다. 예를 들어「飲み始める, 降り続ける」처럼 후항동사의 의미가 확실하고, 두 개의 동사가 결합되어 본동사와 의미가 비슷하면 통어적 복합동사이다. 통어적 성질의 복합동사는 전항과 후항이 서로 결합할 때, 자유롭게 결합된 전항동사는 생산적이고 후항동사의 의미도 투명한 것이 특징이므로 사전에 등록할 필요가 없다. 한편「行き届く」나「持ち歩く」 등의 복합동사는 하나로 굳어진 동사이다. 또 「行き届く」는 「飲み始める」와 비교하여 생산성이 낮고 결합의 범위도 좁으며 하나로 굳어진 어휘적 동사이므로 하나하나 사전에 등록해야 한다.

(10) こうなると桑田の現実的、用心深い投球が冴え始める。(プロ)

이렇게 되면 구와타의 현실적이고 신중한 투구가 빛을 발하기 시작한다.

(11) 今日は朝早く起きて、お袋にことづける手紙を書きかけたが、万感こもごも来てどうにも書けなかった。まだ寝ていた客人には失礼して一番電車に乗った。

오늘은 아침 일찍 일어나서 어머니께 보내는 편지를 쓰려고 했으나, 만감이 교차해 도저히 쓸 수가 없었다. 아직 자고 있는 손님에게는 실례를 하고 첫 전철을 탔다.

(12) 一死後、7番、落合は東尾修投手から右翼席本塁打して、3対2と1点差に持ち込んだ。(プロ)

1사 후 7번 오치아이는 히가시오 오사무 투수에게서 우익석 홈런을 빼앗아, 3:2, 1점 차로 다음으로 넘어갔다.

(10)의 「冴え始める」는 단어 그대로의 의미에서 알 수 있다. 「さえる」는 사려 깊고, 머리나 눈의 기능이 예리하게 된다는 의미이다. 후항동사 「ーはじめる」는 의미적 유연성(투명성)을 지니고 있다. 이 경우, 통어적인 성질의 복합동사는 다양한 접속이 가능하고 본동사의 의미가 그대로 유지되므로 사전에 등록할 필요가 없다. 그러나 (10)의 성질과 조금 다른 것이 (11)의 「書きかける」와 같은 「ーかける」이다. 「ーかける」에도 (10)의 후항동사 「ーはじめる」처럼 '개시'라는 의미도 있지만, 개시는 했으나 어떤 사정으로 도중에 방기해 버린 이유가 포함되어 있으므로 「ーはじめる」와는 조금 다르다. (11)의 「書きかける」의 경우는 사전에 그대로 한 단어로는 기재되지 않고 대신 「ーかける」를 사전에 기술한다. 그 의미는 '(〜하려고) 시작하다, 시작했으나 어떠한 이유로 도중에 그만두다'로 표기해야 하는 경우와, 「話しかける」처럼 어휘적 성질을 지닌 것으로 나누어 등록해야 한

다. 전자는 문법성이 강하며 후자는 어휘성이 강하다.

(12)의 「持ちこむ」는 결말이 안 난 상태로 다음 단계로 넘긴다는 의미이다. 또는 어떤 상태로 가지고 가지만 일의 처리를 위임한다는 의미도 있다. 「持ちこむ」는 하나로 굳어진 어휘적 복합동사이므로 예문과 함께 사전에 등록해야 한다. 그렇지 않으면 「持つ」의 전항동사의 중요성을 강조하고 전항동사를 기술하든지, 후항동사 「－こむ」의 특징을 기술해야 한다. 선행연구에서는 후항동사에 관한 카테고리를 다음과 같이 정하고 있다. 가게야마(1993)가 제시한 27개의 통어적 복합동사에 주목해 보자.

가게야마(1993)는 개시(しかける, しだす, しはじめる), 계속(しまくる, しつづける), 완료(し終える, し終わる, し尽くす, し切る, し通す, し抜く), 미수행(しそこなう, し損じる, しそびれる, しかねる, し遅れる, し忘れる, し残す, し誤る), 과잉행위(しすぎる), 재시행(しなおす), 습관(しつける, しなれる), 상호행위(し合う), 가능(し得る) 등으로 분류했다. 이 분류에서 힌트를 얻어 기준을 정해도 좋을 것이다. 통어적인 성질의 복합동사는 사전에 수록하지 않고 어휘적 성질의 복합동사는 수록해야 한다. 그러나 중간적 성질의 복합동사는 단어의 성질에 따라 수록해야 하는 것과 수록할 필요가 없는 것으로 나뉜다. 통어적 복합동사의 기준에 대한 근거는 더 논할 필요가 있고, 전항동사의 의미용법도 복합동사의 카테고리로 받아들여 재정리할 필요가 있다. 따라서 중간적 복합동사를 어휘적 복합동사와 구별하여 별도로 취급해야 한다.

4. 복합동사의 새로운 연구 가능성

4.1. 복합동사 대조연구

복합동사 대조연구의 중요성과 필요성을 고찰한 연구는 드물다. 최근 호리에(堀江, 2005:93～103)는 양 언어 사이의 문법적 패턴의 생산성과 구체성, 문법화 경로의 상위점을 관찰 · 연구했다. 그러나 실제로 하나의 영역 안에서 복합동사를 대조한 연구는 드물다. 대조연구는 동일한 조건 아래에서 대등하게 연구하여 일본어 교육에 활용하는 것이 중요하나 그렇지 못한 것이 현실이다.

대조연구에서 좀 더 나은 성과를 올리기 위해서는 양 언어를 정확히 이해하고 대조해야 한다. 대조연구는 각 언어 내부와 외부의 유사점과 차이점을 기준으로 해야 더 나은 효과를 거둘 수 있다. 대조연구를 통해 일본어 교육에 대한 대응과 새로운 시각에서의 복합동사 연구가 가능할 것이다.

일본어와 한국어 복합동사의 대조연구는 일본어 교육에도 활용할 수 있다. 대조연구가 학문적 · 교육적인 효과를 거두기 위해서는 양 언어의 성질을 정확히 이해한 후 각 언어의 특징과 본질 문제까지도 다루어야 한다. 복합동사의 성과와 함께 대조연구의 성과, 한걸음 나아가 일본어 교육의 성과까지로 확장될 때 대조연구가 더욱 가치를 발할 것이다.

(13) 顔をなるべく投手方向に向け横目で三塁側ダグアウトにいる須藤豊監督を盗み見た。(プロ)

얼굴을 될 수 있는 한 투수 방향으로 향하고 곁눈질로 3루 측 더그아웃에 있는 스도 유타카 감독을 훔쳐봤다.

(14) 終身雇用制でも、会社側が「首切り」を絶対にやらないわけではない。極度の営業不振になって会社が生き残るには業務の縮小に追い詰められることもある。(日本人)

종신고용제라도 회사 측이 절대로 '해고'를 하지 않는 것은 아니다. 극도로 영업이 부진해지면 회사가 살아남기 위해 업무를 축소하는 지경까지 이를 수도 있다.

(15) 私は、午後の着物に着替えたわ。

나는 오후에 입는 옷으로 갈아입었어요.

(16) いちいち「かぶる」「はおる」「着る」「はく」と使い分けるのも芸がない。(悪)

일일이 '쓰다', '걸치다', '입다', '(하의를)입다'로 구분해서 사용할 재주는 없다.

(17) 「あ、あの、席外そうか？ 二人の方が」と瀬名が、真二とルウを見比べる。(long)

“저, 저기, 자리 뜨려고? 둘이서?” 하며 세나가 신지와 루를 견주어본다.

(18) 87年に、私は思いきって会社の経営革新に踏み切りました。(生きる)

1987년에 나는 과감하게 회사의 경영 혁신을 단행했습니다.

(13)의 「ぬすみ見る」는 ‘훔쳐보다(ぬすみ見る)’와 대응한다. 또 (14)의 「生きのこる」는 ‘살아남다(生きのこる)’와 대응한다. 이 경우는 한일 양 언어의 1:1 대응이 가능하다. 그러나 한일 양 언어의 대응이 이와는 반대로 나타나는 경우도 있다. (15)의 「着替える」는 ‘갈아입다(?替え着る)’가 되고, (16)의 「使い分ける」는 ‘나누어 사용하다(?分け使う)’가 되므로 한일 양 언어의 복합동사의 전항동사와 후항동사의 어구성 순서가 반대가 된다. 이 밖에도 「見おろす」는 ‘내려다보다(?おろして見る)’가 되고 「乗りかえる」는 ‘바꾸어 타다(?かえ乗る)’가 된다. 이와 같은 일본어와 한국어의 큰 차이에 대해서는 다음과 같이 설명할 수 있다. 일본어 전항동사가 한국어의 후항동사가 되는 이유는 한국어는 생각이 먼저이고 행동이 나중인 데 비해 일본어는 행동이 먼저이고 생각이 나중이라는 절차를 밟고 있기 때문이다. 즉 ‘바꾸다(替える)＋それから＋입는다(着る)’는 절차를 밟아 「着替える」가 된다. 또 ‘나누다(分ける)＋それから＋사용하다(使う)’가 조합하여 「使い分ける」가 된다. 마찬가지로 ‘내리다(おろす)＋それから＋보다(見る)’가 조합하여 「見おろす」가 되는 것이다. 또 (17)의 「見比べる」는 ‘비교하다(比較する)’, (18)의 「踏み切る」는 「한자어＋する」 형식으로 ‘단행하다(断行する)’로 되었다.

이와 같이 복합동사의 번역은 원래의 일본어와 목표언어인 한국어가 적당하게 등가 번역이 되는 경우와 그렇지 않은 경우가 있다. 이러한 복합동사의 유사성, 상위성을 체계화할 필요가 있다. 1:1 대응이 비슷하게 이루어지는 경우는 전항동사와 후항동사의 의미가 대등한 경우이다. 이에 비해 역전되어 나타나거나 부사와 동사의 결합으로 표현되기도 하는 것이 한국어의 특징이다. 예를 들면 「疲れきる」는 ‘매우 피곤하다(非常に疲れる)’이다. 한국어 표현의 특징 중 하나는 말하고 싶은 것을 직접 나타내는 경향이 있는 듯하다. 일본어가 동사와 동사의 결합

으로 다양한 표현을 할 수 있는 것은 한국어 동사와 동사의 결합보다 복잡한 분화를 보이기 때문이다. 복합동사 표현은 형식적 대응을 나타내는 경우와 자유롭게 표현을 바꾸어 번역할 수 있는 경우로 나누어진다. 자유 표현 번역에서는 언어의 내용적 대응이 중요하다. 어휘적 성질의 복합동사는 1:1 대응이 많지만 문법적 성질의 복합동사는 다른 형식으로 대응되는 경우가 있다.

(19) この冬は不景気で求人が減り、東京ではドヤを追い出された人たちが、駅の地下道に流れ込んでいる。(天)

이번 겨울은 불경기로 구인을 하는 곳이 줄어, 도쿄에서는 싸구려 여인숙에서 쫓겨난 사람들이 전철역 지하도로 흘러들고 있다.

(20) あれこれの家事をこなすロボットがデパートで売り出される時代だ。(天)

여러 가지 가사를 해치우는 로봇이 백화점에서 판매되는 시대이다.

(21) (確信なげに)僕はいつか解き放ってあげるよ、郁子。(熱)

(확신이 없는 듯이) 내가 언젠가 자유롭게 해 줄게요, 이쿠코 씨.

(22) あいこは、張り詰めた気持ちを一瞬、ほぐしてくれます。

무승부는 긴장된 기분을 일순간 풀어 줍니다.

(19)의 「追い出された」는 '쫓겨난(追われ出した)'에 대응하고, (20)의 「売り出される」는 '팔리기 시작하는(売られはじめる)'에 대응한다. 여기에서 주목해야 하는 것은 일본어 후항동사의 수동표현이 한국어 전항동사의 수동표현과 대응하는 점이다. 이것은 복합동사에서 한일 양 언어 대응의 경우, 전항과 후항이 반대의 수동으로 나타난다는 것은 후항동사 「ー出す」가 개시의 역할과 함께 이동의 역할을 하기 때문이다. 일본어 복합동사 표현이 한국어와 대응하는 과정에서 사역이나 수동으로 되기도 한다. (21)의 「解き放つ」라는 복합동사 표현은 한국어 표현에서는 사역형이 되어 '해방시키다(解放させる)'와 대응하지만 (22)의 「張り詰める」는 '긴장되다(緊張される)'로 대응한다. 이처럼 일본어 복합동사 표현이 사역이나 수동의 의미로 나타나는 것은 일본어 복합동사에 사역성 · 수동성이라는 문

법적 역할이 있기 때문이다. 즉 결합했을 때에는 그 두 개의 동사에 특별한 성질이 있기 때문이다. 이처럼 양 언어의 차이점을 통하여 복잡한 분화를 보이는 일본어 복합동사의 체계적인 분석이 가능해진다.

4.2. 복합동사 오용표현

복합동사에 관한 오용표현 및 일본어 교육과 관련한 연구는 일본과 한국 모두 드물다. 그 이유는 여러 가지가 있을 수 있으나 복합동사가 거의 상급자수준에서 사용되기 때문일 것이다. 이러한 상황에서 데라다(寺田, 2001)의 「ーはじめる」 복합동사 습득에 관한 독특한 연구가 나왔다. 여기에서는 오용 관련 항목으로 자동사인 「ーはじまる」, 텐스와 아스펙트, 자・타동사, 부사 등이 관련성을 갖고 있다고 기술하고 있다. 전항동사와 결합할 때 「雨が降る」가 자동사이므로 후항동사도 자동사 「ーはじまる」와 결합하는 것이 자연스러운 현상처럼 생각된다. 따라서 「雨が降り始まる」라는 문장이 성립될 것 같지만 이는 부자연스럽다. 어떤 경우에도 후항동사 「ーはじまる」와는 결합할 수 없다. 중요한 것은 후항동사 「ーはじめる」는 전항동사가 타동사든 자동사든 관계없이 「ーはじめる」로 접속된다는 사실을 학습시킬 필요가 있다는 것이다. 즉 후항동사 「ーはじまる」와의 접속은 불가능함을 알려 주어야 한다.

(23) *関東地方では朝から雪が降り始まった。

간토 지방에서는 아침부터 눈이 내리기 시작되었다.

(24) 関東地方では朝から雪が降り始めた。

간토 지방에서는 아침부터 눈이 내리기 시작했다.

(25) 清への返事を書きかけた。…しかし、書けなかった。(坊)

기요시에게 보내는 답장을 쓰기 시작했다. 그러나 쓸 수 없었다.

(26) 私はやはり椅子によりかかったまま、悠然と葉巻のけむりをはいた。

나는 역시 의자에 기댄 채, 유연하게 여송연의 연기를 내뿜었다.

(27) ようやく京都駅を発車して動き出した時である。

드디어 교토 역을 출발해서 기차가 움직이기 시작했을 때이다.

(28) 誰もいないと思った布団の中から、とにかく男が踊り出た。

아무도 없다고 생각한 이불 속에서, 아무튼 남자가 뛰쳐나왔다.

(23)에서는 후항동사 「－はじまる」와 결합할 수 없으나 (24)의 「－はじめる」는 가능하다. (23)의 「－はじまる」를 제외하고 (24)～(28)은 자・타동사의 결합이 가능한 예이다. (25)의 「書きかけた」는 쓰려는 시도는 했으나 어떠한 이유로 도중에 그만둔 것이 되고, (26)의 「よりかかる」는 신체를 지탱하기 위하여 의지하는 것으로, 기대어 세운다는 의미가 된다. (25)의 「－かける」는 타동사, (26)의 「－かかる」는 자동사이다. (27)의 「動き始めた」는 개시, (28)의 「踊り出た」는 이동의 의미이다. 따라서 (28)의 경우는 「－出す」와 교환이 가능하다. 「－でる」와 「－だす」도 자・타동사가 함께 나타나는 후항동사이다. 이는 복합동사의 문법적 성질은 달라도 자・타동사가 함께 사용되는 복합동사 중 하나이다. 「－でる」, 「－だす」 외에도 자・타동사가 짝을 이루는 후항동사가 있다. 「－おえる, －おわる」를 비롯해 「－つづける, －つづく」, 「－つく, －つける」, 「－きる, －きれる」, 「－たつ, －たてる」, 「－こむ, －こめる」 등이 있지만 많지는 않다. 주목해야 할 것은 동사의 자・타 구별과 복합동사의 자・타 구별 관계, 자・타동사의 상호교환이 가능한지를 구별하고 정리하는 일이다. 그리고 복합동사만으로는 의미를 추측하기가 어려워 표현에 오용이 생길 수 있으므로 문장 안에서 파악해야 한다.

(29) 目が不自由になった晩年のサルトルのため一晩で本を読み上げた。(天)

눈이 잘 보이지 않는 만년의 사르트르를 위해 하룻밤에 책을 다 읽었다.

(30) 田中先生は生徒たちの名前をいちいち読み上げた。

다나카 선생님은 학생들의 이름을 일일이 낭독했다.

(31) リビングに出てきた二人は、ちょっとピクッとしてから顔をみあわせた。

거실로 나온 두 사람은 잠깐 움찔하더니 얼굴을 마주 보았다.

(32) それで何も問題はないようなものだが、文が終りかけたところを中止法や接続助詞でつなぐ手もあって、切る切らないが自動的に決まるわけではない。「雨が降り出した。風も出てきた。散歩は見合わせよう」と三つの文で書くこともできる。(悪)

그것으로 아무 문제도 없는 것 같지만, 문장이 끝난 부분을 중지법이나 접속조사로 연결하는 방법도 있으므로 문장을 끊고 끊지 않는 것이 자동으로 정해지는 것은 아니다. '비가 내리기 시작했다. 바람도 일었다. 산책은 보류하자.'라는 세 개의 문장으로 쓸 수도 있다.

(33) 滝が意味不明な言葉を吐いてしまったのは桑田が泣きじゃくっていたからだ。(プロ)

다키가 의미 불분명한 말을 해 버린 것은 구와타가 흐느껴 울고 있었기 때문이다.

(34) また、読むよりも聞いた方がよく呑み込める、と言われた方もいました。(生)

또한 읽는 것보다도 듣는 것이 납득이 잘 된다, 라고 하신 분도 있었습니다.

(29)(30)의 「よみ上げる」는 같은 형식을 지닌 복합동사이다. (29)의 「よみ上げる」는 마지막까지 읽었다는 의미이지만 (30)의 「よみ上げる」는 소리를 내서 읽는 낭독의 의미이다. 또 (31)의 「見合わせる」는 각 동사의 성질에서 알 수 있듯이 얼굴을 서로 마주 본다는 의미로 사용되었으나, (32)의 「見合わせる」는 보류한다는 의미로 사용되었다. 따라서 같은 형식의 복합동사라도 전항동사와 후항동사의 의미만으로 복합동사의 의미를 파악하기 어려우므로 문 안에서 이해해야 한다.

즉 (29)(30)과 (31)(32)에서 알 수 있듯이 같은 복합동사라도 문맥에 따라 의미 용법이 달라지는 경우가 있다. 또 (33)의 「泣きじゃくる」는 「泣く」와 「しゃくる」의 결합이고, (34)의 「呑みこめる」는 「のむ」와 「こめる」가 결합되어 「納得する」라는 의미로 변해 버려, 각 동사의 의미만으로 파악할 수 없으므로 문(文) 전체를 보고 이해해야 한다.

4.3. 일본어 교육에서의 복합동사

복합동사는 기초단계에서는 그다지 자주 나오지 않으므로 초급자보다는 중급자 이상에서 필요하지만, 자주 사용되는 통어적 복합동사에 대한 내용은 기초학습자에게도 상당히 유효하다. 일본어학만으로는 이해할 수 없는 내용도 일본어 교육에는 포함된다.

현재 일본에서는 일본어 교육을 전 세계로 확대시키기 위해서 새로운 면모를 도모하려는 변화파와 전통을 그대로 지키려는 보수파 사이에 형태적인 면과 통어적인 면을 포함하여 실제 일본어 교육 내용 문제, 용어통일 문제 등에 많은 논쟁이 이어지고 있다. 일본 국내뿐만 아니라 한국에서도 일본어 교육의 전환기이자 혼란기라고 할 수 있다. 그중 하나가 복합동사라는 카테고리이다. 이에 대한 연구는 오랫동안 일본어학 연구자에 의해 이루어져 왔으나 어느 새 일본어 교육 관계자가 일본어학 관계자보다 그 수가 많아졌다. 점점 외국인 일본어 학습자가 증가함에 따라 일본어학 연구자와 함께 일본어 교육 연구자도 증가하게 된 것이다. 따라서 서로가 자신의 영역에 대한 중요성과 필요성을 강조하면 혼란에 빠질 가능성도 있지만, 시대의 흐름에 따라 자연스럽게 서로 각 분야의 연구를 존중하게 되었다. 또 연구영역이 겹쳐지는 부분이 발생함에 따라 새로운 연구형태도 성립되었다. 그중 일본어 교육의 세계화에 따라 일본어 학습자와 일본어 교사가 증가하면서 학습 효과를 올리기 위한 방안이 새로운 연구과제로 떠올랐다.

사지(佐冶, 1992)는 전부터 일본어 교육에 관한 중요성을 강조해 왔다. 일본인 대상의 국어교육과 외국인을 대상으로 한 일본어 교육에 대하여 그 방법과 내용을 여러 관점에서 언급하고 있다. 그중에서도 일본어 교육은 일본어 외의 언어환경에서 자라고 성장한 사람에게는 문법, 어휘, 발음 등 모든 면에 걸쳐 일본인과 다른 내용을 학습시킬 필요가 있다고 기술하고 있다. 그 예로 자동사「かかる」와 타동사「かける」의 복합동사 상호교환 가능 여부를 기준으로 들고 있다. 가령「門番が門をしめかけている」는 가능해도「門番が門をしめかかっている」는 불가능하다. 또「言葉がのどから出かかっている」는 가능하지만「言葉がのどから出かけている」는 부자연스럽다. 사지는 그 이유까지는 기술하고 있지 않지만, 일본어 학습자를 위해서 이를 구별하여 설명해야 한다고 역설한다. 필자는 그 이유를 예문과 함께 제시하면 학습효과가 향상될 것으로 본다. 앞의 「－はじまる, －はじめる」와는 달리 「－かける, －かかる」는 전항동사와 결합이 가능하다. 그러나 가능하다고 해도 「－かける」는 자 · 타동사 모두 가능하고 「－かかる」는 자동사만 가능하다. 「－かかる」와 「－かける」에는 하려고 한다는 개시의 의미도 있다. 「－かかる」는 주체의 움직임을 객관적으로 파악하려는 것이고, 「－かける」는 주체 쪽에 서서 계속적인 움직임 속에서 파악하려는 것이다. 「言葉がのどからでかかっている」는 말이 목에서 나오기 직전의 상태이지만 그것을 한순간의 정적 상태로 파악하고 있는 것이다. 이 같은 자 · 타동사의 교환 가능 여부는 일본어 교육의 현장에서 나오는 단편적인 문제이면서도 중요한 문제이다.

일본어 교육에서는 가르치는 쪽과 배우는 쪽이 다 같이 언어습득의 기초를 공유할 필요가 있다. 이것은 좀 더 일관성 있는 논리적인 형태로 논하지 않으면 안 된다. 일본어를 지도할 때 전항동사와 후항동사 어느 부분부터 도입하는 것이 효과적인지는 검토해야겠지만 양쪽의 기능과 카테고리 영역부터 시작하는 것이 좋을 것이다. 또 교재에서는 복합동사의 어떠한 영역을 다룰 것인지, 형태적인 분류와 그 의미의 특징을 분석하고 풀어내야 한다. 자 · 타동사 상호교환이 가능한 것과 불가능한 것으로 나누되 의미를 바로 유추할 수 있는 것부터 도입하는 것도 괜찮다고 생각한다. 다음의 복합동사에서 의미를 유추할 수 있는 것으로는 어떠한 것이 있는지 살펴보겠다.

(35) そんなこと言ってるから、先輩は「売れ残るんです!!」桃子も目一杯やり返す。

그런 소리를 하니까 선배는 '아직 노처녀로 남아 있는 겁니다!!' 모모코도 세게 반박을 한다.

(36) ユニホームの上着は一番目につくから、一番忘れやすいんですね。私は顔を変えた。ロッカーのカギを自宅に置き忘れたのに気がついたからだ。

유니폼 윗도리는 가장 눈에 잘 띄니까 가장 잊어버리기 쉽지요. 나는 표정을 바꾸었다. 사물함 열쇠를 잊고 집에 두고 온 걸 깨달았기 때문이다.

(37) でもあなた、それは「耐えて忍ぶ」ということを知ってからのことですよ。早春の「麦踏み」は、麦の根張りをよくし、麦を丈夫にするといいますが、踏み付けられて耐え忍ぶことを知った心は、それだけ強く伸びて行くのでしょう。(生きる)

그렇지만 여보, 그것은 '참고 견디다'라는 말을 알고 나서의 일이에요. 이른 봄의 '보리밟기'는 보리의 뿌리 내림을 좋게 하고 보리를 튼튼하게 한다고 하는데, 짓밟혀도 꾹 참고 견디는 것을 이해한 마음은 그만큼 강하게 성장해 가겠지요.

(38) ある日、ミーティングが行われた。たまりかねた本多逸郎の二軍監督は、二軍全員の前で大島に声をかけた。(プロ)

어느 날 미팅을 했다. 참다못한 혼다 이쓰로 2군 감독은, 2군 전원 앞에서 오시마에게 말했다.

(39) 修飾部分を「奥さん」に対する限定用法と取り違えるそそっかしいやからが出てきかねないからだ。(悪)

수식 부분을 「奥さん」에 대한 한정용법이라고 잘못 이해하는 경솔한 무리들이 나올지 모르기 때문이다.

(35)～(39)는 여러 특징을 가지고 있는 복합동사로, 본동사의 의미만으로는 유추하기 어려워 틀리기 쉬운 것 중 하나이다. 일반적으로 복합동사는 의미가 대등하고, 병렬로 연결되어 있어 어느 정도 의미파악이 가능하지만 (35)의 「売れ残る」와 (36)의 「置き忘れる」에서 보듯이 본동사의 의미로는 유추하기 어려운 경우도 있다. (35)의 「売れ残る」는 「先輩を売ることが残る」라는 의미로 받아들이기 쉽다. 더욱이 (36)의 경우도 「カギを自宅に置き忘れた」라는 복합동사의 의미를 어떻게 이해해야 좋을지 난감한 표현이다. (35)는 한국인의 발상에서 생각하면 선배를 팔고 남았다는 표현으로 생각하기 쉽다. 일본어의 「売れ残る」의 본래 의미와 거의 같지만, 사람을 판다는 뜻으로 생각할 수는 없기 때문이다. (35)(36)을 보문(補文)구조에서 생각해도 알기 어렵다. 「先輩を売ることが残る」 또는 「カギを自宅に置いてくることを忘れてしまった」로 이해하기 쉽기 때문이다. 참 의미는

「売れないで残っている娘が期限を逸してしまう」와 「カギを持って来ることを忘れてしまった」가 된다.

이러한 복합동사를 일본어 교육 면에서 고려해 보면 어휘적 복합동사의 오용을 줄일 수 있는 방법은 여러 가지가 있다. 특별한 내용은 문장과 함께 학습할 수 있게 하는 것이 좋을 것이다. (37)의 「耐え忍ぶ」는 「耐える」와 「忍ぶ」의 조합으로 둘 다 유사한 의미이다. 여기에서 왜 「忍び耐える」가 아니라 「耐え忍ぶ」가 되었는지 의문이 생긴다. 두 개의 동사 중에 어느 것이 먼저 오고 어느 것이 나중에 온다는 규칙이 있는 것인지, 왜 유사한 동사가 함께 사용되는지 등 의문이 남는다. 재미있는 것은 문장에서 「耐えて忍ぶ」라는, 「テ」형을 사용해 표현한 부분도 있다는 점이다. (39)의 「かねる」는 「マス」형에 붙어 주저, 불가능, 곤란 등을 나타내는 표현으로 「することができない, することに耐えきれない」라는 의미이다. 그러나 「かねる」의 부정으로 보이는 (39)의 「かねない」는 「しないとは言えない, しそうだ」라는 의미가 된다.

이와 같은 여러 예에서 알 수 있듯이 전혀 예상할 수 없는 복합동사에 관한 내용은 당연히 일본어 교육에 응용되어야 한다. 복합동사 연구를 일본어 교육과 연계시키는 새로운 도전이 필요한 까닭이다. 이미 설정된 일본어 교육의 틀 안에서 좀 더 깊이를 추구하는 방향으로 변화되어야 할 것으로 본다.

5. 마무리

일본어 복합동사의 의미용법의 새로운 시도로 일본어 복합동사 연구의 다양성을 조사해 보았다. 일본어 복합동사를 「テ」형 결합과 「マス」형 결합으로 나누고, 그 결합 절차를 명확히 함과 동시에 기능의 차이도 밝혔다. 분류 방법에도 각각 다른 성질이 존재하는 것을 알 수 있었다. 「テ」형과 「マス」형의 결합에는 어휘성과 문법성이 존재한다는 것을 확인했다. 그중에서도 「テ」형에서는 하나로 굳어진 성질의 어휘성 동사를 예문과 함께 사전에 기록해야 한다는 것, 「マス」형에서는 문법성과 어휘성이 동시에 존재하는 중간적 성질의 복합동사는 별도로 취급

해야 한다는 것, 이를 사전에 등록할 때에는 문법성이 있는 것은 제외하고 어휘성이 있는 것만 사전에 등록해야 한다는 것을 주장했다.

지금까지 한국어와 일본어의 복합동사 대조연구는 그다지 행해지지 않았으므로 다양한 방법으로 연구하되 유형별(1:1, 한자+する, 문법성이 있는 것)로 나누어 대응관계를 논할 것을 제안했다. 한국어와 일본어 복합동사의 대응이 특별한 문법적 차이의 형태로 나타난다는 점도 명확히 제시했다. 일본어 후항동사의 수동이 한국어에서는 전항동사의 수동으로 나타나거나, 일본어 복합동사가 한국어의 보이스에서 나타난다는 것은 일본어 복합동사에 문법성이 작용한다는 단서이다. 일본어 복합동사 연구는 후항동사만을 중요시한 경향이 있으나, 「飛ぶ」를 통해 전항동사의 중요성을 인식하고 확인하는 계기로 삼았다. 일본어에서는 복합동사를 통해 다양하고 심오한 표현이 가능하다는 점도 확인할 수 있었다. 유사 복합동사의 미묘한 차이를 명확히 하기 위해서는 문장 속에서 구별하고 의미용법을 습득해야 하며 본동사의 원래 성질을 이해함으로써 더 쉽게 다가갈 수 있다는 점도 확인했다. 특히 일본문화를 이해하면 복합동사를 더욱 쉽고 흥미 있게 습득할 수 있음을 스모, 경마, 음주 문화를 통해 알아보았다. 문화를 통한 복합동사의 이해는 생활 속의 일본어 교육과도 연계할 수 있을 것으로 본다.

복합동사의 정체를 파악하기 위해서는 기본적으로 본동사, 전항동사, 후항동사의 의미용법을 이해하는 것이 무엇보다 중요하다. 또한 복합동사 연구를 실제 일본어 교육에 응용하는 새로운 연구의 가능성을 나름대로 시사해 보았다.

제 8 장

본동사와 복합동사의 관련성
―「―たてる」와「―まくる」를 중심으로―

1. 들어가기

복합동사는 통시적(通時的) 고찰과 공시적(共時的) 고찰을 함께 고려하는 것이 가장 바람직하다고 할 수 있다. 그러나 여기서는 공시적인 고찰을 중심으로 각각의 의미를 고찰하고 본동사와 복합동사의 상호 관련성을 규명하려고 한다.

'기사 등을 마구 써 대다'에 해당하는 표현으로「かきまくる, かきたてる」가 있다. 이 두 동사가 본동사에서 파생된 것인지, 아니면 하나로 독립된 것인지 아직 밝혀지지 않고 있다. 따라서「－たてる, －まくる」가 본동사와 서로 상호 관련[1]이 있는지 아니면 별개의 것인지 조사해 보려고 한다. 만일 파생 변화된 것이라면 파생의 과정도 함께 규명하고자 한다. 우선 본동사가 어떤 의미를 가지고 어떤 상황에서 사용되고 있는지 검토한 후 복합동사를 고찰할 것이다.

본고에서는「まくる/たてる」에 대해서 본동사로서 이용될 경우「본동사 まくる/たてる」로, 전항동사로 사용될 경우「전항동사 まくる/たてる」로, 후항동사로 사용될 경우「－まくる/－たてる」로 나타내기로 한다. 또한 동사와 동사 사이에 문법적 요소(grammatical component parts)인「(ら)れる, (さ)せる」의 삽입이 가능한 것을 문법적 복합동사(grammatical compound verbs)로 하고, 문법적 요소의 삽입이 불가능한 것을 어휘적 복합동사(lexical compound verbs)로 규정한다. 李(1998a)의 다섯 가지 테스트프레임(test frame)[2]에 기초를 두고 분석한 결과에 따르면「されまくる」는 동사와 동사 사이에 문법적 요소가 결합되어 있으므로 통어적 복합동사로 볼 수 있으나,「－たてる」는 동사와 동사 결합에 문법적 요소의 삽입이 나타나지 않기 때문에 어휘적 복합동사라 할 수 있다.「－まくる」에서「されまくる」, 즉 어휘적 복합동사에서 통어적 복합동사로 이행되는 과정은 단계적인 스케일을 이루고 있으나 이 이행 단계에서 경계의 선을 명확히 할 수 없다.

1) 李(1996)에서 본동사「出す」와 복합동사「出す」의 상호 관련성에 대하여 논한 것을 기준으로 해서「たてる」와「まくる」를 논하고자 한다.

2) 다섯 가지의 테스트프레임(test frame)은 문법적 요소의 삽입 가능, 분리 가능, 패러프레이즈 가능, 동사의 연속성, 아스펙트 의미의 가능을 기준으로 했다.

(1) 一身上の秘密を新聞に書き立てられて、迷惑している。

일신상의 비밀을 신문에 되풀이하여 써 대어 피해를 입고 있다.

(2) かってな記事をかきまくる。

제멋대로인 기사를 마구 쓴다.

예문 (1)(2)의 한국어 후항동사 '－대다'에 대응되는 표현으로 「－たてる」와 「－まくる」가 형태적인 결합의 일치(agreement)를 보인다. (1)의 「－たてる」는 눈에 뜨이도록 매스컴 등에서 사소한 내용까지 기사로 한다는 뉘앙스를 가지고 있는 반면, (2)의 「－まくる」는 누가 쓰더라도 상관없이 기사의 내용이 많다는 데 중점을 두고 있다고 할 수 있다. 기사를 쓰는 스타일이 정력적이고 기자 마음대로 쓴다는 뉘앙스가 들어 있다.

「－たてる」와 「－まくる」는 일반적으로는 유의동사이나 엄밀하게 구별한다면 「－たてる」는 '눈에 띄도록'에 포인트가 있고, 「－まくる」는 '많은 양'에 포인트가 있다고 할 수 있다. 하지만 실제로 이러한 차이만을 가지고 「－たてる」와 「－まくる」를 구별 지을 수 있는 것은 아니다. 따라서 좀 더 많은 양의 복합동사를 가지고 구체적으로 연구해 볼 필요가 있다. 「かきまくる, かきたてる」의 후항동사 「－まくる」와 「－たてる」는 유사표현으로 생각할 수 있지만 본동사의 입장에서 보면 다르다. 이와 같은 종류의 복합동사는 많지는 않지만 본동사 「こむ」와 복합동사 「－こむ」도 서로 관련성이 없어 보인다. 그럼 본동사의 의미소성(semantic feature)[3]부터 살펴보고자 한다.

3) 야마오카(山岡, 2000:132)에서는 의미소성을 다음과 같이 정의하고 있다. "음운론에서의 음소(音素)와, 형태론에서의 형태소(形態素) 같은 의미의 최소단위를 말한다."

2. 본동사의 의미

2.1. 본동사「まくる」의 의미

본동사와 관련시켜 복합동사를 논할 때 야마나시(山梨, 1995)는 인지언어학적 관점에서 복합동사의 예[4]를 들고 있다. 「まくる」의 원형적 의미(사전에 나오는 한자의 기본적 의미인 「捲る」)는 「(そでを)まくる」로 규정할 수 있다. 이것이 기본적 용법(사전에 따라서는 파생적 용법으로서 '(책장을) 넘기다'의 「めくる」)이다. 따라서 본동사 「まくる」는 하나의 의미만 가지고 있으므로 '의복 등을 접다(접어 올리다)'를 원형적 의미로 볼 수 있는 것이다.

(3) ズボンのすそをまくって川を渡る。

바짓단을 걷어 올리고 강을 건넌다.

(4) うでをまくる。

팔을 걷어붙이다.

(3)의 「すそをまくる」는 '옷자락을 걷어 올리고'의 의미이고, (4)의 「うでをまくる」도 '팔을 걷어붙이다'의 의미로 사용된다. 이외에 「そでをまくる, スカートをまくる」 등은 '옷자락이나 소매를 걷어 올려 살이 드러나게 하다'로 '걷다(걷어 올리다)'가 원형적 의미가 되는 것이다.

2.2. 본동사「たてる」의 의미

본동사 「たてる」와 「まくる」는 의미상 서로 통하지 않지만 복합동사로 쓰였을 경우는 여러 면에서 일맥상통한다. 「たてる」의 원형적 의미는 누워 있는 것을 수

4) 야마나시(山梨, 1995:101)는 용기 이미지 스키마와 관련이 깊은 것은 동사의 다의성과 의미의 확장 프로세스로 보고 있다. 그중에서도 용기 이미지 스키마의 관점에서 볼 때 특히 주목되는 것으로 본동사로서 독립되어 사용되는 「だす」를 들고 있다.

직으로 세운다는 의미이다. 이외에 「たてる」는 파생적으로 다양하게 쓰이고 있어서 복합동사에서도 다양한 의미로 쓰이고 있음을 다음 예문에서 추측할 수 있다.

(5) 「ご都合って?」るうがにやっとして、指を二本たてる。(Long Vacation 44)

"어땠어?" 루가 씨익 웃으며 손가락 두 개를 세운다.

(6) 見渡すかぎりの海面がたえまなく、いそがしく三角波をたてている。

끝없이 보이는 해면이 끊임없이 쉬지 않고 거친 파도를 일으키고 있다.

(7) Sさんがたててくれた抹茶で元気を取り戻す。

S씨가 우려내 준 말차로 원기를 회복하다.

(8) 100メートル競争で新記録をたてた。

100미터 경기에서 신기록을 세웠다.

(9) あかしをたてる。

증거를 세우다.

(10) 彼らは山田氏をリーダーにたてた。

그들은 야마다 씨를 리더로 내세웠다.

(11) 弥生の声が大きかったので、周囲の者が、聞き耳を立てた。(愛情の悲しみ 144)

야요이의 목소리가 커서 주변 사람들이 귀를 기울였다.

(12) しかし、自分の言葉に最も激しく絶望的に腹をたてていたのは僕自身なのだ。(飼育 68)

그러나 내 말에 가장 심한 절망감으로 화를 내고 있었던 건 나 자신이다.

(13) 喧嘩相手の客が、麦粉の顔を立てて次に来てくれたら、三拝、九拝、いやらしいくらいに詫びるのである。(愛情の悲しみ 42)

싸움 상대였던 손님이 무기코의 체면을 봐서라도 다음에도 와 달라며 연거푸 절을 하며 불쾌할 정도로 사과하는 것이었다.

(5)의 「たてる」는 옆으로 쓰러져 있는 것(손가락, 나무, 병 등)을 똑바로 세로로 세운다는 의미이다. 주로 「ビンをたてる, ひざをたてる」처럼 사용된다. (6)은 어떤 장소에 있던 것을 거기에서 발생시키거나 어떤 현상이 일어나게 하는 것을 말하며, '파도 등을 일으킨다'로 사용된다. 「ほこりをたてる, 煙をたてる, 大波をたてる, うわさをたてる」처럼 쓰인다. (7)은 「抹茶をたてる」에서처럼 어떤 현상이나 작용이 이루어지도록 한다는 뜻으로 말차 등을 휘젓는다는 의미이다. (8)은 기록을 낸다는 의미로 새롭게 설정되는 것(기록을 세우다)을 말한다. 이와 유사한 표현으로 '신기록을 내다(新記録を出す)'의 「だす」가 있다. (9)의 증거를 '제시하다'는 '어떤 일이 성립되게 하다'와 같이 쓰인다. 잘 되도록 유지시킨다는 의미이다. 주로 「筋道をたてる, 目算をたてる, 生計をたてる, 主人をたてる, 役にたてる」로 쓰인다. (10)은 어떤 역할이나 목적을 갖게 하여 밖으로 그 역할이 나타나게 한다는 의미이다. 또는 대리인 등을 내세우는 경우에도 쓰인다. 주로 「候補者をたてる, 証人にたてる, 会長にたてる」와 같이 쓰이고 있다. (11)의 「聞き耳をたてる」, (12)의 「腹を立てる」, (13)의 「顔を立てる」는 하나로 굳어져 버린 동사이거나 관용적 동사이다. 이 이외에도 관용적인 표현으로서는 정조를 끝까지 지킨다는 「みさおをたてる」가 있다.

이상과 같이 본동사 「たてる」는 「まくる」와는 달리 다의적(多義的)으로 쓰인다. (5)의 의미를 「たてる」의 '원형(propotype)'적 의미라 할 수 있다. 따라서 「立てる」는 원형적 의미뿐만 아니라 연속성, 확장에 의한 다의적 용법도 함께 가지고 있기 때문에 전항동사와 후항동사의 문법적 카테고리가 어떻게 구성되어 있는지를 살펴볼 필요가 있다.

3. 전항동사의 의미

3.1. 전항동사 「たてる」의 의미

(14) 「この担架は三病棟の入口に壁に、他の担架といっしょに立てかけてあったものです」と、事務長は言い、実際に自分でもその場所に案内した。(目の壁 281)

"이 들것은 제3병동 입구의 벽에 다른 들것들과 같이 기대어 세워 놓았던 것입니다."라고 사무장은 말하고 실제로 자신이 그 장소로 안내했다.

(15) 松葉杖をかべにたてかけた。

목발을 벽에 기대어 세워 놓았다.

(16) まだ雨戸が立て切ってある。

아직 덧문이 꽉 닫혀 있다.

(17) 店内は客でたてこんでいた。

가게 안은 손님으로 붐비고 있었다.

(18) 自分の主張を立て通す。

자기의 주장을 관철하다.

(19) 外交方針をたて直す必要がある。

외교 방침을 다시 세울 필요가 있다.

(20) お金はマダムが立て替えた。

돈은 마담이 대신 지불했다.

(14)~(17)은 「たてる」의 원래 의미인 '세우다'로 볼 수 있는데, 이때는 구체적인 의미로 쓰이고 있는 반면 (18)~(20)은 '세우다, 관철하다'라는 추상적 의

미로 쓰였다. 그러나 넓은 의미에서는 (14)에서 (20)까지 모두 '세우다'라는 의미로 사용되었다고 할 수 있다. 이것은 본동사와 전항동사가 모두 동일하게 원래 의미인 '세우다'로 쓰인 것이다. (20)의 「立て替える」는 하나의 굳어진 어휘(一語化)로도 볼 수 있다.

3.2. 전항동사 「まくる」의 의미

(21) 子供の父親は、和子を見た。ワイシャツの腕をまくり上げた三十七、八歳の男であった。(愛情の悲しみ 277)

아이의 아버지는 카즈코를 보았다. 와이셔츠의 소매를 접어 올린 서른일고여덟 살 정도의 남자였다.

(22) ズボンのすそをまくりあげて川にはいる。

바짓단을 걷어 올리고 강에 들어간다.

(21)(22)는 본동사의 의미와 마찬가지로 모두 '접다'에 해당하는 표현이다. 즉 본동사나 전항동사로 쓰일 경우 모두 '접다'라는 단일 의미로 사용되고 있기 때문에 '접다'를 원래 의미로 볼 수 있다.

이처럼 「たてる」나 「まくる」는 본동사와 전항동사가 매우 밀접한 상호 관련성을 가지고 있다.

4. 후항동사의 의미

4.1. 후항동사 「−たてる」의 의미

(23) 僕は自分の首筋が垢でひび割れていることを恥じたが、挑戦的に頭をふりたて、笑ってみせた。(飼育 93)

나는 내 목덜미에 때가 끼어 텄다는 게 창피했지만, 도전적으로 고개를 꼿꼿이 들고 웃어 보였다.

(24) 待てよ、待てよ、と何度も考え直した。組み立てては崩し、崩しては組み立てた。(目の壁 380)

기다려, 기다려요 하고는 몇 번이나 다시 생각했다. 조립했다가는 부수고, 부수고는 조립했다.

(25) こつこつと、文字で論理を組み立ててゆくよりも、そらで考えた方がよい。(知的生産の技術 26)

꾸준히 글로 논리를 만들어 가기보다 마음으로 생각하는 편이 낫다.

(26) 近い親戚をよい地位に取り立ててはいけないと思う。

가까운 친척을 좋은 지위에 발탁해서는 안 된다고 생각한다.

(27) それほど仙人になりたければ、俺の弟子にとりたててやろう。(芥川、杜子春)

그 정도로 신선이 되고 싶다면, 내 제자로 등용해 주지.

(28) 旅行のための費用を一万円ずつつみたてて株式や投資信託などを購入する。

여행비용을 위해 만 엔씩 적립하여 주식과 투자신탁 등을 구입한다.

(29) 原稿の書き方なんか、取り立てていうほどむつかしい技術だと思わないが、まったく練習無しではちゃんとしたものができないのはあたりまえだ。((知的生産の技術 179)

원고를 쓰는 방식이란 게 특별히 내세울 만큼 어려운 기술이라곤 생각하지 않지만, 전혀 연습을 하지 않으면 제대로 된 글을 쓸 수 없는 건 당연하다.

(30) 取り立てて云々することはない。

특별히 내세워 운운할 일은 아니다.

(23)(24)는 구체적으로 '직립, 확립[5]'의 의미로 사용되는 후항동사이다. 그러나 (23)(24)와는 달리 (25)는 추상적인 의미가 더욱 강하다고 할 수 있다. 자주 사용되는 「人々が騒ぎ立てる」의 「たてる」도 넓은 의미에서는 여기에 속한다고 할 수 있다. (26)(27)에서 사용된 「ーたてる」는 등용(발탁)하다는 의미로 쓰였는데, 이 '등용, 발탁'의 경우 주의해야 할 것은 「ニ」격만을 쓴다는 것이다. 「引き立てる」가 '등용(발탁)하다'로 사용되는 경우도 「たてる」가 본동사 「(相手を)たてる」와 같은 의미이므로 본동사에서 복합동사가 파생되었다고 볼 수 있다. (28)의 「費用を一万円ずつつみたてる」는 적립하다는 의미로 쓰인 것이다. 「お金をつみたてる, 旅費をつみたてる」는 모두 '확립(달성)하다'는 의미의 본동사 「たてる」와 관련시킬 수 있다. 아울러 수직, 직립의 의미일 때는 전항동사를 제거해도 문맥은 통한다. 명사적 용법으로서는 '적립, 적금'의 「つみたて」로도 쓰이고 있다. 물론 (29)(30)과 같이 '특별히 내세우다, 특별히 강조하다'는 의미도 존재한다. 특이하게 쓰이는 것으로 연용형에 붙은 「たて」가 있는데 이 경우를 잠시 살펴보자.

(31) 支店長の厚意で、焼き立てのごはんで作った握り飯とたくあんづけ。(黒い雨 101)

지점장의 호의로 갓 지은 밥으로 만든 주먹밥과 단무지.

(31)의 「焼き立てのごはん」은 '갓 지은 밥'이라는 의미로, 여기서의 「たてる」는 '막 끝났다'는 뜻이다. 이외에도 '막 졸업한'의 의미인 「卒業したて」가 있다. 「このリンゴはとりたてだ, とりたてのぶどう, しぼりたてのコーヒー, とりたてのいちごを食べる, とりたてのさかな」처럼 쓰이는데, 「ーたて」는 명사적 의미로서 '막 끝남, 갓 따옴, 갓 잡음'의 의미로 자주 쓰인다. 「ーたばかり」와 유사한 용법이다. 강조의 의미로 쓰인 다음의 경우는 전항동사에 따라 후항동사 「ーたてる」를 생략해도 되고 생략하지 않아도 된다.

---

5) 필자가 논문을 투고했을 때 어떤 사독자는 「ーたてる」의 원형을 「ー立てる(ー세우다)」로 보라는 의견이 있었다. 「暴き立てる」와 같이 강의적 의미로 쓰인 경우의 처리 등이 문제가 될 수 있다. 그러나 본동사와의 관련성에서 보면 「ー立てる(ー세우다)」는 자연스럽게 원형적 의미로 볼 수 있다.

(32) くもり一つなく磨き立てたガラス窓。

얼룩 하나 없이 공들여 닦은 유리창.

(32′) くもり一つなく磨いたガラス窓。

얼룩 하나 없이 닦은 유리창.

(33) 塗りたてた女官連中の顔。

화장을 짙게 한 궁녀들의 얼굴.

(33′) 塗った女官連中の顔。

화장한 궁녀들의 얼굴.

(34) ほめてもらって、うれしい

칭찬을 받아 기쁘다.

(34′) ?ほめたててもらって、うれしい

극구 칭찬을 받아 기쁘다.

(35) 週刊誌のプライバシーを暴き立てるような報道は許されない。

사생활을 폭로하는 것 같은 주간지의 보도는 용서받을 수 없다.

(36) ほかのつるたちは前よりもっとものぐるおしくなきたてました。

다른 두루미들은 전보다 더 미친 듯이 울어 댔습니다.

강조의 의미일 경우에는 「－たてる」를 제거해도 전항동사만으로 문맥의 의미가 통한다. 즉 (32)(33)에서 강조의 후항동사 「－たてる」를 제거한 (32′)(33′)도 문맥은 통한다. 그러나 강조한 부분과 강조하지 않은 부분이 있기 때문에 약간의 차이는 있다. (34)는 자연스러운 데 반해 (34′)에는 행위가 특히 두드러지게 드러나는 뉘앙스가 있어서 부자연스럽다. 「－たてる」에는 필요 이상의 행위가 들어 있어 호의적으로 느껴지지 않는다고 할 수 있다. 따라서 전항동사 「ほめる, 称賛する, かわいがる」 등과 결합되면 부자연스러운 것도 이런 이유에서이다. 「－た

てる」가 강조를 나타낼 때는 '완전히, 매우'의 의미로 쓰인다. (35)에서는 '지나치게, 과도하게'의 의미이다. 「くもりひとつなく磨き立てたガラスまど」, 「塗り立てた女官連中」에서와 같은 강조표현의 수식어로는 「つよく, はげしく, 一気に, 一方的に, 盛んに, のべつ幕無しに」 등을 자주 사용한다. 주의할 표현으로 「もうしたてる」가 있는데, 이 표현은 사회기관에 신청한다는 특별한 의미를 갖는다. 예를 들면 「異議・処分・審査・調停・差し止め・離婚を申し立てる」처럼 쓰인다. 또한 「したてる」는 문맥에 따라 의미용법이 달리 쓰이고 있기 때문에 주의해야 한다.

4.2. 후항동사 「ーまくる」의 의미

후항동사 「ーまくる」의 원래 의미는 강조로 규정할 수 있다. 본동사와 후항동사의 기본적 의미가 전혀 다르다. 후항동사 「ーまくる」가 구체적 의미에서 점점 추상화되어 간다고 할 수 있다.

(37) とにかく、カードを使いまくった共同研究の成果として、1951年には「ルソー研究」が、1954年には「フランス百科全書の研究」が、できあがったのであった。(知的生産の技術 46)

어쨌든 신용카드를 마구 사용한 공동 연구의 성과로 1951년에는 '루소 연구'가, 1954년에는 '프랑스 백과전서의 연구'가 완성되었다.

(38) カードに対する反感ないしは不信感は、私にも分かるけれど、私はやはり、知的生産のための道具として、カードをたいへん有効なものだと思う。いままでもずいぶん使いまくってきたし、これからもずっと愛用してゆきたいと思っている。(知的生産の技術 62)

카드에 대한 반감 또는 불신감은 나도 알지만, 나는 역시 지적 생산을 위한 도구로서 카드를 아주 유효한 것으로 생각한다. 지금까지도 꽤나 마구 써 왔고 앞으로도 쭉 애용하려고 생각하고 있다.

(39) しかし、酒が入ると、人が変ったようにじょうぜつになった。客の横へ来て、べらべらとしゃべりまくるのである。(愛情の悲しみ 40)

그러나 술이 들어가면 사람이 변한 것처럼 수다스러워졌다. 손님 옆에 와서 주절주절 마구 떠들어 대는 것이다.

(40) しかし、今や、その反動が、和子の身内を、嵐のように吹きまくっている。(愛情の悲しみ 271)

그러나 지금, 그 반동이 카즈코 집안을 폭풍처럼 휘몰아치고 있다.

(37)～(40)은 모두 본동사나 전항동사의 원래 의미인 '접다'는 찾아볼 수 없다. (37)(38)에서 「つかいまくる」는 가능해도 「つかいたてる」는 어색한 이유는 다른 사람에게 끼치는 영향이 큰 능동적인 행위에 「－たてる」가 붙으면 부자연스럽기 때문이다. (39)의 「しゃべりまくる」는 「しゃべりたてる」로 바꾸어 쓸 수 있다. 이것은 「しゃべりまくる」가 「ききまくる, かいまくる, よみまくる」처럼 사용되었다고 할 수 있다. 차이가 있다면 「しゃべりまくる」는 쉬지 않고 끊임없이 한다는 느낌인 데 비해, 「しゃべりたてる」는 감정이 들어간 격정적이고 정열적인 느낌을 나타낸다는 것이다. (40) 「吹きまくる」는 쉬지 않고 계속해서 마구 불어오는 느낌을 나타낸다. 자세한 것은 (41)(42)에서 「－たてる」와 「－まくる」를 대조하면서 살펴보기로 한다. 다음에서 강조로 쓰인 것을 살펴보자.

(41) 社長は、よんで本望だといい、竜雄にご苦労だったと言った。田村が竜雄のことを書き立てたからだった。(目の壁 430)

사장은 읽고는 만족한다며 다쓰오에게 수고했다고 말했다. 다무라가 다쓰오의 일을 일일이 써서 알렸기 때문이다.

(42) 手紙を書きまくったが、結局出さなかった。

편지를 많이 썼지만 결국 보내지 않았다.

(41)(42)는 '마구 쓰다'라는 의미로 (41)의 「かきたてる」는 매스컴이 독자에게 알리기 위하여 눈에 띄도록 쓰다, 사소한 일까지 빠뜨리지 않고 차례차례로 써서 알린다는 의미이고, (42)의 「かきまくる」는 누가 쓰는가는 상관없이 다량으로 글

을 많이 쓰는 데 중점이 있다. 따라서 (42)의 내용은 결국 부치지는 않았지만 편지를 마구 써 내려갔다는 뉘앙스가 숨어 있다. 이와 유사한 예로 「さわぎたてる」는 의도를 가지고 있는 경우이며 「さわぎまくる」는 자기의 즐거움을 위하여 하는 경우이다. 「ーまくる」는 「最初の時は岡野はゴールをはずしまくりました」처럼 강조하고 싶을 때 사용한다. 특히 자극이 강한 스포츠 기사, 연예인 관련 기사 등에 주로 쓰인다. 텔레비전, 라디오 프로 등에서 자주 쓰인다고 할 수 있다. 「ーたてる」는 품위가 있거나 그다지 좋은 표현이라고는 할 수 없지만, 사소한 내용까지도 들추어 낸다는 뉘앙스가 들어 있다. 이들 표현은 최근의 젊은이들이 주로 사용하고 있다.

5. 복합동사 의미의 명시적 기술

5.1. 복합동사와 수동형

(43) 社会はまた、すべての人間が情報の生産者であることを期待し、それを前提として組み立てられてゆく。(知的生産の技術 12)

사회는 또, 모든 사람이 정보의 생산자이기를 기대하고, 그것을 전제로 계획을 세워 나간다.

(44) われわれの進む道は、ここの橋の手前で完全に断たれてしまった。弓状に組み立てられた鉄の橋材は、岸から45メートルくらいの高さまで変色し、草原に立つ橋脚台のそばに、背中から頭にかけて火傷しているうまが、今にも倒れるのではないかと思われる恰好で、がたがた震えながら立っていた。(黒い雨 114)

우리가 나아가는 길은 이 다리 앞에서 완전 끊겨 버렸다. 활 모양으로 조립된 다리의 철재는 물가에서 45m 정도 높이까지 변색되어, 초원에 세운 교각대 옆에, 등에서 머리까지 화상을 입은 말이 금방이라도 쓰러지는 게

아닐까 싶은 모습으로 덜렁덜렁 흔들거리며 서 있었다.

(45) つまり機械の蝶番のように、体内の諸器官がそういう具合にうまく組立てられておるのでしょう。(黒い雨 125)

즉 기계의 경첩같이 체내의 여러 기관이 그런 상태에 잘 맞게 만들어져 있겠지요.

(46) 週刊誌にあることないこと書き立てられた。

주간지에서 있는 일 없는 일을 마구 써 댔다.

(47) こんなはずはない、と僕はせきたてられるように考えた。(飼育 70)

이럴 리가 없다며, 나는 채근 당하는 것처럼 생각했다.

(48) 同じラン科のアツモリウリは、平敦盛のほうにみたてられている。

같은 난초과 식물인 아쓰모리우리는 다이라노아쓰모리에 비유되고 있다.

(49) そこで力の限り人を押しのけ突きのけて行くと、後から押しまくられて固いものに突き当たった。(黒い雨 35)

그래서 힘껏 사람을 밀어제치고 가자니 뒤에서 마구 밀어 대어 단단한 것에 부딪쳤다.

(50) 風向きが変ったのか、ひとかたまりの火が吹きまくられて中ほどからふくれあがり、紡錘形から玉形の火のたまになって空に舞い上がった。(黒い雨 85)

바람의 방향이 바뀌었는지 한 덩어리의 불이 휘몰아치더니 안쪽으로부터 부풀어 올라 방추형에서 구슬모양의 불덩이가 되어 하늘로 날아올랐다.

(51) 爆風にふきまくられて空に舞い上がり、焼けて軟くなったものが風に揉まれながら丸くなって落ちて来たらしい。(黒い雨 110)

뭔가가 폭발하면서 일어난 강한 바람에 휘몰려 하늘로 날아올랐다가 타서 말랑말랑해진 것이 바람에 밀리면서 둥글게 되어 떨어져 내리는 모양이다.

(43)～(51)에서 유사표현의 의미와 용법의 차이를 논하기 위하여 명시적 기술[6]을 행하고자 한다.

(43)～(48)은 「－たてる」, (49)～(51)은 「－まくる」의 문법적 관계를 나타내는 후항동사의 수동형이다. (49)의 「後からおしまくられる」처럼 뒤에서 마구 밀어 압박감을 느끼는 경우에는 수동형으로 쓰인다. 「テストに, 勉強に, 借金に, 支払いに おいまくられる」와 같이 자기 발산적 동작에 주로 쓰인다. 또한 능동적 행위인 「－たてる」의 피해자에 대해서 흔히 수동의 형태로 표현하지만, (46)처럼 「－まくる」는 사용할 수 없는 경우가 있다. (46)의 「かきたてられる」는 자연스러운데 (46)을 「－まくる」로 바꾼 「?かきまくられる」는 약간 부자연스럽다. 이유는 「書き立てられる」의 경우는 비판이 매우 심할 정도로 쓰인 경우를 말한다. 즉 그다지 큰 문제도 아닌데 부풀려 크게 말한다거나 과장하여 말하는 경우나, 좋지 않은 것을 부풀려 말하는 경우에 쓴다. 그러나 「書きまくられる」로 하면 기사가 길게 나거나 사건에 대해 심할 정도로 썼다는 표현이다. 또한 일사천리로 계속 쓰고 있는 듯한 뉘앙스를 풍긴다. (47)(48)은 '채근 당하다'와 '비유되다'와 같이 수동형으로 한 쪽에서 강하게 압박받는 듯한 느낌을 가지고 있다.

(49)의 「押しまくられる」는 많은 사람들에게 밀려서 아주 갑갑한 느낌이 드는 반면, 「押したてられる」로 바꾸어 쓰면 매우 강한 힘에 밀리는 듯한 느낌이 든다고 할 수 있다. (50)의 「ふきまくられる」의 경우는 바람이 사방팔방에서 세게 불어오는 느낌을 주고, 「ふきたてられる」는 강하게 바람이 불면서 위로 올라가는 느낌을 나타낸다. 즉 「ふきまくる」는 바람이 쉬지 않고 계속해서 심하게 부는 것을 말하고, 「ふきたてる」는 바람이 불어서 위로 올라가는 뉘앙스를 가지고 있다. 또한 「－まくる」 쪽이 「－たてる」보다 결합이 많은 것은 「－たてる」는 어휘적인 결합이 강한 반면, 「－まくる」는 통어적 결합이 강하기 때문이다. 「読みまくる, しゃべりまくる」는 가능한데 「読みたてる, しゃべりたてる」는 불가능한 것도 이런 이유인 것이다. (50)도 (51)과 마찬가지로 「－まくる」는 여기저기에서 바람이 불어오고 「－たてる」는 한 방향에서 매우 집중적으로 바람이 불어오는 느낌이 든다고 볼 수 있다.

---

6) 닛타(仁田, 1980:259)에서는 명시적 기술(明示的記述)을 논하기 위하여 유의어 「とりかえす」와 「とりもどす」의 lexico-syntax, syntaxtic-lexico-logy라는 유효성(有効性)에 대하여 논하고 있다.

아울러 다른 사람에 대한 호소(うったえ: 呼訴)의 유무와도 관련이 있다. 즉 호소의 의미가 없는 수동적인 행위에 대하여서는「－たてる」가 붙기 어려운 경우도 많다. (46)은「－まくる」로 바꾸어 쓸 수 있고 (49)～(51)은「－たてる」로 바꾸어 쓸 수 있다. 그러나 교환이 가능하다고 해서 아무것이나 바꾸어 쓸 수 있는 것은 아니다. 교환이 가능하지만 의미가 전혀 다른 뜻인 경우가 있다. (48)이 그러한 예이다. 예를 들어「みまくる」의 경우는 하나의 영화나 TV를 계속해서 여러 번 보는 것을 나타내는 반면,「ネクタイをみたてる」는 '넥타이를 보고 정한다',「医者ははいえんと見立てた」는 '의사는 폐렴으로 진단했다'와 같이 보고 정하다(진단하다)라는 의미가 된다.「おしまくる」와「おしたてる」에서 전자는 강하게 미는 행위가 계속되는 경우이고, 후자는 계속 밀면서 강하게 밀어 올리는 듯한 뉘앙스를 가지고 있다.

5.2. 어휘적 복합동사와 통어적 복합동사의 경계선

(52) うつむいている彼を見つめながら早口にまくしたてた。

고개를 숙이고 있는 그를 응시하면서 빠른 말로 계속 지껄여 댔다.

(53) 血の気の多いキャプテンはかなりたてた。(日本人のひみつ 140)

다혈질인 캡틴은 위세 좋게 떠들어 댔다.

(54) こっちだってふまれまくり。だいたい、おれは人に干渉されるのが、大嫌いの。(Long Vacation 37)

나 역시 마구 짓밟혔어. 도대체가 나는 남에게 간섭받는 게 정말 싫어.

(55) マシンガンにうたれまくって……そいでも、みんなどうにか、生きてくわけさ。小さな時私はね……。(Long Vacation 113)

기관총을 마구 쏘아 대서……그래도 모두 어떻게든 살아가게 되더라. 어렸을 때 나는…….

(56)「絶対、絶対、絶対、瀬名に言っちゃだめだよ」「いいませんよ」「あんた、地雷ふみまくるから」(Long Vacation 37)

"절대, 절대, 절대, 세나에게 말하면 안 돼." "말 안 해요." "넌 위태위태 해서."

어휘적 복합동사와 통어적 복합동사의 경계선[7]은 문맥과 상황에 따라 형태적 차이, 통어적 차이가 나타나고 있다. 형태적으로 알 수 있는 차이는 전항동사와 후항동사 사이에 문법적 요소의 삽입이 가능한가 하는 것이다. 문법적 요소가 삽입되었다면 통어적 복합동사이며, 삽입이 불가능하다면 어휘적 복합동사이기 때문이다. 즉 통어적 복합동사는 결합력이 느슨한 반면 어휘적 복합동사는 결합력이 강해 두 동사 사이에 어떠한 요소의 삽입도 불가능하고 두 개의 동사로 분리할 수도 없다.

(52)에서 알 수 있듯이 「まくしたてる」는 위세 좋게 잇달아 지껄여 댄다는 의미이다. 여기에서 어휘적 복합동사로 단정할 수 있는 근거는 「まくす」라는 동사는 없기 때문에 두 개의 단어로 분리가 불가능하기 때문이다. (53)도 (54)와 마찬가지이다. 그러나 (54)(55)는 두 동사 사이에 문법적 요소의 삽입이 가능하므로 통어적 복합동사라 할 수 있다. 통어적 복합동사의 전항동사와 후항동사 사이에 문법적인 요소가 삽입되면 어휘적 복합동사인 「ーたてる」와 교환이 불가능한 것만 보아도 「ーたてる」가 어휘적 복합동사라는 것을 알 수 있다. 전항동사는 똑같이 「ふむ」이지만 문맥에 따라 수동의 삽입이 가능한 (54)와 불가능한 (56)이 있다. 이와 같이 양형이 가능한 것은 통어적 복합동사로 볼 수 있다.

6. 마무리

복합동사 연구에서는 후항동사가 어떤 동사와는 결합이 가능하고 어떤 동사와는 결합이 불가능한지를 조사하는 것이 중요하다. 아울러 결합의 규칙을 밝히는 것도 아주 중요하다. 그 전 단계로서 본동사와의 관련성에 관한 연구가 필요하

7) 李(1998a)에서 통어적 · 어휘적 차이는 5개의 테스트프레임(test frame)의 기준을 가지고 논한 적이 있다. 그 기준에 기초를 두고 있다.

다. 지금까지 살펴본 「－たてる, －まくる」의 특징을 요약하면 다음과 같은 결론을 내릴 수 있다. 「たてる, まくる」는 본동사, 전항동사, 후항동사가 될 수 있다는 특징을 가지고 있다.

(i) 「たてる」는 본동사, 전항동사, 후항동사로 쓰일 때 모두 '세우다'는 의미로 사용되고 있는 반면, 「まくる」는 본동사와 전항동사로 쓰일 경우에는 '접다'라는 의미로 사용되어 본동사에서 파생된 것으로 볼 수 있지만 후항동사인 경우에는 이와 달리 추상적 의미로 사용된다는 것을 알 수 있었다. 본동사나 전항동사와 같은 의미로 사용된 것은 하나도 없다는 것이 그 증거이다.

(ii) 「たてる」는 전항동사와 후항동사 사이에 문법적 요소의 삽입이 불가능한 굳어진 어휘적 복합동사로 볼 수 있으나 「まくる」는 문법적 요소의 삽입이 가능한 통어적 복합동사로 볼 수 있다. 따라서 「まくる」보다 「たてる」쪽이 결합에 제한이 더 많다는 것을 알 수 있다.

(iii) 본동사 「たてる」, 전항동사 「たてる」, 후항동사 「－たてる」는 모두 '세우다'라는 원형적 의미로 볼 수 있다. 그러나 본동사 「まくる」와 전항동사 「まくる」는 '접다'를 원형적 의미로 간주할 수 있으나, 강조로 쓰인 후항동사 「－まくる」는 의미가 달라진다.

(iv) 후항동사 「－たてる」와 「－まくる」의 가장 큰 차이점은 「－たてる」는 한쪽 방향으로 힘이 이동하는 느낌이 강한 반면 「－まくる」는 많은 사람이나 여러 방향으로 뒤섞인 듯한 느낌이 강하다고 할 수 있다. 본동사와 복합동사가 반드시 관련성이 있는 것은 아님을 「－たてる」와 「－まくる」를 통하여 확인할 수 있다.

제 9 장

어휘적 성질의 「KOMU」의 문법성과 어휘성

1. 들어가기

본고는 일본어 원전을 활용한 일본어 복합동사 표현의 연구로, 일본어를 한국어로 번역한 작품에 나타나는 동사와 동사 결합표현의 용례를 찾아내어 그 쓰임을 분석해서 한국인의 일본어 교육에 실제로 활용하고자 한다.

일본어 복합동사는 우리가 자주 접하는 표현으로 문의 간결성을 극대화시키는 표현이다. 그러나 한국어와 일본어는 동사와 동사 결합 표현방법과 의미용법이 미묘하게 다르다. 일본어 복합동사는 동사 자체의 사전적 의미보다 문맥에 따라 달리 표현하는 경우가 많기 때문에 번역할 때 주의해야 한다. 오역이나 부적절한 번역, 부자연스러운 표현이 자주 나타나는 분야가 복합동사 표현이다. 이와 같은 현상이 나타나는 것은 사전에 실려 있지 않은 복합동사가 많고, 동일한 복합동사라도 문맥에 따라 의미가 달라지기 때문이다. 번역자가 일본어 복합동사를 한국어로 옮기는 과정에서 각각의 복합동사[1]를 잘못 이해했기 때문에 나타나는 현상이기도 하다. 또한 문장 전체에서 나타나는 복합동사의 다양한 의미용법을 숙지하지 못한 결과이기도 하다. 복합동사에는 문법성이 있는 것과 문법성이 없는 것이 있다. 복합동사의 문법성과 어휘성의 경계를 명확히 하기는 어렵지만 필자는 다음의 기준[2]에 따라 분류하고자 한다.

복합동사의 후항은 생산성이 높은 것부터 낮은 것까지 다양하며 종류와 의미가 다양하고 두 개의 동사로 분리할 수 있는 등 여러 특질을 가지고 있으며, 역할은 보조동사에 가깝다고 할 수 있다. 기본적으로는 다음과 같은 동사결합의 예로 설명할 수 있다.

(1) 大きな競技会で、以前とはうってかわって連敗を喫していた。

---

1) 복합동사에 대한 정의는 학자마다 다르지만 여기에서는 동사의 「マス」형 뒤에 또 하나의 동사가 결합되어 전체로서 하나의 동사가 된 것으로 정의하기로 한다. 복합동사는 문법적 성질이 강한 것과 어휘적 성질이 강한 것이 존재한다. 어휘적 성질이 강한 「思いこむ, はりきる, 降りつづく」는 복합동사로 취급하나 그렇지 않은 「繰り返す, 落ち着く, 出かける」 같은 것은 단순동사로 취급하기 때문에 본고의 대상이 되지 않는다.

2) 李曙洙(1998)는 다섯 가지의 테스트프레임(test frame)을 정해 어휘적인 것을 규정해 놓았다.

큰 경기에서, 이전과는 딴판으로 연패를 당했다.

(2) 同じ大会に日本代表選手団中の女子としてたった一人乗りこんだ。

같은 대회에서 일본 대표선수단 중에 여자는 단 한 명만 합류했다.

(3) 本番の2週間前から休ませすぎてしまうためではないかと指摘している。

본선 두 시간 전부터 너무 많이 쉬게 한 것 때문이 아닌가 지적하고 있다.

(4) かつ気力や体力も維持され得ることは、もっと早く発見されてもよかった。

이길 기력이나 체력도 유지될 수 있는 일은 좀 더 빨리 발견됐어도 좋았다.

(1)의 「うってかわって」는 원래 「うつ」+「かわる」가 「打って変わる[3]」로 된 것이 다시 「うってかわって」가 되어 굳어진 표현으로 쓰이는 단순동사이다. 「うってかわって(うってかわった)」는 연용형(연체형)으로 사용된 것으로 '태도나 상황이 완전히 돌변한'이란 의미이다. (2)의 「乗りこむ[4]」는 앞뒤 문장에 따라 의미가 달라지는 다의적인 복합동사이다. 이시이(石井, 2007)[5]에 따르면 복합동사 중에 「こむ」의 사용빈도가 가장 높다고 한다. (3)의 「休ませすぎる」는 전항동사와 후항동사가 서로 결합된 것이지만 전항동사에 사역형이 사용된 경우로 '너무 많이 쉬게 한'으로 번역된다. 전항동사의 사역형인 「休ませる」가 후항에 사역의 의미로 나타난 경우이다. (4)의 「維持され得る」의 경우도 (3)과 마찬가지로 전항동사에 문법적 요소인 수동형이 삽입된 경우이다. 한국어로는 '유지될 수 있는'이라는 의미이다. (1)은 두 개의 동사 결합이지만 「テ」형으로 결합된 단순동사이고, 「マス」형에 결합된 (2)~(4)는 복합동사에 가깝다. 그러나 복합동사라 하더라도 (2)

---

3) 이러한 종류로는 打って出る(자진해서 입후보하다), 買って出る(자진해서 떠맡다) 등도 있다.

4) 앞에 탈것이 나오면 '탈것에 올라타다'가 되고 차 안에 타고 있는 경우라면 '탄 채로 들어가다'라는 의미이다. 또 같은 차라면 여러 명이 함께 타는 경우에도 사용된다. 그러나 타는 것과 상관없이 사용되는 경우라면 '힘차게 기세를 떨치며 쳐들어가다'는 의미도 있다. 즉 (2)의 '합류했다'의 경우 전항동사 「乗る」보다는 후항동사 「こむ」의 경우가 더 부각된 말이기 때문에 강조의 의미로 볼 수 있다.

5) 이시이(石井, 2007)는 「こむ, だす, つける, あげる, あう, つく, あがる, たてる, あわせる, きる」 순으로 사용빈도가 높다고 했다.

와 (3)(4)는 그 성질이 다르다. (2)는 어휘적으로 구성된 어휘적 복합동사에 가깝고, (3)(4)는 통어적 성질을 가진 문법적 복합동사에 가깝다. 여기서는 어휘적 복합동사와 문법적 복합동사의 차이와 설정규정에 대하여 구체적으로 논하지 않지만 어휘적으로 굳어진 어휘적 복합동사의 의미용법을 중심으로 살펴보고자 한다. 그중에서도 사용빈도가 높고 번역하기 어려운「こむ」의 실례를 통해 번역에서 나타나는 다양한 장면을 살펴보고자 한다. 하이타니 겐지로(灰谷健次郎)의『兎の眼』와 구로야나기 데쓰코(黒柳徹子)의『窓際のトットちゃん』의 본문에는「こむ」가 연속해서 세 번 나오는 문장[6]이 있다. 여기에서「こむ」에 대한 정확한 이해 없이는 외국인은 그 쓰임을 제대로 파악하기 어렵다.

이와 같이「こむ」는 사용빈도가 높고 다양한 의미용법을 가지고 있어서 좀 더 구체적으로 연구할 필요가 있다.

2. 어휘적 복합동사의 범주

복합동사는 문법적 복합동사보다 어휘적 복합동사의 수가 압도적으로 많다. 문법적 복합동사란 아스펙트를 나타내는 시간상의 복합동사에 가능(える), 과잉(すぎる), 상호(合う), 불가능(かねる) 등이 더해진 것이다.「こむ」는 이러한 조건에 들어가지 않기 때문에 어휘적 복합동사로 보아야 한다. 어휘적 복합동사는 전항동사와 후항동사의 결합으로 이루어졌으나 추상적 · 관용적으로 사용되는 경우가 많기 때문에 한국인 학습자가 어려워하는 부분이다. 한국인의 실제 일본어 교육에 도움이 될 수 있도록 유형별로 나누어 검토해 보려고 한다.

우선 복합동사는 문법적 성질의 복합동사와 어휘적 성질의 복합동사로 나누어 고찰하는 것이 더 효율적이다. 이때 문법적인지 어휘적인지의 기준을 어디에 두느

6) 竹筒(たけつつ)の中に、ぼかしに染めた白い山吹きのシンをつっこんで、棒で押し込むと、「ポン!」とはずんだ音がする山吹き鉄砲。あと、刀を飲み込んだり、ガラスを食べ茶宇おじさんが、芸を道で見せてるかと思うと、お丼のへりにつけると、おどんぶりが、「ワアーン」と鳴る粉を売るおじさんもいた。(トットちゃん 124)

냐가 문제이다. 우선 후항동사를 제거해도 문장이 자연스러운가, 문장은 맞지만 전혀 다른 의미로 바뀌지는 않는지 살펴보면 전항과 후항의 결합관계를 알 수 있다.

(5) 小谷先生は職員室にかけこんできて、猛烈に吐いた。そして泣いた。(ウ)

고타니 선생님은 직원실로 달려들어와 격하게 토로했다. 그리고 울었다.

(5′) 小谷先生は職員室にかけてきて、猛烈に吐いた。そして泣いた。

고타니 선생님은 직원실로 달려와 격하게 토로했다. 그리고 울었다.

(5″) *小谷先生は職員室にこんできて、猛烈に吐いた。そして泣いた。

*고타니 선생님은 직원실로 붐비어 격하게 토로했다. 그리고 울었다.

(5′)의 전항동사 「かける」는 '(직원실로) 뛰어'의 의미로 사용된 경우이고 (5″)는 「こむ」를 사용하여 '(직원실로) 붐비어'로 사용되었다. 「こむ」의 단독용법에는 '들어가다'의 의미는 없고 '붐비다'는 의미만 있으므로 단독으로 쓰이는 「こむ」는 복합동사의 「こむ」와는 다르다고 할 수 있다. (5)의 「かけこむ」는 '뛰어 들어가다'라는 의미로, 「かける」와 「こむ」로 분리할 수 있다. 후항동사 「こむ」가 없어도 문장은 성립하나 「こむ」가 있으면 '안쪽으로'라는 방향을 더 구체적으로 알 수 있다.

따라서 어휘적인 성질을 가진 복합동사임을 알 수 있으며, 이동의 의미에서 강조의 의미까지 복잡하게 얽혀 있다.

(6) 浩子はちょっと通りから外れたガレージの前の、少し引っ込んだところへ行って、スリップを直した。(予)

히로코는 대로에서 조금 떨어진 차고 앞의 약간 쑥 들어간 곳으로 가서 슬립을 고쳤다.

(6′) *浩子はちょっと通りから外れたガレージの前の、少し引いたところへ行って、スリップを直した。

*히로코는 대로에서 조금 떨어진 차고 앞의 약간 잡아당긴 곳으로 가서 슬립을 고쳤다.

(6″) *浩子はちょっと通りから外れたガレージの前の、少し込んだところへ行って、スリップを直した。

*히로코는 대로에서 조금 떨어진 차고 앞의 약간 붐비는 곳으로 가서 슬립을 고쳤다.

(6)의 「引っ込む」는 '조금 쑥 들어간'이라는 의미로 「ひく」와 「こむ」가 결합되어 이루어진 것이며 전항동사 「ひっ」은 「ひく」의 음편형으로 「ひっこむ」는 「ひきこむ」와 같은 의미이다.

후항동사를 제거한 (6′)의 「ひいたところ」는 부자연스럽고, 전항동사를 제거한 (6″)의 「こんだところ」도 부자연스럽기는 마찬가지이다. 따라서 어휘적 복합동사라기보다는 하나로 굳어진 단순동사로 보는 것이 좋다.

그러나 「ひきこむ」와 달리 「おしこむ」는 성질과 의미용법이 다르다. 예를 들어 「いろんな物をかばんの中におしこんだ」에서는 「こむ」가 어떤 내용(사물 또는 대상)을 영역 밖에서 영역 안으로 '밀어 넣다'는 의미를 나타낸다. 주로 '~로'에 해당하는 격조사는 「ニ」격으로 쓰이고, 굳어진 하나의 어휘적 복합동사로 안쪽으로의 구체적인 이동을 나타낸다.

「こむ」는 자동사이지만 전항동사가 타동사일 경우 전체가 타동사로 변해 버리는 특성을 가지고 있다. 즉 전항동사의 성질에 따라 어휘적 복합동사인지 굳어진 하나의 단순동사인지 구별할 수 있다. 타동사는 「こめる」인데 사용빈도는 그다지 높지 않지만, 의미파악을 명확히 해야 하는 타동사이다.

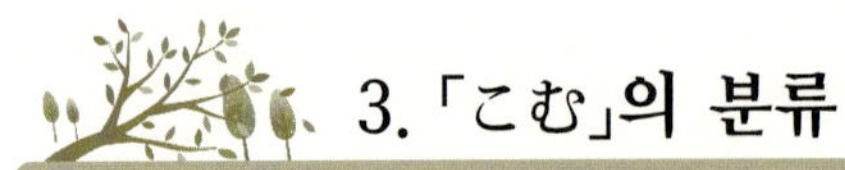

3. 「こむ」의 분류

히메노(姫野, 1999)에서는 「こむ」의 분류를 내부이동과 정도의 진행으로 나누고 있다. 기본적으로 내부이동은 알 수 있는 사항이지만 정도의 진행은 추상화된 개념이어서 알기가 어렵다. 좀 더 구체적으로 말하면 히메노[7](1999)의 내부이동, 정도의 진행은 분류기준이 명확하지 않다는 것이다. 「こむ」에 어떠한 의미용법이 있는지 알아보기 위해서는 먼저 선행동사와의 관계를 살펴보아야 한다. 전항동사가 자동사인지 타동사인지 살펴보면 「こむ」의 특성을 이해하는 데 도움이 된다. 따라서 여기서는 알기 쉽게 의미용법을 구체적 이동과 추상적 이동으로 나누어 살펴보고자 한다. 여기서 말하는 추상적 이동이란 정신활동(예: 思いこむ), 감각기관(예: 聞き込む) 등과 같은 추상적인 것들을 모두 포함한 개념을 뜻한다.

(7) 子供たちは泣いている小谷先生の前にしゃがみこんだ。(ウ)

아이들은 울고 있는 고타니 선생님 앞에 웅크리고 앉았다.

(8) 「トットちゃん、トットちゃん」と思いこんでいたのだった。(トット)

"토토, 토토." 하면서 생각에 빠져 있었다.

(9) この子供たちが、これから巻き込まれる、本当のおそろしいことが、わかっていたのかもしれなかった。(トット)

이 아이들은 이제부터 휘말리게 될 진짜 무서운 일을 알고 있었는지도 모르겠다.

(10) トットちゃんは身をかがめると、門の植え込みのすき間に頭を突っ込んで、門の中を除いてみた。(トット)

토토는 몸을 구부리더니 문이 세워져 있는 틈으로 머리를 들이밀고 문 안을 들여다보았다.

(11) 「もう飛び込まない」トットちゃんは、壁みたいに静かにいった。(トット)

"이젠 안 뛰어들어." 토토는 벽처럼 조용히 있었다.

---

7) 내부이동(닫혀진 공간 封じこむ, 고체 食いこむ, 유동체 溶けこむ, 집합체(조직체) しみこむ, 움직이는 포위체 丸めこむ, 자기 응축체 ひっこむ)과 정도의 진행(고착화 黙りこむ, 농밀화 咳きこむ, 누적화 磨きこむ)으로 분류하고 있다.

(7)의 「しゃがみこむ」는 '앉다'라는 「しゃがむ」에 구체적인 동작을 나타내는 「こむ」가 접속된 것으로 구체적이고 명확한 이동을 나타내고 있다. (8) 「思いこむ」는 「思う」라는 추상적인 전항동사에 「こむ」가 결합되어 추상적 이동으로 변해 버린다. (9) 「巻き込まれる」는 후항동사가 수동형으로 사용된 경우이다. 원래 「まきこむ」는 「まく」와 「こむ」가 결합된 동사로 주로 「巻き込まれる」처럼 후항동사가 수동형으로 사용되는 경향이 많다. 『고지엔(広辞苑)』을 비롯한 여러 사전에서 「巻き込む」를 찾아보면 「巻き込む」에 대한 예문은 나오지 않고 「巻き込まれる」의 예문이 나오는 것이 그 근거이다. 「まきこまれる」는 구체적으로 무언가에 휘말려 들어가거나 재난과 사고 등에 휘말릴 때 사용된다. 또한 (10) 「植え込む」의 명사형인 「植え込み」는 의미가 추상화되어 문장 뒤의 술어가 되어 버린 경우이다. (11)의 「呼び込まない」는 「よびこむ」의 부정형으로, 후항동사 「ーこむ」는 부정형으로는 거의 사용되지 않는데 유일하게 나타난 것이다. 부정의 「ない」형과 공기하기 어려운 것도 복합동사 「こむ」의 하나의 특징이라 할 수 있다.

3.1. 구체적 이동

전항동사와 「こむ」의 결합 중에 「なげこむ」나 「すわりこむ」와 같은 복합동사는 어떠한 동작을 해서 '안으로 넣다'는 의미이다. 따라서 어떠한 구체적 동작의 이동이라 볼 수 있다.

(12) 小谷先生はべったり部屋に座り込んでいた。あかりもつけずに気のぬけたように座っていた。(ウ)

고타니 선생님은 방에 털썩 주저앉아 있었다. 불도 켜지 않고 넋이 나간 듯이 앉아 있었다.

(13) 彼は小箱を拾って腹がけのどんぶりの中へ投げ込んだ。(動)

그는 작은 상자를 주워 작업복 주머니 속으로 집어넣었다.

(14) あの子が部屋へ忍び込んでくる初心(うぶ)な可愛い様子と云ったらなかった。(熱)

그 아이가 방에 몰래 들어오는 모습은 정말 순진하고 사랑스러웠다.

(15) 鬼どもはそういう地獄の中へ、かわるがわる杜子春(とししゅん)をほうりこみました。(羅)

도깨비들은 그런 지옥 속으로 번갈아 가며 두자춘을 던져 넣었습니다.

(16) 郁子の耳にそんなつまらんことを吹き込んだのは、明らかに勇(いさむ)だよ。(熱)

이쿠코의 귀에 그런 하찮은 것을 불어넣었다는 것은 분명히 용기야.

(12)의 「座り込む」는 '깊숙이 앉다'라는 의미로 구체적 이동을 나타내지만, 다른 말로 표현하면 주체의 내부이동을 나타낸다 할 수 있다. (13)의 「なげこむ」는 「投げて入れる」와 같은 의미인 '집어넣다'이다. (14)의 「忍び込む」는 '몰래 들어오다', (15)의 「放り込む」는 '팽개쳐 던져 넣다'는 뜻이다. 즉 (12)～(15)의 예문만 보더라도 전항동사가 '안쪽으로 들어앉다, 던져 넣다, 숨어 들어가다, 불어넣다'와 같은 주체의 내부이동으로 구체적 이동의 범주를 나타내고 있다. 위의 예문을 종합하면 (16)처럼 설명이 가능해진다. (16)의 전항동사 「ふく」는 안에서 밖으로 '불다'에 해당하는 말로 불어넣었는지 불어 버렸는지 명확하지 않다. 여기에 좀 더 구체적인 상황을 설명하기 위하여 '넣다'에 해당하는 「こむ」를 추가해서 밖에서 안으로 '불어넣다'가 되는 것이다. 좀 더 구체적으로 말하면 주체의 내부이동이라 할 수 있다. 이외에도 「植え込む, うちこむ, おいこむ, おしこむ, つめこむ, そそぎこむ, のみこむ, かきこむ, あがりこむ, かけこむ, のりこむ, とびこむ」 등은 전항동사가 주체의 이동을 나타내는 것이다. 즉 내부이동을 나타내는 후항동사 「こむ」는 주체 내부이동을 나타내며, 주체이동일 경우는 격조사가 동작지향의 「ニ」격이 주로 쓰인다. 「ヲ」격으로 사용되는 것에 대한 검토도 필요하다.

3.2. 추상적 이동

앞에서 논한 구체적 이동과는 달리 '생각하다'가 포함되는 「考えこむ, 思いこむ」는 구체적 이동만으로는 번역하기 어렵다. 복합동사의 추상적 이동은 대략적인 짐작만으로는 정확한 의미용법을 파악하기 어렵다. 「こむ」에는 그 무언가가 내포되어 있는데 그것을 찾아보고자 한다.

(17) カエルが生きたえさしかたべなくなって、それ以後、鐵三はカエルの世話をしなくなったということも、いまになるとよく分かる。しかし、と小谷先生は考え込んでしまった。また、問題が一つふえたような気がする。(ウ)

개구리가 살아 있는 먹이만 먹게 된 이후로 데쓰조가 개구리를 돌보지 않게 되었다는 것도 이제야 이해가 간다. 그렇지만, 하고 고타니 선생은 생각에 잠겼다. 문제가 또 하나 늘어난 것 같다.

(18) あなたがそう思いこんでいるものを、私がどうすることもできないわけね。(熱)

당신이 그렇게 굳게 믿고 있는 걸 내가 어떻게 할 수 없다는 거네요.

(19) てっきり、入学できるものと信じ込んでいた。それだけに、ショックも大きかった。しかし、ここからが両親のすごいところ。いつまでも落ち込んでなどいない。(五)

확실히 입학할 수 있다고 믿고 있었다. 그런 만큼 충격도 컸다. 그러나 부모님의 대단한 점은 여기서부터야. 언제까지나 충격에 빠져 있진 않아.

(20) 父はそのショックで寝込んでしまった。(夫)

아버지는 그 충격으로 드러누워 버렸다.

(17)은 사고(思考)동사인 「考える」에 후항동사 「こむ」가 결합된 것이고, (18) 또한 (17)과 마찬가지로 사고동사인 「思う」에 후항동사 「こむ」가 결합된 것이다. 둘 다 추상적인 동사로 추상적 동작이동을 나타내고 있다. 외국인은 두 가지의 쓰임을 동일한 것으로 생각하기 때문에 차이를 느끼지 못한다. 구별하는 방법에는 여러 가지가 있겠지만 다음과 같이 제시할 수 있다.

(17)의 「考え込む」는 '골똘히 생각하다'의 의미로 「ふかく考える」이고, (18)의 「思いこむ」는 사실로 굳게 '믿어 버리다'라는 의미로 「そうではないが、そうだと

信じてしまう」라는 뉘앙스가 있다. 즉 「思いこむ」 다음에 어떤 내용이 오느냐에 따라 인식의 차이가 난다. 여기서 흥미로운 사실은 '믿어 버리다'라는 뉘앙스 때문에 「こむ」가 쓰인 말 다음에 부정적[8]인 말이 오거나 충격적인 말이 와서 문맥의 진행을 촉진시켜 주는 촉매제 역할을 한다는 것이다.

(19)의 「おちこむ」는 좋지 못한 '상태에 빠지다'인데 원래 「おちる」에 「こむ」가 더해져서 추상적 의미가 생성된 것이다. (20)의 「ねこむ」도 푹 잠들거나 병 등으로 오랫동안 자리에 '눕다'는 의미로 사용되었다. 전항동사가 구체적 이동동사라고 하더라도 의미가 추상화되어 양태의 의미로 사용되고 있다. 여기서 말하는 추상적 이동이란 동작이동을 나타내는 것과도 일맥상통하고 있다.

추상적 이동은 「覚え込む, 見込む, 考えこむ, うりこむ, かいこむ, つかいこむ, 老い込む, 冷え込む」 같은 것이다. 타동사인 전항동사가 인간의 추상적 동작을 가리킬 때는 후항동사 「こむ」는 지속적으로 긴 시간을 나타낸다. 즉 「覚える, みる, 考える(느끼고, 보고, 생각하는)」 동작의 지속시간이 길어짐에 따라 생기는 변화의 결과이다. 이런 변화의 결과에 양의 증가 등이 첨가되어 나타나기도 한다. 예를 들어 「使い込んだ庖丁(오래 써서 길이 든 칼)」라면 동작의 길이를 나타낼 뿐만 아니라 오래 사용하기도 하고 길도 든 칼에서 볼 수 있는 변화의 결과를 나타낸다. 「思う」와 같은 동사는 인간의 심리를 나타내기 때문에 파악하기가 어렵다. 공간성을 잃고 시간성을 얻는 경우 의미의 추상화가 되어 버리기 때문이다. 또한 「切り込む」라는 복합동사는 전체가 추상화되어 사용된 경우로 「いつも人生に切り込むようなしゃべり方をした」에서 「きりこむような」처럼 양태를 나타내는 조동사(예: ようだ)와 같이 쓰이면 구체화에서 추상화로의 변화과정을 나타낸다는 것을 알 수 있다. 이는 비유적으로 사용되는 표현으로 '매섭게 상대의 약점을 공격하다'라는 추상적인 의미로 사용된다.

추상화된 「こむ」에 내포되어 있는 의미는 전항동사가 추상성이 높으면 복합동사 전체가 추상성이 높아진다고 할 수 있다. 공간성을 가지고 있으면서 시간성을 가지게 되면 구체성과 추상성의 의미를 동시에 가지게 된다. 사실 추상화된 복합동사라면 후항동사 전체의 의미는 더욱 복잡해진다.

---

8) 「信(しん)じこむ」의 예를 보아도 너무 믿어 버렸기 때문에 충격도 너무 컸다라든가 실망이 너무 컸다 등 다양하게 쓰인다.

4. 「こむ」의 특징

「こむ」의 특징을 살펴보기 위해 먼저 동사와 동사의 결합표현 중에서 문법적 성질이 있는가를 살펴보자. 우선 전항동사와 후항동사 사이에 문법적 요소의 삽입이 가능한지 불가능한지를 본다. 전항동사에는 전혀 나타나지 않지만 후항동사에는 수동형이 나타나는 경우가 있다. 또한 타동사인 「こめる」와 결합되어 사용되는 경우의 특징을 조사하고 그에 공기하는 현상을 구체적으로 살펴보면 알기 쉽다.

4.1. 후항동사에 문법적 요소가 결합된 경우

전항동사에 문법적 요소가 결합된 경우는 문법적 복합동사라 할 수 있으나 이 「こむ」에는 그러한 유형은 하나도 나타나지 않는다. 그러나 의외로 후항동사에 문법적 요소가 결합된 것이 나타나고 있다. 이 경우는 완전히 어떠한 상태가 되어 버려 곤란했다는 의미로 사용된 경우가 많다.

(21) 小谷先生はひととおりハエのピンを見渡した。ピンの上にラベルがきれいにはってある。それぞれハエの名前が書き込まれてあった。(ウ)

고타니 선생님은 대충 파리에 꽂힌 핀을 훑어보았다. 핀 위에 라벨이 깔끔하게 붙어 있다. 각각 파리 이름이 적혀 있었다.

(22) それぞれの和やかな生活を一変させたのは、博士が47歳の時巻き込まれた交通事故だった。(博)

평온하던 각자의 생활을 일변시킨 것은 박사가 47세 때 휘말린 교통사고였다.

(23) (だんだん引き込まれて)そうだ、僕たちだけが沖へ出て行くんだ。(熱)

(점점 끌려들어 가서) 그래, 우리만 바다로 나가는 거야.

(24) けんかして川に投げ込まれた。

싸움을 해서 강에 던져졌다.

(25) 明日の晩か、おそくもあさっての朝には、白木の棺(ひつぎ)がここの家へ運び込まれてくるでしょう。(熱)

내일 밤이나 늦어도 모레 아침에는 원목 관이 이 집으로 운반되어 오겠지요.

(26) 一刻も早くその指を、あの白い脂肪の首にくい込ませるのよ。(熱)

한시라도 빨리 그 손가락을, 하얀 지방덩어리 목에 파고들게 하는 거야.

(21)~(26)은 후항동사에 수동형과 사역형이 삽입된 경우이다. (21)의「書き込まれる」는「書き込む」가 수동형으로 사용된 경우이다. 그러나「書き込まれる」와는 달리 하나의 굳어진 형태로 사용된 것이 (22)(23)이다. (22)「巻きこむ」의 수동형인「巻きこまれる(휘말려 들어간)」, (23)「ひきこむ」의 수동형인「引きこまれる(끌려들어 간)」처럼 하나의 굳어진 형태로 사용된 경우이다. (24)「なげこむ」의 수동형은「投げこまれる(던져진)」이고, (25)「運びこむ(운반하다)」의 수동형은「運びこまれる(운반되다)」이다. 능동표현「運びこむ」와 수동표현「運びこまれる」가 함께 사용되는 경우도 있다. (26)의 경우는 후항동사에 사역형이 삽입된 경우로 한국어 대역이 어려운 항목 중의 하나이다.

앞에서 살펴보았듯이 후항동사에는 수동형이나 사역형 같은 문법적 요소의 삽입이 가능하다. (26)의「くいこむ」는 '파고들다, 침입하다, 남의 분야까지 침해하다'와 같은 다양한 의미를 가지고 있다.「くう」의 원래 의미만으로는 파악하기 어려운 복합동사이다.

여기서 주의해야 할 것은 후항동사「こむ」와「いる」는 유사한 표현이기 때문에 당연히「ききこむ」와「ききいる」도 유사표현일 것으로 생각하기 쉽다는 점이다. 그러나 미묘한 뉘앙스의 차이가 있다. 복합동사「ききこむ」는 (수사나 정보 등을) 남에게 물어서 '알아내다'는 의미이고「ききいる」는 자기를 잊어버릴 정도로 열심히 '귀 기울여 듣다, 경청하다'와 같은 뉘앙스를 가지고 있다. 즉「聞き込む」

는 '알아내다'가 되고, 「聞き入る」는 '경청하다'가 되는 것이다.

4.2. 후항동사 「こめる」의 분류

「こむ」는 자동사, 「こめる」는 타동사인데, 후항동사 「こめる」도 「こむ」와 마찬가지로 구체적 이동과 추상적 이동의 구별이 가능한지 살펴보기로 하자.

(27) 1977年には、フィンランドの円盤投げ選手が、ステロイドなしでどうして国際競技の上位に食い込めるのかと開き直って話題になった。(ス)

1977년에는 핀란드의 원반던지기 선수가 스테로이드 없이 어떻게 국제경기의 상위권을 차지할 수 있느냐며 정색을 하고 말해 화제가 되었다.

(28) 日本人は、とりあえずHow to play How to winさえのみ込めるなら、それでよいのだ。(ス)

일본인은 어쨌든 How to play How to win 만 완전히 납득할 수 있다면 그걸로 되는 거다.

(29) いつも、のぞいている自分用の窓から頭を引っ込め、ロッキーと一緒に地面にしゃがんで息をひそめ、また音楽の始まるのを待つのだった。(トット)

항상 몸을 내밀고 아래를 내려다보던 자기 전용의 창에서 머리를 안으로 집어넣고는 로키와 함께 바닥에 쭈그리고 앉아 숨을 죽이고 다시 음악이 시작되기를 기다리는 것이었다.

(30) 先生のこの言葉は十分私には飲み込めなかった。(伊)

선생님의 말씀은 나로서는 충분히 이해할 수 없었다.

(31) それが今では土に閉じ込められて、ひろい芒が原の真ん中に身動きも出来なくなってしまったのね。(熱)

그러던 것이 지금은 흙에 갇혀, 넓은 억새풀 벌판의 한가운데에서 꼼짝도 할 수 없게 되어 버리고 만 거야.

(27)의「くいこめる」는「くいこむ」에서, (28)의「のみこめる」는「のみこむ」에서, 그리고 (29)의「ひっこめる」는「ひっこむ」에서 왔다고 할 수 있다. 또 (30)의「のみこめない」는「のみこまない」에서 온 표현이다. (31)의「とじこめられる」는「とじこむ」가 변한 것으로 보아도 좋을 것이다. 즉 (27)~(31)은 모두 후항동사「こむ」로 교환이 가능하다. 이때 전항동사가 타동사일 경우는「ひく, とじる」처럼 주체의 동작을 나타낸다. 후항동사는 한국어로는 '아주, 완전히'와 같은 강조의 의미이다.「こむ」에 비해「こめる」는 조어력이 현저히 떨어지며 의미도 단순하다.

「のみこめる」는 복합동사 자체에 동작을 주는 것이고「のみこむ」와 달리 객체에 변화를 가져다주는 것이다.「こめる」를 역순사전에서 찾아보면 12개의 복합동사가 나온다. 전항동사만을 표시하면「言い, 押し, たき, 立ち, たて, たれ, とじ, ぬり, ひき(ひっ), ふうじ, ふり, やり」이다. 이 12개의 전항동사가「−こむ」와 결합하여 복합동사가 된 경우가 있는지 살펴보았더니「いいこむ, やりこむ」를 제외하고는 모두 있었다. 이처럼 자 · 타동사로 변환이 가능한 것만 보아도「こむ」와「こめる」는 자 · 타동사가 쌍을 이루는 복합동사라고 할 수 있다. 즉「こむ」는「こめる」보다 그 쓰임이 훨씬 다양하다. 따라서「こむ」 안에「こめる」가 있다고 할 수 있다. 예를 들어『고지엔(広辞苑)』에서「−こめる[9]」가 붙은 복합동사를 찾으면, 또 다른 복합동사로 표현한다거나 사역으로 다시 정의하고 있는 것만 보아도「こめる」 안에는 강제의 의미와 사역의 의미가 내포되어 있다는 것을 알 수 있다.

4.3. 후항동사「こむ」의 다양성

앞 절에서 잠시 언급한 적이 있지만 후항동사「こむ」와 관련된 영역은 다양하게 나타나고 있다. 그 다양성을 살펴보자.

---

9)「とじこめる」는「出入り口を閉めて出られないようにする」로,「たきこめる」는「香をたいて薫りを深く染み込ませる」로 나와 있다. 즉「こめる」에는「出られないようにする, 染みこませる」와 같이 꼼짝 못하게 한다거나 어떤 것을 하게 하는 사역의 의미가 내포되어 있다는 것을 알 수 있다.

(32) 賭ける客の側からすれば、危険多くして、見込み利益は少ないように思える。(ス)

거는 손님 측에서 보면 위험성이 커서 예상되는 이익이 적은 것처럼 느껴진다.

(33) 戦前の日本国内のマラソンで、競技中に選手が道端のパン屋に飛び込み、物も言わずに商品をワシ掴みにして貪り喰ったなどという話があるのはこれだ。(ス)

전쟁 전, 일본에서 마라톤 경기 중에 선수가 길가의 빵집에 뛰어들어 아무 말도 없이 빵을 움켜쥐고 마구 먹었다는 등의 이야기가 있는 것은 이것이다.

(34) 降りしきる雪にすべての音が吸い込まれてしまうかのような静けさだ。

끊임없이 내리는 눈에 모든 소리가 빨려 들어가 버린 듯한 고요이다.

(35) いや、別に、必要というほどの問題では、状況のすべてが飲み込めないままに、私は答えた。(博)

아니 별로, 필요하다고 할 정도의 문제라고는, 상황 전체를 납득하지 못한 채 나는 대답했다.

(36) 働きに出ようにも働けない上、実家の兄がやっている会社が倒産して、父はそのショックで寝込んでしまった。(夫)

일하러 나가려고 해도 일할 수 없는데다, 형이 하던 회사가 도산하여 아버지는 그 충격으로 드러누워 버렸다.

(37) 1+2+3…9+10=55の式が視界に飛び込んできて、一日中居座り続けた。(博)

1+2+3…9+10=55의 식이 눈에 확 들어와서 하루 종일 눌러앉아 있었다.

(32)의 '희망'이나 '가능성'의 의미인 「見込み」는 '예상하다, 전망하다'라는

복합동사 「見込む」의 명사형이다. (33) 「飛び込み[10]」에는 '갑자기 뛰어듦'이라는 의미도 있지만 여기에서는 연용형의 중지법으로 쓰였다. 즉 「飛び込み」는 명사형으로는 그다지 쓰이지 않는 것이 특징이다. 『고지엔(広辞苑) 역순사전』에는 「見込み, 聴き込み, 書き込み, 差し込み, 飛び込み」 정도가 나와 있다. (34)~(37)에서는 「こむ」와 공기(共起)하는 부사가 있다는 것을 알 수 있다. (34)의 「すべて」와 (35)의 「すべて」처럼 「こむ」의 강조표현과 부사를 함께 사용하면 더욱 의미가 확실해진다. 또한 (36)의 「寝込む」는 「ショックで」 같은 부사적 용법과 함께 사용하여 「こむ」의 마이너스 이미지를 드러내고 있다. 또 「－こむ」와 「てしまう」를 함께 사용하면 말하는 화자의 심적 태도를 나타내 주는 역할도 한다. (37)은 「－こむ」와 「くる」가 공기하기 쉽다는 것을 보여 주는 예이다. 주로 이동동사와 함께 쓰여 상황을 구체화하는 역할을 한다. 즉 방향을 명확하게 하는 「中に, 上に, 下を, 私の胸に」와 자주 사용된다. 특이할 만한 사항으로 대역본 중에는 「こむ」가 「いく」와 공기하는 「踊り込んでいく」와 같은 표현도 나와 있으므로 「こむ」의 정체를 명확히 하기는 어려워 보인다.

5. 번역본에 나타난 「こむ」의 한국어 역

고찰 대상인 「こむ」가 한국어로 어떻게 번역되었는지 확인하고 유형별로 기준[11]을 살펴보고자 한다. 대역의 기준이 어떻게 나타나는지 알아보기 위해 우선 일본어의 동사와 동사 결합이 한국어에서도 동사와 동사 결합으로 나타나는가를 살펴본다. 만일에 동사와 동사의 결합으로 나타나지 않는다면 어떠한 형식으로 나타나는지 살펴보고자 한다.

10) 「飛び込みで宿をとる」에서 사용되듯이 「飛び込み」는 (예약 · 소개 없이) 느닷없이 나타남을 말한다.

11) Yoshiko Tagashira와 Jean Hoff(1986)의 『日本語福合動詞のハンドフック』는 일본어 복합동사 용례를 영어 용례로 설명한 일본어 복합동사 용례사전이다. 여기서 예로 든 전체의 복합동사는 1,000개이다. 그중에 200개의 복합동사를 전항동사와 후항동사의 성질, 문법적 특성, 의미용법 등을 서술하고 있다. 주로 여기에서 사용된 용례를 기본으로 하지만 별도로 더 사용된 용례도 추가하기로 한다.

(38) いきなり幼い子が店に飛び込んできた。(名)

갑자기 어린아이가 가게로 뛰어들어 왔다.

(39) 青くなって、その場に座り込んでしまったのである。(予)

파랗게 질려 그 자리에 주저앉아 버린 것이다.

(40) 電話かハガキで申し込んでおけばことたりると、時枝のいう通りだった。(伊)

전화나 엽서로 신청해 두면 충분하다고, 도키에가 말한 대로였다.

(41) 今まで、お腹の大きいのを、胃拡張だと思いこんでいた僕らはのんきなものさ。(動)

지금까지 배가 큰 것을 위 확장이라고 굳게 믿고 있었던 우리가 너무 낙천적이었어.

(42) 商人は、そうしきに出た母親が子供のためにおみやげをさがしている、と飲み込んだ。(失)

상인은, 장례식에 온 어머니가 애를 위해 선물을 고르고 있다고 짐작했다.

(43) 私は唾を飲み込み、深呼吸をしてから浴室のドアを開けました。(失)

나는 침을 삼키고 심호흡을 한 후에 욕실문을 열었습니다.

(44) ただ、深いいい声をしていて、物知りで、いつも人生に切り込むようなしゃべり方をした。(夫)

그러나 목소리가 깊고 좋으며, 박식하고, 언제나 인생을 밀어붙이는 듯한 말투를 썼다.

(38)의 「とびこむ」는 '달려 들어오다'로 1:1로 대응되는 경우이고, (39)의 「すわりこむ」는 '주저앉다'로 역전되어 대응된다. 또한 (40)의 「もうしこむ」는 「申請하다」로 '한자어+하다'로 대응하고, (41)의 「おもいこむ」는 '깊이 생각하다'와 같이 설명형으로 나타난다. (38)~(41)의 경우는 모두 어느 정도 유추가 가능

한 복합동사의 예이다.

그러나 동일한 복합동사 (42)와 (43)은 전혀 다른 의미로 쓰이기 때문에 주의해야 한다. 「のみこむ」와 같이 '이해하다'와 '삼키다'처럼 전혀 다른 경우는 문맥에서 파악하는 수밖에 없다. 문제는 전항동사와 후항동사의 성질과 전혀 다른 의미로 쓰이는 (44)의 「切り込む」 같은 경우이다. 이는 추상화되어 쓰이는 표현으로 전항동사 「切る」의 영향이 상당히 큰 것으로 추측된다. 대역을 살펴보면 '밀어붙이는'이라는 전혀 다른 의미로 표현하고 있다. 복합동사 「こむ」의 대역의 유형분석은 표[12]와 같다.

형태상으로는 「こんだ」가 55개로 가장 많이 사용되었으며 그 다음이 23개인 「こんで」이다. 많지는 않지만 수동과 사역으로 사용된 것도 몇 가지 있는데, 「巻き込まれる」 경우는 고정화되어 수동형으로만 나타난다. 그러나 「こめる」가 접속되는 경우는 형태적 특징이 크게 두드러지지 않았다.

[표 9-1]은 대역본을 활용한 것이고 [표 9-2]는 대역본 외에도 다양한 자료를 포함했다. 「こむ」가 포함된 복합동사[13]를 번역할 때 가장 어려운 점이 정도의 진행을 나타내는 경우이다. 이 정도의 진행을 어떻게 번역하는지가 좋은 번역을 좌우한다. 일본어의 어휘적 복합동사를 한국어로 번역할 때 정확하게 1:1 대응으로 떨어지는 경우도 의외로 많다. 이런 대역번역을 통해 유형을 분류해 보면 전체적인 대역관계의 분포와 유형을 알 수 있다. 역전현상도 매우 흥미로운데 이는 주로 강조하는 경우에 나타난다. 이러한 현상은 강조의 후항동사가 한국어에서는 부사로 대응되어 나타나기 때문이다. 따라서 일본어의 후항동사가 한국어에서 부사로 대응될 때는 강조의 가능성이 높다고 할 수 있다. 이런 사실은 복합동사의 다양성을 보여 주는 주요한 근거가 된다.

---

12) [표 9-1]과 [표 9-2]는 필자가 조사한 한일 대역본 10책에 나타난 숫자이다.

13) 고이즈미 다모쓰(小泉保, 1989)에서는 『日本語基本動詞用法辭典』 「こむ」와 관련된 74개의 복합동사를 예문과 함께 의미용법을 설명하고 있다. 그중 「こめる」는 6개, 「こむ」는 68개이다. 영어 복합동사 사전인 *A handbook of Japanese Usage*와 중복되는 것은 27개 중 23개이다. 다음은 중복되는 단어이다(売り込む, 思い込む, 転がり込む, 沈みこむ, 信じ込む, 滑り込む, 住み込む, 座り込む, 黙り込む, 使い込む, 積み込む, 飛び込む, 逃げ込む, 寝込む, 飲み込む, 乗り込む, 払い込む, 張り込む, 吹き込む, 踏み込む, 申し込む, 持ち込む, 割り込む).

[표 9-1] 대응하는 한국어역

한국어역	빈도수
1:1 대응	8
역전	7
한자어+하다	3
설명형	3
다양	4
전혀 다른 제3의 형태(양태)	1

[표 9-2] 「こむ」의 접속형 특징

「こむ」의 활용형	빈도수
こんだ	55
こんで	23
こむ	22
こみ	17
こまない	3
こまれ(せ)る	6
こめる	4

6. 일러스트를 응용한 일본어 복합동사 교육

일본어 복합동사 표현은 의미가 다양할 뿐만 아니라 문맥에 따라서도 의미가 달라지므로 한국인 일본어 학습자가 복합동사를 이해하고 활용하기에는 상당한 어려움이 따른다. 따라서 복합동사의 다양한 의미를 이해하기 위해 일러스트를 활용하는 것도 하나의 대안이 될 수 있을 것이다. 결합된 동사만으로는 의미를 알기 어려운 「のりこむ」를 기본으로 살펴본 후, 복합동사를 구체적 의미와 추상적 의미로 나누어 살펴보고자 한다.

(45) のりこむ(올라타다. 차를 탄 채 들어가다. 기세를 떨치며 들어가다.)

(46) のみこむ(이해하다. 삼키다)

(47) ほうりこむ(던져 넣다. 집어넣다) なげこむ(던져 넣다)

ほうりこむ　　なげこむ

(48) すわる(앉다) すわりこむ(눌러앉다)

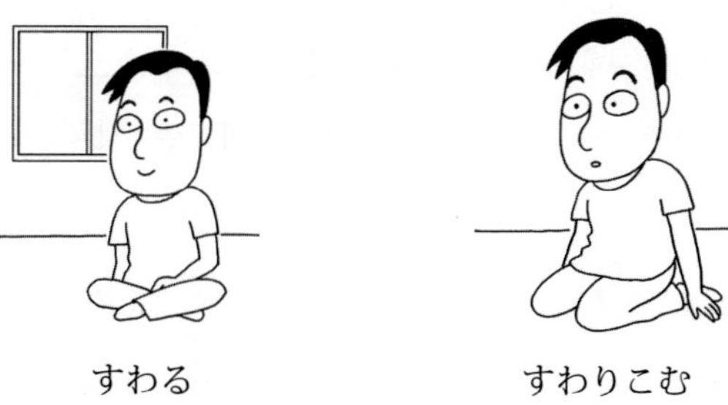

すわる　　すわりこむ

(49) かんがえこむ(깊이 생각하다) おもいこむ(믿어 버리다)

かんがえこむ

おもいこむ

(45)「のりこむ」의 첫 번째 일러스트는 '여러 사람이 함께 타는 모습', 두 번째는 '탄 채로 들어가는 모습', 마지막은 '기세를 떨치며 들어가는 모습'을 보여 준다. 즉「乗り込む」가 상황에 따라 의미가 달라지는 것을 알 수 있게 만든 일러스트이다. (46)「のみこむ」의 첫 번째 일러스트는 상대방이 말하는 내용을 잘 알아들은 모습을, 두 번째는 뱀이 씹지 않고 뭔가를 그대로 삼켜 버린 모습을 보여 준다. 후자에는 물체의 이동이 구체적으로 잘 나타나 있다.

이처럼 구체적인 사항인지 추상적인 사항인지를 일러스트를 보면 분명히 알 수 있다. (47)「ほうりこむ」와「なげこむ」의 일러스트에서는 전항동사「ほうる, なげる」의 구체적인 동작을 알 수 있다. 또한 (48)「すわる」,「すわりこむ」는「こむ」가 있느냐 없느냐에 따라 앉는 자세가 다르다는 것을 보여 주는 일러스트로「こむ」의 이동성을 구체적으로 알 수 있다. (49)의「考え込む」는 '깊이(골똘히) 생각하다'는 의미인 데 비해「おもいこむ」는 사실은 호랑이 새끼인데 귀여운 고양이라고 '믿어 버리다'라는 의미이다. 두 표현 모두를 흔히 '깊이 생각하다'로 사용하고 있으나 실은 의미가 완전히 다름을 일러스트를 통해 알 수 있다.「思いこむ」는 골똘히 생각하는 것과는 상관없이 잘못된 사실을 그대로 믿어 버린다는 의미이므로 주의해야 하는 복합동사이다.

한국인의 일본어 교육에 삽화를 이용한다면 문자만으로는 구별하기 힘든 내용을 정확히 전달할 수 있으므로 일본어 교육에 새로운 지평을 열게 될 것으로 기대된다.

7. 마무리

일본어의 복합동사에 관해서는 그동안 다양한 방법의 연구가 진행되어 많은 성과가 있었다. 하지만 개별연구는 그다지 많지 않은 편이다. 특히 그중에서도 원전과 번역본의 대조연구나 일러스트를 활용한 연구는 거의 전무에 가깝다.

본 연구에서는 번역본을 통해 복합동사 「−こむ」의 대역에 관해 고찰해 보았다. 그 결과를 간단히 요약하면 (i) 일본어와 한국어의 1:1 대응 번역이 가능한 경우, (ii) 일본어와 한국어가 역전되어 나타나는 경우, (iii) 일본어의 한국어역이 '한자어+하다'로 나타나는 경우, (iv) 설명조로 길게 표현할 수밖에 없는 경우, (v) 다양한 의미로 대역되어 나타나는 경우와 전혀 다른 제3의 의미로 대역되어 나타나는 경우 등이 있음을 알 수 있었다. 그중에서 1:1 대응과 역전이 가장 많았다. 1:1 대응은 구체적인 이동, 역전은 「こむ」가 강조의 의미로 나타나는 경우이다.

이처럼 일본어 복합동사와 한국어 번역의 대응관계가 다양하기 때문에 학습의 이해를 돕기 위해 일러스트를 활용하는 새로운 방법을 시도해 보았다. 의미가 다양한 「のりこむ」, 구체적 의미와 추상적 의미를 동시에 가진 「のみこむ」, 전항동사의 의미는 유사하나 동작의 크기에 따라 달라지는 「ほうりこむ」와 「なげこむ」, 「こむ」가 있느냐 없느냐에 따라 의미가 완전히 다른 「すわる, すわりこむ」, 전항동사의 추상적 의미가 실제의 상황에서는 전혀 다르게 나타나는「おもいこむ」와 「かんがえこむ」를 일러스트를 통해 알아보았다. 이처럼 미묘한 의미의 차이가 있는 복합동사 학습에 일러스트의 도입 가능성을 제시해 보았다.

논문에서 제시된 「こむ」는 복합동사와 후항동사의 접속 형태로는 과거 종결형 「こんだ」가 가장 많이 사용되고 있는 것과 「巻き込まれる」처럼 하나의 굳어진 수동 형태로 사용되는 점이 「こむ」의 형태적 특징이라 할 수 있다.

앞으로 좀 더 구체적이고 다양한 복합동사에 대한 대역연구와 일러스트를 활용한 연구가 병행되길 기대한다.

제 10 장

「THUKERU」의 문법성과 어휘성

1. 들어가기

일본어의 표현효과를 높이는 여러 방법 중의 하나로 복합동사 표현을 들 수 있다. 복합동사는 특성에 따라 문법적 성질의 것과 어휘적 성질의 것으로 나누며, 동일한 복합동사라도 문맥에 따라 구별된다. 또한 같은 복합동사라도 「ヲ」격을 취하느냐 「ニ」격을 취하느냐에 따라 의미용법도 달라진다. 복합동사를 분류할 때 크게 세 가지로 나눌 수 있다. 첫 번째가 아스펙트에 의한 분류, 두 번째가 방향성에 관한 분류, 세 번째가 강조표현에 의한 분류이다. 기존의 분류에 문법적 특징을 추가하면 [표 10-1]처럼 분류할 수 있다.

[표 10-1] 복합동사의 어성에 관한 분류

분류	복합동사	특성
아스펙트에 의한 분류	はじめる、つづける、おえる、おわる	문법적
	だす、かける、きる、あげる、まくる	중간적
방향성에 의한 분류	だす、でる、かける、かかる、あげる、あがる、こむ、こめる、さがる、さげる、おりる、おろす、おちる、おとす、つく、いれる	어휘적
강조표현에 의한 분류	こむ、いる、つける、つく、はてる、たてる、ぬく、つくす	어휘적
기타	える、かねる、すぎる	문법적
	つける	중간적
	そこねる、もらす、わすれる、なおす、あるく、のる	어휘적

[표 10-1]의 분류기준의 근거는 가게야마(影山, 1993)와 이(李, 1998)의 테스트프레임(test frame)에서 논의된 바 있다. 그중의 일부를 복합동사의 테스트프레임에 적용해 설명하면 다음과 같다.

(1) 食べはじめると止まらない！長く作られ、長く<u>食べられ続ける</u>ってのは、こういうことかもしれないですね。

먹기 시작하면 멈추지 않는다! 오랜 시간 동안 만들어 오래오래 계속 먹는다는 것은 이런 건지도 모르겠네요.

(2) まだ太陽の無い早朝の浜辺。打ち寄せる波は夜に冷やされ切るような冷たさがある。

아직 해가 뜨지 않은 이른 아침의 해변. 밀려오는 파도는 밤이면 얼어붙을 것처럼 차갑다.

(3) 新しい世紀と世の中は張りきるが、牛は牛連れ馬は馬連れ、お互いだまし、機嫌を取り合って今年も努めてゆこうと思う。(上)

새로운 세기라고 세상은 의욕이 넘치지만, 끼리끼리 서로 속이기도 하고 기분도 맞춰 가면서 올해도 노력해 가려고 생각한다.

(4) 道が狭いので車が通るたびに塀に体を張り付けていなければならなかった。

길이 좁아서 차가 지나갈 때마다 벽에 몸을 붙이고 있어야만 했다.

(5) 雪子をどなりつけているところだった。(伊)

유키코를 호되게 야단치고 있던 참이었다.

(6) ちょうどやって来た市内循環のバスに飛び乗った。(失)

마침 도착한 시내 순환버스에 올라탔다.

(1)의「食べられ続ける」는 동사와 동사 사이에 문법적 요소「られる」가 삽입되어 있는 것으로 보아 문법적 복합동사이다. 복합동사에는 (2)의「冷やされきる」처럼 문법적 요소의 삽입이 가능한 것과 (3)의「張りきる」처럼 불가능한 것이 있다. 이는 기존에 어휘적 복합동사로 취급하던 것과는 달리 양쪽 모두 존재하기 때문에 중간적 복합동사로 볼 수 있다. (4)의「はりつける」와 (5)의「どなりつける」는 두 동사 사이에 문법적 요소의 삽입이 불가능하므로 어휘적 복합동사로 볼 수 있다. 실제로「つける」의 성질을 규명하기 위하여 많은 자료를 살펴보았으나 문법적 요소가 삽입된 예를 하나도 찾지 못했으므로 어휘적 복합동사일 가능성이 매우 높다. (4)의「はりつける」는 안쪽으로의 이동을 나타내는 것으로 '접착'

의 의미를 가지고 있고, (5)의 「どなりつける」는 '소리치다'에 해당하는 「どなる」에 강조표현인 「つける」가 결합되어 '큰소리로 꾸짖다'가 된다. 따라서 (4)(5)의 「―つける」는 방향과 강조의 의미를 가지고 있다. 그러므로 「つける」는 어휘적 성질이 강한 동사로 다양한 의미용법을 가지고 있다 할 수 있다.

그러면 이동과 강조의 의미를 지닌 「つける」의 어성을 구체적으로 살펴보자. 본동사 「つける」는 '붙이다'의 의미인 「付ける」가 기본형태이다. 그러나 '붙이다' 외에도 '주목하다'와 '북돋우다'라는 추상적인 의미가 함유되어 있기 때문에 어휘적 복합동사[1]로 사용되는 경우에도 역시 의미가 다양하다. (6)의 「飛び乗る」는 '날듯이 몸을 날려 올라타다'라는 의미인데 굳어져 버린 어휘적 복합동사로 양태를 나타낸다.

이와 같이 복합동사에는 다양한 의미용법이 있으며, 문법적 복합동사와 어휘적 복합동사 사이에 중간적 복합동사가 존재하고 있다. 특히 어휘적 복합동사에는 양태를 나타내는 복합동사가 존재한다고 볼 수 있다.

2. 본동사 「つける」와 복합동사 「−つける」의 관련성

본동사와 복합동사는 일반적으로 유사한 점이 많이 존재한다. 그 예로 본동사 「つける[2]」와 복합동사 「―つける」의 관련성을 알아보고자 한다. 「植え付ける」를 예로 들어 보자. 「植え付ける」는 앞의 목적어로 구체적인 사물이 오느냐 추상적

---

1) 히메노(姫野, 1999)에서 최근의 복합동사 「―つける」의 카테고리를 어휘적 복합동사(見つける、やりつける、塗り付ける、刻み付ける、編みつける)와 통어적 복합동사(乗りつける、言いつける、行きつける)로 나누고 있다. 그러나 분류기준에 대해서는 언급하고 있지 않다.

2) 「つける」는 표면에 접촉하는 것을 의미하나 원래는 「壁にポスターをつける」와 같이 「[장소 ニ] [물건키]형으로 나타나는 동사이다.

(a) ポスターをはる。 (b) ポスターをつける。 (c) ポスターをはりつける。

(a)와 (b)가 결합하여 (c)가 된다. 「つける」와 「―つける」는 같은 예이다. 「―つける」가 붙기 위해서 「壁に」라는 보어를 취할 수가 있다. 따라서 「ポスターをつける」와 「ポスターをはりつける」는 「かべに」라는 보어를 넣어 설명할 수 있다. 벽이라는 건물에 사람이 포스터를 붙이는 구체적인 동작으로 「つける」와 「―つける」를 넣을 수 있는 것이다.

인 사항이 오느냐에 따라 의미가 달라진다. '토마토 묘목을 심다(トマトの苗を植え付ける)'와 '좋은 인상을 심어 주다(いい印象を植え付ける)'는 동일한 「植え付ける」라도 목적어가 「トマト」인지 「印象」인지에 따라 의미가 다르다.

2.1. 본동사 「つける」의 의미용법

본동사 「つける」는 다양한 의미가 있다. '벽에 붙이다'에 해당하는 「壁に付ける」와 '바위에 자국을 내다'에 해당하는 「岩に傷を付ける」는 모두 '접착'의 의미이다. 이와 유사한 것으로는 부착의 의미인 '단추를 달다'의 「ボタンを付ける」가 있다. 특이한 것은 '일기를 쓰다'와 같이 기록한다는 의미의 「日記を付ける」가 있다는 점이다. 관용적으로 사용되는 것으로는 '조심하다(気を付ける), 복돋우다(元気を付ける), 어학을 익히다(語学を身に付ける), 짐작을 하다(見当を付ける)' 등이 있다.

2.2. 복합동사 「-つける」의 의미용법

복합동사 「-つける」 역시 본동사와 마찬가지로 다양한 의미를 가지고 있다. '벽에 붙이다'는 「壁にくっつける」, '안테나를 부착하다'는 「アンテナをとりつける」가 된다. 「やっつける」는 어떤 일을 '하다'라는 의미인 「する」와 「やる」의 강조표현으로서 어떤 일을 '한꺼번에 해 버리다'로 사용된다. 예를 들어 '숙제를 다 한 후에 놀러 간다'는 「宿題をやっつけてから遊びに行く」가 된다. 또한 '일기를 쓰다'에 해당하는 「日記を書きつける」가 있다. 이런 몇 가지 예만 보더라도 본동사와 복합동사가 상호 관련성이 있을 것으로 예측된다. 따라서 본동사와 복합동사가 어떠한 관련성이 있는지 실제의 예문을 통해 알아보자.

2.3. 본동사 「つける」와 복합동사 「-つける」의 관련성

2.1.과 2.2.에서 각각의 의미용법을 살펴본 바와 같이 본동사와 복합동사는 상호 관련성이 있다는 것을 알 수 있었다. 그러나 본동사에는 있고 복합동사에는 없는 것, 복합동사에는 있고 본동사에는 없거나 전혀 다른 의미용법으로 쓰는 경

우도 있다. 「つける」는 본동사와 복합동사가 다 존재하고 유사한 의미용법으로 사용될 수 있으므로 예를 통하여 상호 관련성을 찾아보고자 한다.

(7) テレビにアンテナを付けた。

TV에 안테나를 달았다.

(8) ちょうど後ろのところに10数cm²の平らなところがありここに以前と同じ方式でアンテナを取り付けた。

마침 뒤편에 10여cm²의 평평한 곳이 있어, 여기에 전과 같은 방식으로 안테나를 달았다.

(9) しかし、昔から日記を付ける人は絶えない。

그러나 예전부터 일기를 쓰는 사람은 끊이질 않는다.

(10) 伸子は大学ノートを使ったパーティメモを持っていて、何月何日、客は誰、席順はどのようにして、花、蝋燭、テーブルクロス、ナプキンはそれぞれどのような色で、料理は何と何だったかを書きつけてある。

노부코는 대학노트에 적은 파티 메모를 가지고 있었는데, 몇 월 며칠, 누가 참석했는지, 좌석 순서는 어떻게 했으며 꽃 · 양초 · 테이블 보 · 냅킨은 각각 어떤 색이었고 요리는 무엇무엇이었는지 기록해 놓았다.

(11) 車に気を付けてください。

차 조심하세요.

(12) お客さんの関心を引きつけるために、すごくはでなロマンチックな半自叙伝を創作することは珍しくない。(夫婦)

독자의 관심을 끌기 위해 아주 화려하고 로맨틱한 자서전 비슷한 책을 창작하는 일은 드물지 않다.

(13) 私はアメリカの先進的な看護に興味があり、将来は海外で仕事をしたいという希望を持っているので、語学力を付けるために参加しようと思ったんです。

저는 미국의 선진화된 간호에 홍미가 있고, 미래에는 해외에서 일하고 싶은 희망을 가지고 있으므로 어학력을 키우기 위해 참가하고자 합니다.

(14) 何回も行きつけろ店です。

여러 번이나 자주 가는 가게입니다.

(7)의 본동사「つける」와 (8)의 복합동사「ーつける」는 안테나를 '달다'라는 부착의 의미에서 상호 관련성을 찾을 수 있다. '텔레비전에 안테나를 달다'는「テレビにアンテナを付ける」가 되고 '이전과 같은 방법으로 안테나를 달다'는「以前と同じ方式でアンテナを取り付ける」가 된다. 즉「つける」와「とりつける」는 두 가지 모두 '부착하다'의 의미로 사용된 것이다. 여기에서 재미있는 것은,「とる」와「つける」는 서로 상반되는 동사이나 두 동사가 결합되어「取り付ける」라는 복합동사가 된다는 것이다. 이때 전항동사「取る」는 원래의 의미가 약해지고 후항동사「ーつける」의 의미가 강해진다. 그 이유는 전항동사의「とる」가 접두어적 의미로 사용되어 보조적인 역할을 하기 때문이다.

(9)의「つける」와 (10)의「書きつける」는 '(일기를) 쓰다'와 '기록하다'의 의미로 사용된 경우이다.「書きつける」의 경우는 구체적으로 '써 넣다'에 가깝다고 할 수 있다. 따라서 '쓰다'라는 점에서 본동사「つける」와 복합동사「書きつける」를 상호 관련지을 수 있다.

(11)의「気をつける」는 '주의하다, 마음을 쓰다'이고 (12)는 '관심을 끌다'에 해당하는「関心を引きつける」이다. (11)(12)의 예만 보더라도 상호 관련성을 찾을 수 있다. (13)(14)의「つける」는 몸에 익혀 '습관이 되다'라는 점에서 상호 관련성을 찾을 수 있다. (13)의「つける」는 '익히다'이고 (14)의「行きつける」는 '자주 가다'를 나타내는 말로 '습관'의 의미가 함유되어 있다.

3.「つける」의 형성과 의미표시의 이중성

복합동사는 형태와 의미 기능이 하나가 되었을 때 비로소 제구실을 하게 된다. 이 두 가지가 쌍을 이루어야 명시적인 형태로 그 기능을 다 하는 것이다. 언어의 기능은 사건의 성립과정이라는 사상서술과 사물의 성질과 상태를 나타내는 속성서술로 나누어 설명할 수 있다. 장소의 이동을 나타내는 경우에는 주로 동사적인 표현으로 사용되고, 상태를 나타내는「ている」의 경우에는 명사적으로 쓰여 다른 말들과 통어적 결합이 일어난다. 이와 같은 속성을 가진「つける」의 특징을 알아보고자 한다. 이「つける」에는 사상서술과 속성서술이 있다는 것을 알 수 있다.

3.1. 복합동사「−つける」의 사상서술과 속성서술

「−つける」가 사용된 복합동사의 특징은 하나의 문으로 길게 표현할 내용을 전항동사와 후항동사「−つける」의 결합으로 간결하게 표현한다는 것이다. 이는 복합동사 표현이라는 면에서 간략화되어 컴팩트한 표현이 가능해진다. 원래 단순동사는 동사로서 서술의 특징을 갖지만, 동사와 동사가 결합된 복합동사는 좀 더 복잡한 양상을 띠는 것이 특징이다. 복합동사의 구조는 간단하지만 결합된 복합동사는 다양한 의미용법을 갖는다. 복합동사는 표현은 간결하지만 심오한 문의 구조를 대신하는 기능을 하기 때문에 사전에 등록되지 않는 경우도 다수 있다. 복합동사는 하나의 동사로는 나타낼 수 없는 표현을 함유하고 있다. 만약 복합동사「−つける」에 '접착하다'는 단순한 의미밖에 없다면 지금과 같이 다양한 의미용법으로 발달하지 못했을 것이다. 동사와 동사의 결합은 형태상으로는 간결하지만 문의 구조와 의미용법 등은 다양하다. 그중에서도 사상서술과 속성서술이라는 관점에서 논할 수 있다.

(15) 現金がもらえると言われてかけつけるのも、何かみっともない気もする。(予)

현금을 받을 수 있다고 해서 달려가는 것도 왠지 보기 흉할 것 같다.

(16) 木のしっかりとした手摺が取りつけられていた。(由)

튼튼한 나무 난간이 부착되어 있었다.

(15)는 '달려가다'라는 사건의 진행과정 중의 하나이기 때문에 사상서술로 볼 수 있으나 (16)은 손잡이에 붙어 있다는 사물의 상태를 나타내므로 속성서술에 속한다고 할 수 있다. 이와 같이 복합동사 「−つける」를 사상서술과 속성서술로 나눌 수 있으나 분류하기 어려운 것도 존재한다. 복합동사 「−つける」에는 세 가지 이상의 의미를 가진, 「言いつける, 乗りつける」가 있다. 우선 「いいつける」를 일한사전에서 찾아보면 그 뜻이 '명령하다, 고자질하다, 늘 말하다'로 나와 있다. 기본적으로 「言いつける」는 사람이(ガ) 사람에게(ニ) 상황・용건을(ヲ) '지시하다' 또는 '고자질하다'는 의미이다.

(17) 李先生は学生に手紙を千葉先生に届けるように言いつけた。

이 선생님은 학생에게 지바 선생님께 편지를 가져다주도록 지시했다.

(17)의 「言いつける」에는 '명령하다, 지시하다' 외에 '고자질하다, 늘 말하다[3)]'라는 의미도 있다.

3.2. 복합동사 「−つける」의 의미적 특징과 한국어와의 대응관계

동사와 동사의 결합표현은 일본어와 한국어 모두 존재한다. 그러나 일본어 동사와 동사의 결합이 반드시 한국어 동사와 동사의 결합으로 대응되는 것은 아니고 다양한 형태로 나타나고 있다. 예를 들어 「はりつける」는 '접착하다'로 번역이 된다. 한국인 일본어 학습자는 일본어를 번역하거나 작문을 할 때 무의식적으로 한자표현으로 바꾸는 경우가 많다. 「はりつける」처럼 '접착하다(接着する)'라는 정확한 한자표현이 있는 경우도 있지만, 고유 일본어는 번역이나 작문을 할

3) 彼女らはささいなことを先生にいいつける。 그녀들은 사소한 일을 선생님에게 일러바친다.
李先生も言いつけないお世辞を言うときがある。 이 선생님도 평소에 하지 않던 발림소리를 할 때가 있다.

때 적당한 표현이 없는 경우도 많다. 그중에서 복합동사「－つける」가 한국어로는 어떠한 형태로 나타나는지 번역본을 토대로 알아보고자 한다.

(18) でも、お宅は、温泉といえば、うんと高級な宿屋にしか行きつけていらっしゃるんじゃないかと思って、悪いかな、とも思ったんだけど。(夫)

하지만 당신은 온천이라 하면 아주 고급스러운 숙소에만 늘 가시는 게 아닌가 싶어서 실례되지는 않을까 생각했는데.

(18)의「行きつけていらっしゃる」는 '늘 가고 계시다'라는 의미로 습관[4]을 나타낸다.「－つける」가 '～하는 데 익숙하다'로 습관을 나타내는 의미일 때는「－慣れる」로 바꾸어 쓸 수 있는 경우가 있다. 일상생활과 관계가 있는 동작을 나타내는「食べる, 使う, 扱う, 着る, やる, 買う, 聞く, 行く」에「つける」가 붙어 주로「V－ている」의 형태로 사용되면「－慣れている」로 대치할 수 있다. 가령, '늘 듣다'라는 의미의「聞きつけている」는 유사표현인「聞き慣れている[5]」로 대치할 수 있는 것이다. 이처럼「つける」가 '습관'의 의미로 사용되는 것도 문법화[6]의 초기 단계라 할 수 있다. 구체적인 '접착'에서 '습관'으로 이행되는 형태의 고정화가 이를 뒷받침한다. 문법 내에서 상호작용을 하는 것으로 보아 문법화가 일어나고 있다고 할 수 있다. 복합동사「－つける」가 언제부터 습관의 의미로 사용되었는지는 통시적 관점으로 거슬러 연구해야 한다. 형태적 · 의미적 기능의 분화 등으로 보아 문법화가 일어난 것으로 볼 수 있으나 여기서는 구체적인 검증작업은 하지 않고 다음 기회에 취급하기로 한다.

---

4) 습관을 나타내는 예문으로는「いつも理不尽なことを言いつけられて困っています。」「自家用ジェットで乗りつけ、周囲の醤油を買いました。」「書きつけている万年筆を忘れてしまいました。」등이 있다.

5) 습관의 의미를 가진「つける」와「なれる」는 대치가 가능하다. 말하다의「言う」에「つける」를 붙이면「言いつける」가 되는데 '평소에 익숙하지 않은 경어를 사용하다'를 일본어로 작문했을 경우「言いつけない敬語を使う」가 된다. 이때「いいつけない」를「言い慣れない」로 대치할 수 있다.

6) 구체적인 '접착'에서 '습관'으로의 이행이 나타나는 경우, 형태의 고정화 또한 이를 뒷받침하고 있다.「たべつける」가「たべつけている」로 되는 것이다. 문법 내에서의 상호작용을 하는 것으로 보아 문법화가 일어나고 있다고 할 수 있다. 형태적 · 의미적 기능의 분화 등으로 보아 문법화가 일어난 것으로 볼 수 있다. 단골병원의 주치의사는「かかりつけの医者」가 되고 단골가게는「かかりつけの店」가 된다. 단골로 술을 사는 가게가「取りつけの酒屋」가 되는 것도 같은 맥락이다.

(19) 思いうかんだら紙に書きつけておく。

생각나면 종이에 써 둔다.

(20) 雪子をどなりつけているところだった。(伊)

유키코를 매우 호통치고 있던 참이었다.

(21) 社長に言いつけてやるわ! クビにしてやるからね。(予)

사장님에게 일러 주겠어요! 해고당하게 할 거예요.

(22) 貝島はすぐにも向き直って叱りつける所だけれど、なぜか彼には沼倉と云う子供が叱りにくいような気がした。(小さな)

카이지마는 금방이라도 돌아서서 심하게 야단을 쳐야 했지만 왠지 그는 누마쿠라라는 아이를 야단치기 힘들 것 같았다.

(23) この国の人は、外国人だとわかると高く売りつけてくる。(由)

이 나라 사람은 외국인임을 알면 비싼 값으로 팔려 한다.

(19)의 「書きつける」는 '써 넣다'로 일본어와 한국어가 1:1 대응이 된다. 그러나 「書き付ける」에는 다른 의미도 있으므로 번역할 때 주의해야 하는 복합동사 중의 하나이다. 일본어와 한국어의 대응표현은 다르지만 전항동사와 후항동사가 완전히 대등한 의미를 가지기 때문에 흥미롭다.

(20)의 「どなりつける」는 '매우 소리치다, 꾸짖다'로 대응되는데 이는 일본어와 한국어가 역전되어 대응된다. 「どなる」는 특별한 대상이 있든 없든 간에 사용이 가능한 표현이나 「どなりつける」는 반드시 대상이나 상대가 있어야 한다. (20)에서도 「雪子」를 심하게 혼내고 있는 중이었다. (21)의 「言いつける」는 '일러바치다, 고자질하다'의 의미로 하나의 굳어진 표현이며 「言ってつける」와 같은 의미가 된다. (22)의 「叱りつける」의 「つける」는 강조표현으로 사용된 경우로 '매우'에 해당되기 때문에 '매우 꾸짖다'가 된다. (23)의 「売りつける」는 '억지로 사게 하다'와 '비싸게 팔다'로 대응되는 특이한 복합동사 중의 하나이다. 「つける」가 사역의 의미 「させる」로 변하거나, 추상화되어 「高く」라는 의미가 함유되

어 있는 것이다.

이상과 같이, 「つける」를 파악하기 위해서는 전항동사의 성질이 매우 중요하다는 것을 알았다. 복합동사는 전항동사의 힘이 강한지, 후항동사의 힘이 강한지, 아니면 두 동사가 균등한 힘을 가지고 있는지, 제3의 힘을 가지고 있는지로 분류할 수 있다. 이에 따라 나누면 전항동사(예: きりつける), 후항동사(예: とりつける), 전항+후항(예: ねつける), 제3의 의미(예: ひきつける)가 된다. 다양한 기능을 하고 있는 「つける」임을 알 수 있다.

한국어와의 대응관계를 보면 「売りつける」에는 '억지로 사게 하다'는 강제와 사역의 의미가 내포되어 있다. 즉 상대방의 의향을 묻지 않고 일방적으로 사게 해서 상대방에게 피해를 줄 수 있는 경우에 사용한다. 「売る」와 상반되는 표현으로는 「買う」를 생각할 수 있으나 「買い付ける」는 '대량으로 사들이다'로 「売りつける」와는 쓰임이 다르다.

대응관계를 중심으로 분류해 보면 사역의 의미인 '시키다, 하게 하다'로 대응되는 것은 '결부시키다(むすびつける)'가 있고, 상대방은 생각하지 않고 자기중심적인 의미로는 '일방적으로 밀어붙이다(おっつける), 일방적으로 단정해 버리다(きめつける), 일방적으로 보내다(おくりつける)' 등이 있다. 또한 '일부러 보이다(みせつける), 갑자기 급히 달려가다(かけつける), 급히 도착하다(のりつける)', 강조표현으로 '꽉 죄다(しめつける)'나 '세게 밟다(ふみつける)' 등으로 보아 한국어의 대응표현은 다양한 형태로 나타나고 있다는 것을 알 수 있다.

3.3. 복합동사 「ーつける」의 3항 동사

자동사 「つく」의 타동사가 「つける」이다. 전항동사인 「まく」에 「つく」와 「つける」가 결합되면 「まきつく」와 「まきつける」가 된다.

「まきつく」는 '사물이(ガ) 사물로(ニ)'로 「ガ」격과 「ニ」격이 필요한 2항 동사이다. 반면 「まきつける」의 경우는 '사람이(ガ) 사물을(ヲ) 사물에(ニ)'와 같이 「ガ」격 「ヲ」격 「ニ」격이 필요한 3항 동사가 되는 것이다.

(24) ひものはしが車のじくに巻きついてしまって、とれない。

끈의 가장자리가 차축에 감겨 버려서 빠지질 않는다.

(25) 棒の先にボロぎれを巻きつけて、それに油をしみこませた。

막대 끝에 낡은 자투리를 감고 거기에 기름을 스며들게 했다.

(24)의 「巻きつく」는 「ガ」와 「ニ」의 2항을 필요로 하는 자동사이다. (25)의 「巻きつける」를 원래대로 풀어 쓴다면 「(山田さんは)ボロぎれを棒の先に巻き付けて、それに油をしみこませた」처럼 된다. 따라서 「ガ, ヲ, ニ」를 필요로 하는 3항의 타동사이다.

「つく」와 「つける」가 후항동사로 쓰였을 때 어떠한 문법적 역할을 하는지를 알아보자. 두 동사가 결합될 때 「つきつける」는 가능해도 「つけつく」는 부자연스럽다. 그 이유 중의 하나로 「付く[7]」라는 자동사 다음에 타동사가 오는 것이 자연스럽다는 점을 들 수 있다. 예를 들면 「出出し, 付け出し」는 가능해도 「出し出, 付け出」는 불가능한 것과 같은 맥락이다. 「つける[8]」는 어떤 동작에 붙어 「NにNをV」의 형태가 된다. 「巻きつける, 塗りつける, 結びつける, 据え付ける」의 「−つける」는 붙어서 떨어지지 않는 정도의 강함을 나타낸다. 이때의 「ニ」「ヲ」격은 전항동사의 영향을 받는다. 따라서 「−つける」에는 격 결정권이 없다.

복합동사 「−つける」의 의미 중 하나로 '일방적으로 ~하다'가 존재한다. 그 대표적인 예가 「売りつける」와 「送りつける」이다. 이는 3항 동사로 「ワ」「ヲ」「ニ」격을 필요로 하는 동사이다. 이 경우는 상대방을 배려하지 않고 일방적으로 강요하는 「つける」이다. 그러나 의미가 애매한 경우도 존재한다. 「山田さんは先生に呼びつけられる」 경우 '야마다 씨는 선생님께 자주 불려 간다'는 습관으로

7) 「Nヲ」의 보어를 「Nニ」로 바꾸어 보면 알 수 있다. 즉 「N(ヲ)追う」를 요구하는 「ヲ」격이 「N(に)追いつく」로 변했을 때는 「ニ」격을 요구하는 동사로 변해 버린다. 또한 격은 같지만 주체가 달라지는 경우도 있다. 예를 들어 「抱く」는 「腕に抱く」로 쓰이지만 「腕に抱きつく」가 되면 주체가 달라진다. 또한 「犬が人の腕をかむ」는 「犬が人の腕にかみつく」가 되어 「くってかかる」와 같이 의미도 변하고 주체도 달라진다. 예를 들어 「父が子を腕に抱く」의 주체는 아버지이고 「子が父の腕に抱きつく」의 주체는 아이가 된다.

8) 전항동사의 성질을 알아보기 위해 「つく」와 「つける」의 차이를 알아보는 방법과, 「つく」와 「つける」의 차이에서 전항동사의 성질을 알 수 있는 방법 등이 있다. 예를 들면 자·타동사의 대응이 가능한지, 문맥에 따라 의미가 달라지는지 등을 알아보아야 한다.

보아야 하는지 아니면 '불려 갔다'는 수동의 의미로 보아야 하는지 구별하기 어렵다. 격 지배에서도 「踏みつける, 締め付ける, 言いつける, にらみつける, 叱りつける」에는 「Nに」가 필요하기 때문이다. 그러나 가능형으로 사용된 경우 음절이 길면 「ガ」격보다 「ヲ」격을 더 선호하기도 한다. 예를 들어 「あの小さな木にこの牛を結び付けられない」와 같이 타동성의 동사 그 자체가 너무 긴 경우 「ガ」격보다는 「ヲ」격이 더 자연스럽다고 할 수 있다.

4. 복합동사 「-つける」의 문법적 특징

4.1. 복합동사 「-つける」의 경어성

지금까지 「つける」의 경어성에 관한 연구는 많지 않았다. 그럼 실제로 「つける」에 경어성이 존재하는지 살펴보자. 「何なりとお申し付けください(무엇이든 분부하여 주십시오)」에서 「申す」는 겸양어로 화자의 동작에는 사용이 가능하나 손님의 동작에는 사용할 수 없는 경어이다. 「申す」에 「つける」가 결합된 것이 「申し付ける」인데, 「申し付ける」는 「申し出る, 申し込む」와는 성질이 다른 복합동사이다. 즉 「申し出る, 申し込む」의 「申す」는 이미 겸양의 의미는 잃어버리고 「言う」의 의미만 남아 있다. 「申す」가 「言う」의 겸양어라고 해도 「申し付ける」는 손님의 동작에는 사용할 수 없다. 그러나 「言いつける」는 손님의 동작에 사용해도 상관이 없다. 따라서 복합동사 「言いつける」는 겸양어 「申し付ける」와는 성질이 다르다고 할 수 있다.

(26) 御用の際は何なりとお申し付けください。

용건이 있으실 때에는 무엇이든 말씀해 주세요.

(27) 遠慮なく仰せ付けください。

사양하지 마시고 분부해 주십시오.

(26)의 「申し付ける」는 말한다는 의미이고 (27)의 「仰せ付ける」는 윗사람이 아랫사람에게 말로 시키는 것이다. 「仰せ付ける」는 「言いつける」의 존경어인 '분부하시다(お命じになる)'가 되고 「言いつける」의 겸양어가 「申し付ける」가 된다. 따라서 「つける」는 전항동사에 따라 경어성이 달라진다고 할 수 있다.

4.2. 「ぶっつける」와 「ふんづける」의 음편

「ぶっつける, ぶつける, ふんづける」는 단순동사인지 아니면 동사와 「つける」의 결합인지 확인해 보자.

(28) 家族全員で彼女ばかりを責め、今までの鬱憤をぶっつける姿を見て、本当に嫌な気持ちになりました。

가족 전체가 그녀를 책망하며 지금까지의 울분을 터트리는 모습을 보고 정말 기분이 언짢아졌습니다.

(29) なかに押したおしてふんづける。

안으로 밀쳐 넘어트리고 짓밟았다.

(28)의 「ぶっつける」의 「ぶっ」은 전항동사 「ぶつ」와 후항동사 「つける」가 결합한 것이다. 「ぶ[9]っつける」에서 「ぶっ」의 발음이 「つける」의 「T」이기 때문에, −TT로 촉음편화된 것이다. (29)의 「ふんづける」의 전항동사 「ふん」은 「ふむ」가 변해 강조된 것이다. 따라서 전항동사 「ぶつ, ふむ」가 후항동사 「つける」와 결합되어 「ぶっつける, ぶつける, ふんづける」로 된 것은 「つける」가 전항동사에 영향을 주기 때문이다.

9) 「ぶつける」에서 「ぶっつける」가 되는 것은 단순한 자·타동사의 차이 때문에 발생하는 것이 아니라 복합동사의 탄생이 나중에 생긴 것이라 할 수 있다. 「ぶちつける」→「ぶっつける」→「ぶつける」로 변한 것으로 볼 수 있다.

4.3. 「−つける」의 격 지배

복합동사 「−つける」에 격 지배가 있는지 여부를 알아보고자 한다. 복합동사의 어려운 점은 보어의 격 지배가 전항동사의 영향인지 후항동사의 영향인지 아니면 제3의 영향인지 알기 어렵다는 점이다. 「人を切る[10]」가 「人に切りつける」로 변하여 「ニ」격을 취하는 동사가 된다. 「Nヲ」를 취하는 동사가 「−つける」와 결합되면서 「Nニ」를 취하는 복합동사로 변한다. 실제로 예문을 통하여 구체적으로 살펴보자. 기본적으로는 「つける」는 타동사이기 때문에 '사람이(ガ) 사물을(ヲ)'로 구성되는 것이 일반적이다. 그러나 좀 더 구체적으로 나타낼 때는 「すりつける」와 같이 '사람(동물)이(ガ) 사물을(ヲ) 사물에(ニ)' 나타나는 것이다. 재미있는 것은 자・타동사의 결합에서 「かいつく」는 불가능해도 「かいつける」는 가능하며 「ニ」격을 취하는 경우도 있다는 점이다.

4.3.1. 「Nニ」격과 「Nヲ」격

복합동사의 격 지배를 한마디로 단정하기는 어렵다. 따라서 여기서는 「−つける」에 격 지배성이 있다고 가정해서 검토해 보고자 한다. 「−つける」가 타동사이기 때문에 「Nヲ」격을 취할 것으로 생각되나 반드시 그렇지는 않다.

(30) 音がうるさいといって少年に切りつける。

소리가 시끄럽다며 소년에게 덤벼들었다.

(31) 沼倉が自分の罪をなすりつけようとした野田と云う少年は、平生から温厚な品行の正しい生徒なのである。

누마쿠라가 자신의 죄를 덮어씌우려고 했던 노다라는 소년은 평소에 품행이 온화하고 바른 학생이다.

10) 이와 같이 「−つける」라는 후항동사는 그 동작이 행하여지는 방향으로서 「Nに」라는 보어를 전항동사의 보어의 형태로 취할 수 있으나 그렇지 않은 것이 있다.
- 「人を切る」→「人に切り付ける」
- 「シャツをぬう」→「シャツに縫い付ける」
- 「ボールをなげる」→「ボールに投げつける」

(32) 泥棒をつかまえて柱に縛り付けた。

도둑을 잡아 기둥에 묶어 두었다.

(33) この学校は学生を縛り付ける規則がたくさんある。

이 학교는 학생을 구속하는 규칙이 많이 있다.

(30)의 「切りつける」는 「ニ」격을 취한다. 원래 「Nを切る」, 「を切りつける」처럼 「ヲ」격을 취하는 것처럼 보이나 실제로는 「に切りつける」같이 「ニ」격을 취한다. 전항동사인 「切る」와 후항동사인 「ーつける」는 격 결정권이 없고, 전항과 후항이 결합되어 복합동사가 되었을 때 새로운 격 결정권을 가지게 되기 때문에 「ニ」격을 취하는 것이다. 따라서 「を切り付ける」의 사용은 잘못된 것이다. 「切りつける」가 「ニ」격을 취해야 하는데도 실제 많은 예문을 보면 일본인조차도 「ヲ」격을 사용하는 경우가 많다. 최근의 신문기사를 보면 「店員の女性を切りつけた」와 같이 「を切りつける」를 사용하는 경우가 종종 있다. 「ヲ」는 목적, 「ニ」는 목적+방향을 동시에 나타낸다. 「に切りつける」의 「ニ」격은 '목적'의 의미도 있고 '방향'의 의미도 있기 때문에 사용이 까다롭다고 할 수 있다.

(31)의 「をなすりつける」는 「を送りつける」와 마찬가지로 일방적으로 덮어씌워 버린다는 의미이다. (32)의 「柱に縛り付ける」는 어디에 무엇을 붙이는(묶는) 경우로 도둑을 기둥에 묶어 둔다는 표현이나 (33)의 학생을 '규칙에 묶다'는 추상적인 사항을 나타낸다. 따라서 동일한 복합동사라도 격 지배가 달라진다.

4.3.2. 자발의 「寝つかれる」와 가능의 「寝つける」

일본어 학습자는 「寝つく」의 가능형이 「寝つかれる」인지 아니면 「寝つける」인지 구별하기 어렵다. 두 표현이 같은 표현처럼 보이기 때문이다. '좀처럼 잠을 잘 수 없다'의 경우 「寝つかれない」와 「寝つけない」를 같이 사용해도 되는 것인지 의문이 생기지만, 사실은 「寝つかれない」와 「寝つけない」를 분석해 보면 「寝つく」에서 「寝つける」가 되고 여기에 부정의 「ない」를 추가하면 「寝つけない」가 된다. 이를 다시 풀어 쓰면 「寝つくことができない」가 되고 이것을 다시 「寝付く」에 「ら(れる)에 「ない」를 붙이면 「寝つかれない」가 된다. 즉 「寝つく」에 가능의 조동사 「ら(れる)」와 부정의 조동사 「ない」가 결합되어 「寝つかれない」가 된 것이다. 따라서 「寝つく」의 가능형인 「寝つかれる」는 원래 예전부터 있었던 복합동사이지만 주로 자발로 사용되는 복합동사이기 때문에 가능의 부정 「寝付けない」와는 다르다고 할 수 있다.

(34) この頃は入眠導入剤さえ飲んでいれば比較的寝つける。

요즘은 잠을 자려고 수면제만 먹으면 비교적 잠들 수 있다.

(34′) この頃は入眠導入剤さえ飲んでいれば比較的寝つかれる。

요즘은 잠을 자려고 수면제만 먹으면 비교적 잠이 든다.

(34)의 「寝つける」 대신에 (34′)의 「寝つかれる」로 치환해 사용할 수 있다. 본래 가능의 의미로 사용하는 표현이지만 현재는 가능동사 「寝つける」를 사용하는 사람이 많고 「寝つかれる」를 사용하는 사람은 많지 않다. 왜냐하면 「寝つかれる」는 가능보다는 자발로 사용되기 때문에 「昨夜は寝つかれなかった」가 이상하게 들리지 않는 것은 자발의 의미가 있기 때문이다. 즉 「寝つかれなかった」는 '어떠한 이유인지 잠들어 버리지 못했다'라는 자발의 의미로 사용되었기 때문에 '자려고 노력했지만 아무리 노력을 해도 잠 들 수가 없다'라는 의미로 사용된 것이 아니고 '잠을 자려고 해도 잠이 안 온다'는 자발로 사용된 것이다. 「寝つかれない」는 자발의 의미로는 위화감이 그다지 없지만 가능의 의미로는 위화감이 있기 때문에 가능으로 사용하려면 「寝つけない」가 자연스럽다. 따라서 「寝付ける」는 가능의 의미가 강하고 「寝付かれる」는 자발의 의미가 강하다고 할 수 있다.

5. 일본어 교육에서 사용할 수 있는 삽화를 활용한 「つける」 용법

중 · 상급의 한국인 일본어 학습자가 어렵게 생각하는 일본어 복합동사를 일본어 교육에 활용하고자 한다. 복합동사를 한국인의 실제 일본어 교육에 어떻게 활

용하는지에 대한 연구는 그다지 활발하지 않다. 여기서 처음으로 일본어 교육에 삽화를 활용하는 방법을 시도해 보고자 한다. 우선 「つける」의 기능을 알기 위하여서는 「つける」가 있는 부분과 「つける」가 없는 부분을 비교해 보아야 한다. 「つける」를 제거했을 때 어떠한 의미를 지니고 있는지 알아보기 위하여 「つける」를 제거해 보고자 한다.

(35) 山田さんはコップを強く投げた。

야마다 씨는 컵을 세게 던졌다.

(36) 山田さんはコップを床に強く投げつけている。

야마다 씨는 컵을 바닥에 세게 던졌다.

(35)의 「なげる」는 '자기 가까이에서 컵을 가지고 멀리 던지다' 또는 '안에서 밖으로 던지다'라는 의미이다. (36)의 「なげつける」에서 후항동사 「ーつける」의 의미는 삽화에 나타난 대로 구체적인 목표물이 있다는 것이다. 「投げつける」에서 중요한 것은 목표물인 바닥(ゆか)을 향하여 강하게 던졌다는 의미이다. 물론 구체적인 물건이 아닌 말의 경우에도 목표(상대)를 향하여 난폭하고 강하게 쏘아붙인다는 의미이다. 삽화에서 본 대로 목표와 목표물은 「なげる」보다는 「なげつける」 쪽이 더 분명히 설정되어 있다는 것을 알 수 있다. 즉 바닥을 향하여(바닥 쪽으로) 던진다는 것이다.

なげる　　なげつける

「つける」를 좀 더 구체적으로 알아보기 위하여 「しかりつける」와 「しかる」의 차이는 다음과 같이 설명할 수 있다. 「しかりつける」와 「しかる」에는 다소 의미적 차이가 있다. 「しかる」는 '결점을 책망하다'라는 의미이다. 「しかりつける」는 「しかる」보다 훨씬 더 심한 감정이 들어 있어 심하게 '꾸짖다'가 된다. 「しかる」에는 '꾸짖다'라는 뉘앙스가 들어 있어 「つける」와 결합하기 쉽다. 「しかりつける」는 강한 명령표현으로 문제가 있거나 잘못한 경우 '따끔하게 혼내다'라는 의미이다. 「おこりつける」가 부자연스러운 것은 「おこる」의 특성은 자기중심적이기 때문에 대상이 있든 없든 상관없이 나타나기 때문이다. 「つける」에는 사람이나 방향이 들어 있다는 것을 알 수 있다.

(37) 銀行が危ないといううわさが広まって、人々が支店に駆けつけ、預金を引き出した。

은행이 위험하다는 소문이 퍼지자, 사람들이 지점으로 달려와 예금을 인출했다.

(38) いまここの現事故の現場に何台もの救急車と消防車が駆けつけた。

지금 여기 사고 현장에 몇 대인가 구급차와 소방차가 달려왔다.

(37)의 「かけつける」는 「人ガ」, 「所ニ」로 나타난다. 위의 문장에서 「人」는 사람들이고 「所」는 지점을 말하는 것이다. 즉 「所」는 「支店」으로, 은행이 위험하다는 이야기를 듣고 많은 사람들이 지점으로 달려갔다는 것이다. (38)의 「かけつける」는 지금의 사고현장으로 소방차가 달려왔다고 볼 수 있다. 또한 「消防車」를 사물로 보지 않고 사람으로 본 이유는 소방차 안에 사람이 타고 있기 때문이다.

「つける」는 뒤의 보조동사 「ーくる」와 공기하기 쉬워 「かけつけてきた」가 될 수 있다. 보조동사 「ーいく」와 공기하는 것은 거의 나타나지 않으나 실제로 사용되는 표현이다. 「かけつけてきた」라고 하면 화자 쪽으로 오는 것이고, 「かけつけていった」는 화자 쪽에서 멀어져 가는 것을 말한다. 따라서 「つける」 자체로는 명확한 이동의 방향을 말하기 어렵다. 안쪽에서 밖으로 이동함을 나타내는데 주로 사용되는 이동동사이나, 외부에서 안쪽으로 이동할 때도 쓰이는 동사라 할 수 있다.

다음은 사고파는 동사인 「買う」와 「売る」에 「つける」가 결합되었을 경우 의미의 중점이 달라지는 예이다.

(39) 山田さんはアフリカでダイアモンドを買いつけている。

야마다 씨는 아프리카에서 다이아몬드를 사들였다.

(40) 意地の悪いC国の骨董品屋さんが日本人に骨董品を売り付けた。

심술궂은 C나라의 골동품상이 일본인에게 골동품을 강매했다.

(39)의 「買い付ける」는 '사들이다'라는 표현이고, (40)의 「売り付ける」는 '비싸게 팔다'라는 의미이다. (39)는 '안쪽으로', (40)은 '비싸게'라는 의미로 사용된 경우이다. 「買う(사다)」와 「売る(팔다)」는 동작이 서로 상반되는 동사이나 여기에 「つける」가 붙으면 원래의 '사다', '팔다'라는 의미에 다른 의미가 첨가된다. 동일한 동사 「つける」가 붙어서 「たくさん ～入れる」와 「高く ～買わせる」가 되고, 전자는 '안쪽으로의 이동'을 나타내는 반면 후자는 '하게 한다'라는 사역의 의미를 가지게 된다는 것을 알 수 있다.

買い付ける　　売り付ける

다음은 '쓰다'에 해당하는 「かく」와 「かきつける」의 차이에 대해서 알아보자.

(41) ハンさんは教室の前に出て堂々と絵を書いている。

한 씨는 교실 앞으로 나와 자신 있게 그림을 그렸다.

(42) 記者のたか子さんは昨日あった事件のことを山田さんから聞いてノートに書

き付けています。

기자인 다카코 씨는 어제 있었던 사건을 야마다 씨에게 듣고 노트에 적고 있다.

(41)의 「書く」는 노트나 칠판에 볼펜 등으로 '쓰다, 그리다'라는 포괄적 의미이다. 「書く」는 '문자를 쓰다, 그림을 그리다'에 해당하는 표현으로 쓰는 모양이나 내용이 구체적이지 못하나 (42)의 「書きつける」는 '문자나 글을 써 넣다'에 해당하는 것으로 상당히 구체적인 상황을 묘사하고 있다. 여기에 「ーている」가 결합된 「書きつけている」는 '쓰는 데 익숙하다'와 같이 습관의 표현으로 사용되고 있다. 「ーている」는 '늘 습관처럼 하다'라는 의미이다. '써넣다'의 유사표현인 「書きつける」는 구체적으로 하나하나 조목조목 '써넣다'는 의미로 삽화만 보았을 때는 「書き込む」와 「書き入れる」를 구별하기 어렵다.

書く　　　　書きつける

동일한 복합동사 「いいつける」의 다양한 의미용법에 대하여 알아보자.

(43) 「ぜったいに10時までに帰るように」と言いつけています。

"반드시 10시까지 귀가하도록." 하고 잔소리를 하고 있다.

(44) 校長先生は生徒に「きれいに掃除するように」と言いつけている。

교장 선생님은 학생에게 "깨끗하게 청소하도록." 하며 지시하고 있다.

(43)의 「言いつける」는 '잔소리하다'라는 표현이고, (44)의 「言いつける」는 '명령하다'라는 의미이다. 동일한 복합동사라도 문맥에 따라 의미용법이 달라지

기 때문에 주의해야 할 복합동사이다. 전자의 경우 삽화만 보아서는 「なげかける(퍼붓다)」의 의미인지, 「いいつける(잔소리하다)」의 의미인지 애매하기도 하나 두 가지 다 유추해 볼 수 있는 복합동사이다. 그러나 자세히 보면 잔소리 등을 퍼붓는 느낌이 더 강한 것을 알 수 있다. 복합동사 「言いつける」에는 '일러바치다'라는 의미용법도 존재한다.

言いつける　　言いつける

(45) 源次さんと幸子さんは山田さんの前で二人の仲が良いように見せつけています。

겐지 씨와 사치코 씨는 야마다 씨 앞에서 두 사람의 사이가 좋은 것처럼 보여 주고 있다.

(45)의 「見せ付ける」는 「見せる」에 「つける」가 결합되어 하나의 복합동사로 사용된 경우로 양태를 나타낸다. 겐지와 사치코가 사이가 좋은 것처럼 야마다 씨 앞에서 꾸며 보이고 있는 표현으로 「見せ付ける」를 사용하고 있다. 이는 실제로는 사이가 좋지 않은데도 겉으로만 그럴듯하게 보이게 하는 것이다.

見せつける

앞에서 「ーつける」가 있는 경우와 없는 경우의 의미용법을 확인할 수 있고 전항동사의 성질에 따라 후항동사의 의미용법이 다양하다는 것을 알 수 있었다. 또한 동일한 복합동사라도 문맥에 따라 의미용법이 달라진다는 것을 삽화를 통하여 알게 되었다.

6. 마무리

이상에서 살펴본 바와 같이 「つける」는 다른 복합동사와는 달리 특이한 복합동사이다. 「つける」는 주로 사람이 주어가 되어 사람에 의해 변화나 영향을 주는 복합동사로 타동적 성질을 가지고 있는 동사지만, 상황이나 자연현상의 경우에는 자동사적 성질도 가지고 있다는 것을 알 수 있다. 특징을 정리하면 다음과 같다.

(i) 사람이 주어가 될 때와 사물(바람 등의 자연현상)이 주어가 될 때 자 · 타동사로 사용할 수 있는 양용동사이다.

(ii) 「つける」는 전후항의 결합성이 강하여 하나로 굳어진 어휘적 복합동사이다.

(iii) 본동사 「つける」와 복합동사 「ーつける」는 서로 '접촉, 기록, 부착' 등의 밀접한 상호 관련성이 있다. 따라서 복합동사로 쓰였을 경우 「ーつける」의 의미를 파악하기 위해서는 전항동사의 성질을 이해하는 것이 중요하다.

(iv) 「つける」는 전항동사의 영향력, 후항동사의 영향력, 전항 · 후항의 균등한 영향력, 전항 · 후항 동사가 아닌 제3의 힘을 가지기도 하는 특이한 복합동사이다.

(v) 「ヲ」격, 「ニ」격, 「ヲ」와 「ニ」격을 동시에 갖는 격 지배권을 가지고 있는 것으로 보아 후항동사 「ーつける」에는 격 결정권이 없다는 것을 알 수 있다.

(vi) 자 · 타동사가 가능한 경우(「だきつく, だきつける」, 「ねつく, ねつける」, 「おちつく, おちつける」)가 있다.

이와 달리 「行く, ある, なく, かむ」는 전항으로서 「つける」와는 결합할 수 없지만 「つく」와는 결합하여 「行きつく, ありつく, なきつく, かみつく」라는 복합동사가 될 수 있다.

또한 다양한 형태로 한국어와 대응된다. 사역의 의미, '일방적으로 ~하다', '갑자기(급히) 행하다', '외부로의 이동, 안쪽으로의 이동' 등의 의미를 가지고 있다. 강조의 의미로 사용되는 경우는 「つける」가 부사로 대응되며, 「つける」가 역전되어 강조표현을 이루는 「せめつける」는 '호되게 질책하다'는 의미이다.

이상으로 「ーつける」의 어성을 자세하게 알아보았다. 전항동사의 성질에 따라 후항동사의 다양한 의미용법이 존재하고 있으며, 동일한 복합동사라도 문맥에 따라 의미용법이 달라진다는 것을 삽화를 통해 알 수 있었다. 이와 같이 어려운 복합동사라도 다양한 삽화를 이용하여 일본어 교육에 적용하면 쉽게 복합동사를 학습하고 사용할 수 있으리라 믿는다.

제 11 장

한국인 일본어 학습자의 복합동사 활용능력

1. 들어가기

한국인 일본어 상급자의 작문 속에 나타난 일본어 복합동사의 활용능력을 조사해 보면 학습자의 문제점과 개선해야 할 점을 알 수 있다. 일본어 복합동사를 한국어로 번역하기도 어렵지만, 일본어 복합동사를 사용해 한국어를 일본어로 작문하기는 더욱 어렵다. 복합동사의 성질과 구조를 잘 이해하지 못하면 엉뚱한 작문이 되어 버리기 때문이다. '(차를) 팔아넘기다'를 「売り渡す」, '(차를) 사들이다'를 「買い受ける」, '야마다 씨가 한 말을 흘려들었다'를 「山田さんが話したことを聞き流した」라고 작문하려면 복합동사에 대한 상당한 지식과 이해가 있어야 한다. 복합동사는 문장의 역할과 양태적인 의미를 함께 가지고 있으므로 외국인 일본어 학습자들이 이를 이해하려면 많은 시간과 노력이 필요하다. 일본어에는 복합동사가 너무 많아서 학습자들의 이해 정도를 측정하기는 쉽지 않다.

이번 장에서는 상급수준의 일본어 학습자가 복합동사를 어느 정도 인식하고 활용하고 있는지 또 어떤 점에서 자주 틀리는지를 알아보고자 한다. 이를 위하여 다음과 같이 설문조사를 실시했다(설문조사지는 p.240 참고).

일본어능력시험 1급(N1 포함)에 합격한 상급수준의 일본어 학습자 11명을 대상으로 2011년 10월 1일 설문조사를 실시했다. 이들을 10년 이상 학습자 5명(A그룹)과 6~9년 학습자 6명(B그룹), 두 그룹으로 나누어 평가하고 결과를 분석해 보았다. 30컷의 삽화 중 구별이 애매한 3문제(24, 25, 26)를 제외한 27문제를 복합동사를 사용해 작문하도록 했다. 모두 27문제이며 시간은 1문제당 1분으로 27분이 주어졌다. 평가가 끝난 후에는 삽화를 통해 복합동사의 활용능력을 높였다.

A그룹은 A1이 9문제, A2는 11문제, A3는 9문제, A4는 18문제, A5는 12문제를 맞혔으며, B그룹은 B1이 7문제, B2는 9문제, B3는 7문제, B4는 7문제, B5는 10문제, B6는 7문제를 맞혔다. 따라서 A그룹의 평균은 11.8, B그룹은 7.83, 전체 평균은 9.81이었다. 유사 복합동사라든가 풀어서 쓴 경우를 합하면 50%가 넘겠지만 원하는 정답을 작성한 비율은 36.3% 정도였다. 이 결과로 유추해 볼 때 학습자들은 복합동사를 제대로 활용하지 못하고 있음을 알 수 있다.

2. 10년 이상 일본어 학습자의 특징

설문조사에서도 나타났듯이 10년 이상 학습자(A그룹)의 복합동사 활용도는 10년 이하 학습자와 어느 정도 차이가 난다. 또 A, B 두 그룹 모두 대학이든 일본어 학교든 어디서든 복합동사를 체계적으로 배운 적이 없다는 점도 확인했다. 수동이나 경어, 조사 등은 교육현장에서 체계적 학습이 이루어지지만 복합동사는 그렇지 못한 게 현실이다. 따라서 학습자들은 일본어 작문이나 회화 등에 복합동사를 거의 활용하지 못하며 당연히 한국어로 번역하는 데도 어려움을 느낀다고 토로한다. 이번 평가를 통해 체계적으로 일본어 복합동사를 교육해야 한다는 사실을 다시 확인할 수 있었다. 다음 자료는 『고지엔(広辞苑) 전자사전』과 『고지엔 역순사전』을 참고했음을 밝힌다.

2.1. A1의 특징

9문제를 맞힌 A1의 특징을 살펴보자. (14)의 '팔다 남았다'를 「ガ売れ残った」로 해야 함에도 「ヲ売り残した」로 표현한 것 외에는 바르게 작문하고 있다. 「ヲ売り残した」와「ガ売れ残る」를 구별할 필요가 있다. '팔다'는 「売る」, '팔리다'는 「売れる」, '남다'는 「残る」, '남기다, 남겨두다'는 「残す」이므로 '팔다 남다'는 「売れ残る」로 해야 한다. 한국어로는 '팔다 남았다'라고 하지만 사실은 팔리지 않아서 남아 있으므로 '팔리다 남았다'라는 의미가 되는 것이다. '팔다 남기다'의 경우는 「売り残す」가 된다. 역순사전을 찾아보면 「－残す[1]」는 9개, 「－残る」는 15개의 예가 실려 있다. 따라서 복합동사로는 자동사인 「－残る」가 더 많이 사용된다고 할 수 있다.

빵이 주어일 경우는 「今日もパンが売れ残った」이지만, 사람이 주어가 되면 「パン屋さんは今日もパンを売り残した」가 되므로 구별해서 써야 한다. (24)～(26)은

1) 역순사전에 나와 있는 「－残す」의 예(9개)는 「言い残す, 思い残す, 咲き残す, 忍び残す, 食べ残す, 積み残す, 取り残す, 降り残す, 見残す」이다. 역순사전에 나와 있는 「－残る」의 예(15개)는 「明け残る, 生き残る, 居残る, 売れ残る, かすみ残る, 勝ち残る, 枯れ残る, 消え残る, 朽ち残る, 暮れ残る, 消残る, 咲き残る, 死に残る, 散り残る, 焼け残る」이다.

모두 '끝까지 완주하다'는 의미이기는 하지만 문맥에 따라 구별해서 사용해야 하는데 모두 「走りきる」로 작문해 버렸다. 틀렸다고는 할 수 없지만 문맥을 정확하게 이해하지 못한 것으로 보인다. (29)의 '구하러 찾아다니다'는 「テ」 형을 활용해 「求めて回る」라고 작문했다. 이 역시 복합동사에 대한 이해가 부족하기 때문일 것이다.

2.2. A2의 특징

11문제를 맞힌 A2의 특징을 살펴보면 (2)의 '불리기 시작했다'는 「呼ばれはじめた」로, (3)의 '불리기 시작했다'는 「呼ばれはじまった」로 표현했다. 즉 후항동사를 자 · 타동사로 구별한 것이다. 이는 복합동사의 후항에 「始まる」가 올 수 없다는 것을 이해하지 못한 결과이다. (4)의 '잠그는 것을 잊어버렸다'는 「掛け忘れた」라는 복합동사가 아닌 「掛けることを忘れた」라고 작문했다. 이 경우는 「掛けることを」라는 보문이 가능하므로, 복합동사를 사용하지는 않았지만 문장이 성립된다. 그러나 (5)의 「ホテルの部屋にキーを置き忘れた」의 경우 「ホテルの部屋にキーを置くことを忘れた」라는 문장은 성립되지 않는다. 즉 「－忘れる」에는 보문구조가 가능한 경우와 불가능한 경우가 있는 것이다. 우리가 일상생활에서 흔히 경험하는 '우산을 전차 안에 두고 왔다'는 「傘を電車の中に置き忘れた」가 된다. 따라서 A2는 아직 후항동사「－忘れる」의 용법을 완전히 습득하지 못한 것으로 보인다. (16)의 '죽어 가고 있는'은 「死にかかっている」로 적절하게 표현했다. 이 문장은 「死にかけている」라고 해도 문제가 없다. 후항동사의 자 · 타동사가 유사한 의미로 사용되는 경우로는 「かける, かかる」와 「だす, でる」를 들 수 있다.

2.3. A3의 특징

9개의 문제를 맞힌 A3는 A1과 마찬가지로 (14)의 '팔다 남은'을 「売れ残った」가 아닌 「売り残った」로 틀리게 작문했다. 상당수의 학습자들이 '팔다 남은'을 '팔다+남다'로 생각하여 「売り残った」로 잘못 이해하고 있는데, 이를 '팔리다가 남은'이라는 의미라고 생각하면 이 문제는 해결될 것으로 보인다. 이 경우 번역된 한국어만을 단순하게 생각하면 틀리기 쉽다. 「売れ残る」는 「売れないで残る」

라는 의미임을 분명히 알아둘 필요가 있다. 혼기를 놓쳐 버린 경우를 「売れ残る, 売れ残り」라고 하는데 속어이긴 하지만 실제로 많이 사용되는 표현이다. 또 (20)의 '살아남다'는 「生き残る」인데 「生き残す」로 틀리게 작문했는데 이는 후항동사의 자 · 타동사를 제대로 구별하지 못했기 때문이다. (21)의 '울기 시작했다'를 「泣きはじめた」로 표현했는데, 이는 틀렸다고 할 수는 없지만 '갑자기'라는 부사와 사용될 때는 「はじめる」보다는 「だす」 쪽이 더 어울린다. 「泣き出す」는 자동사 「泣く」의 연용형 「泣き」+타동사 「出す」로 된 복합동사이다. 전항동사의 동작 · 작용이 자 · 타동사 어느 것이든, 그것을 보다 더 상세하게 설명하는 후항동사가 연결되는 것이다. 「泣き出す」는 「泣く」라는 동작이 지금 시작된다는 상황을 「出す」로 설명하고 있다. 갑자기 일어난다든가 자연현상이나 인간의 심리 등에는 「出す」를, 시작과 계속과 종료가 예상되거나 인지되는 경우에는 「はじめる」를 사용한다고 볼 수 있다. 따라서 「はじめる」는 어느 정도 여유가 있는 것이다. '울기 시작하다'는 「泣き出す」보다는 「泣き始める」라고 답하는 비율이 높다. 이를 통해 학습자들은 '개시'를 나타내는 복합동사를 「始める」로 이해하고 있음을 알 수 있다.

또 A3는 (28)의 '끝까지 다 읽다'는 「読み終わる」로 작문했다. 이 또한 틀린 것은 아니지만 「読みあげる」 쪽이 완수의 의미를 좀 더 명확하게 해 준다는 사실을 몰랐기 때문으로 생각된다.

2.4. A4의 특징

A4는 18문제를 맞혔다. 유사 복합동사로 표현하거나 복합동사를 사용하지 않은 표현까지 합친다면 거의 완벽하다. (7)은 「よりきる」라는 스모 용어를 몰라 유사표현인 「押し出す」로 표현한 것 같다. A4는 (16)의 '죽어 가고 있다'를 「死にかけている」로, (1)의 '부르기 시작했다'를 「呼びはじめた」로 정확하게 구별하고 있다. 다른 대부분의 학습자는 개시의 「はじめる」와 「かける」에서 혼란을 일으키는데 이 학습자는 잘 구별해 사용하고 있다.

일본어를 학습하는 외국인이라면 한번쯤 고민하는 것이 「かける」와 「始める」의 차이이다. 당연한 말이지만 일본인들은 일의 개시를 나타내는 「かける」와 「は

じめる」를 아주 자연스럽게 구별해 사용한다. 일의 개시를 나타내는 표현으로 쓰이는 「かける」 중에서 「書きかける」를 예로 들어 보자. 「かける」가 붙어 있는 복합동사는 무언가를 시작한 직후에 그 동작을 일단 정지하거나 그만두거나, 망설이는 경우에 쓴다. 「手紙を書きかけたが、捨ててしまった(편지를 쓰기 시작했지만 버려 버렸다)」는 「手紙を書き始めたが、捨ててしまった」로 해도 된다. 「始める」는 보통은 「手紙を書き始める」처럼 동작을 계속할 때 쓰지만, 「かける」처럼 중도에 중지할 때도 사용하기 때문이다. 그렇다면 「かける」는 어떨까. 「手紙を書きかけた」로 문장이 끝나 버리면 이상하다. 왜냐하면 「かける」는 쓰고 있다가 그 후에 버린다든가 그만둔다든가 하는 다른 일이 일어날 때, 즉 문장이 계속 이어질 때 자주 쓰이기 때문이다.

다른 예를 들어 보자. 「夕食を食べかけた」에는 '저녁을 먹기 시작했지만 아직 다 끝나지 않았다'와 '저녁을 먹으려 했지만 그만두었다'는 두 가지 의미가 있다. 「−かける」에는 행동을 개시했다는 의미와 함께 그 행위가 계속되거나 또는 중단상태에 있다는 의미도 포함하고 있다. 즉 「かける」는 지금부터 시작하려고 하기 직전 또는 하기 시작했지만 완료되지는 않고 도중에 그만둔 경우에 사용한다. 「言いかけた(말하려고 했거나 또는 말하기 시작했지만 마지막까지는 말하지 않았다)」, 「やりかけた(하기 시작했지만 끝내지는 않았다)」 등이다. 대표적인 것이 「読みかけの本(읽다가 만 책)」이다. '비가 내리기 시작하다'는 「雨が降り始める」이지만 아침에 내렸다가 그친 후 다시 내리기 시작한 경우에는 「雨が降りかける」라고 표현한다.

이 밖에도 A4는 「押し倒す」라는 표현도 쓰고 있으며 (15)의 '사진과 대조해 보다'를 「写真と照らし合わせる」로 정확하게 표현하고 있다. 더욱 놀라운 것은 (24)~(26)을 「走り終える, 走り抜く, 走りきる」 같은 유사한 복합동사를 사용하여 작문을 하고 있는 점이다. 이 세 문장은 틀리지는 않지만 아주 세부적으로 들어가면 약간의 뉘앙스의 차이가 있다는 것까지는 의식하지 못하는 듯하다.

2.5. A5의 특징

12개의 정답을 맞힌 A5의 특징을 보면 우선 (5)의 '잊어버리고 두고 나오다'를

「忘れ置く」로, 한국어와 1:1로 대응하여 표현했다. 이때는 역전되어「置き忘れる」가 된다는 것을 인식하지 못한 결과이다. (7)의 경우도 전혀 다른 표현으로 쓴 경우이다. 스모 용어「よりきる」를 모르면 틀리기 쉽다. (14)의 '팔다 남았다'는 다른 학습자와 마찬가지로「売り残した」로 잘못 표현했다. 그러나 복합동사에 대한 인식은 상당한 수준인 것 같다. (23)의 '밝혀내다'를「明かしつける」로 그럴듯하게 만들어 표현한 것을 보면「つける」가 '~내다'에 대응하는 경우가 있다는 것을 알고 있다는 이야기가 된다. (28)의 '끝까지 다 읽다'를「読み上げる」대신「最後まで読み終わる」라고 표현한 점도 특이하다. 다른 학습자들이 틀린 (29)의 '구하러 찾아다니다'를「探し求める」로 정확하게 작문하고 있는 점을 보면 복합동사에 대한 이해도가 상당히 높음을 알 수 있다.

3. 6~9년 일본어 학습자의 특징

3.1. B1의 특징

7개의 정답을 맞힌 B1의 경우는 A그룹의 학습자와 별 차이는 없지만 (18)의 '읽다가 만 책'을「読みかけた本」이라고 바르게 작문한 점이 돋보인다. 이 경우「読みかけた本」도 좋지만「読みかけの本」쪽이 더 많이 쓰인다는 것을 알아두면 좋겠다.

3.2. B2의 특징

B2는 9개를 맞혔다. A그룹과 비교해 보아도 크게 뒤지지 않는 수준이지만 (5)의 '열쇠를 잊어버리고 두고 나왔다'를「忘れて出かけた」로「テ」형을 사용하여 표현했다. 이는「忘れる」가 복합동사의 후항이 되는 경우를 숙지하지 못한 때문으로 보인다.

참고로「忘れる」에 대해 좀 더 설명하자면「忘れる」는 순간동사로 '결과지속(잊어버린 결과 그 사항이 머릿속에 존재하지 않는 상태가 계속됨)'을 뜻한다.「財布を

忘れている」는 지갑을 어딘가에 두는 순간에 「忘れた」상태가 되었고, 그 결과(지갑이 그곳에 방치된 상태)가 계속 이어지는 것이다.

우리가 일반적으로 사업상 문서 같은 것을 보내면서 「伝え忘れていたのですが、○○文書も追加でいただきたい」라는 문장을 쓴다. 이 「伝え忘れる」는 잘 들어보지 못한 복합동사이다. 이 문장은 「お伝えするのを忘れていましたが(전한다는 걸 잊어버렸습니다만)」로 표현해도 되고 「お伝えするのを忘れていたのですが」라도 해도 된다. 여기에서 「忘れている」의 「いる」를 겸양어 「おる」를 써서 「忘れておりました」로 하면 「忘れていました」보다 정중한 표현이 된다. 또한 「伝える」는 겸양표현을 써서 「お伝えする」라고 할 수 있으므로 「お伝えするのを忘れておりましたが」로 하면 상대방을 높이고 자신을 낮추므로 좀 더 정중한 표현이 된다. 「伝え忘れていた」 → 「伝えるのを忘れていました」 → 「伝えるのを忘れておりました」 → 「お伝えするのを忘れていました」 → 「お伝えするのを忘れておりました」 순으로 정중의 정도가 높아진다. 그러나 「伝え忘れる」를 「お伝え忘れる」라고는 하지 않으므로 주의해야 한다.

B2는 또 (14)의 '팔다 남았다'를 그대로 1:1 대응을 해서 「売って残った」로 틀리게 작문했다. 또 (30)의 '뛰어들다'를 「飛び出した」로 표현했다. '밖으로 뛰어나오다(나가다)'라는 의미를 가진 「飛び出す」와 「飛び込む」를 혼동하고 있는 것이다. 그러나 전항동사로 「飛ぶ」를 사용한 점은 복합동사를 어느 정도 인식하고 있다는 말이 된다. 「飛び込む」는 사람에 대해 사용할 경우 다양한 의미가 있다.

3.3. B3의 특징

7개의 정답을 찾아낸 B3는 자신이 알고 있는 복합동사는 정확하게 쓰고 있으나 (18)의 '읽다가 만'을 「読みのこり」라고 직역하여 억지표현을 만들었다. 이런 현상은 (29)에서도 나타났는데 '구하러 찾아다니다'의 「探し求める」를 「さがしまわす」라고 만들어 사용하고 있다. 후항동사로 「まわす」가 사용되는 예를 역순사전에서 찾아보면 30개가 있다. 「言う, いじくる, おう, 思う, 追う(追んまわす), 掻く, 切る, 食う, 繰る, 漕ぐ, 小突く, こねる, 差す, 付く, つける, とる, なでる, ねじる, 飲む, 乗る, はる, ひきづる, 引く, ひっかける, ひねくる, ひねる, 吹く, 降る, 掘

る, 見る」 등이다. 자주 쓰이는 「見回す(둘러보다), 張り回す(둘러치다), いじり回す(들쑤시다)」 등은 글자만 보고도 뜻을 짐작할 수 있지만, 「飲み回す(한 그릇의 것을 여러 사람이 돌려 가며 마시다), 取り回す(큰 접시에 담은 요리를 돌려 가며 덜어 먹다, 일 등을 잘 처리하다)」 같은 경우는 짐작하기가 쉽지 않다. 후항동사로 쓰일 때의 「まわす」에는 '주위 전체를 ～하다'는 의미가 있으므로 단순이해와 문맥이해가 필요하다.

3.4. B4의 특징

7개의 정답을 맞힌 B4의 작문은 별다른 특징이 없으나 (12)의 「舞い戻る(되돌아오다)」를 「戻りかえる」로 표현했다. 이는 '되돌아서 돌아오다'를 생각하여 작문한 것으로 추측된다. '되돌아오다'는 일한사전을 찾아보면 「舞い戻る, 立ち戻る」가 나와 있는데 문맥에 따라 쓰임이 약간 다르다. 「立ち戻る」는 「舞い戻る」보다 약간 여유가 있다. 그 이유를 전항동사인 「立つ」와 「舞う」에서 힌트를 얻을 수 있다. 「舞う」는 춤추듯이 바삐 돌아오므로 급하게 당일로 돌아온다고 생각하면 이해하기 쉬울 것이다.

3.5. B5의 특징

10개의 정답을 맞힌 B5는 B그룹 중 복합동사의 쓰임을 가장 잘 이해하고 있는 것으로 보인다. 10년 이상 학습한 사람과 견주어도 손색이 없다. 특징을 살펴보면 우선 (12)의 '되돌아오다'를 단순하게 「テ」형을 써서 「帰ってきた」로 작문했다. 이 경우 「舞い戻る」를 사용하면 급하게 돌아왔다는 의미가 좀 더 살아난다. (14)의 '팔다 남았다'는 1:1로 직역해 「売り残った」로 틀리게 표현했다. (28)의 '끝까지 다 읽다'는 「読み終わる」로, (29)의 '구하러 찾아다니다'는 자신이 알고 있는 동사를 활용해서 「探しまわる」라고 자작해 버렸다. 후항동사 「回る」를 역순사전에서 찾아보면 「暴れる, 歩く, 居る, 売る, 掻い回る(掻き回る), 嗅ぐ, かけずる, 駆ける, 食う, 漕ぐ, 転げる, 立つ, 付ける, 告げる, 出る, 飛ぶ, 逃げる, 練る, のたうつ, 飲む, 乗る, 這う, 走る, 馳せる, 跳ねる, 触れる, 吠える, 見る, 持つ, 呼ぶ」 등의 전항동사가 붙어 있다. 충분히 작문에 응용할 수 있는 후항동사라 할 수 있다.

3.6. B6의 특징

B6는 7문제를 맞혔다. 특이한 점은 없으나 (5)의 '호텔에 열쇠를 두고 나왔다'를 「置き忘れた」로 정확하게 작문한 점이 인상적이다. (18)의 '읽다가 만'을 그대로 1:1로 대응시켜 「読み残した」로 표현한 것을 보면 복합동사에 대한 이해력은 아직 부족한 것으로 보인다.

4. 일본어 작문교육과 복합동사 지도

학습자의 실제 일본어 작문을 기초로 한 연구는 드물다. 일본어능력시험 1급자를 대상으로 복합동사의 활용 능력을 조사한 논문은 전무하다. 본 연구에서는 학습자들이 문법적 성질을 가진 복합동사의 전항 · 후항을 바르게 이해하는지와 어휘적 성질을 가진 복합동사의 자 · 타동사에 따른 어성을 제대로 구별하는지를 작문 형식을 통하여 고찰해 보았다. 그 결과 단어 자체로 복합동사의 예측이 가능한 경우와 불가능한 경우로 나누어 지도하는 것이 효과적임을 알게 되었다.

4.1. 예측이 가능한 경우

예측이 가능한 경우로는 다음을 들 수 있다.

아스펙트의 의미에 대응, 보문구조 가능, 1:1 대응 가능, 역전되어 대응, 부사어+전항동사에 대응, 추상화되어 대응하는 경우이다.

(i) 아스펙트의 의미에 대응되는 경우

- 읽기 시작하다 : 読みはじめる
- 울기 시작하다 : 泣き出す

(ii) 보문구조가 가능한 경우

- (열쇠)잠그는 것을 잊어버리다 : 掛け忘れる(掛けることを忘れる)

(iii) 한국어와 일본어의 1:1 대응이 가능한 경우

• 써서 남기다 : 書き残す
• 살아남다 : 生き残る
• 뛰어들다 : 飛び込む(駆け込む)

(iv) 한국어와 일본어가 역전되어 대응되는 경우
• 구하러 찾아다니다 : 探し求める
• 대조해 보다 : 見合わせる

(v) 부사어+전항동사에 대응되는 경우
• やり直す : 다시 하다

(vi) 추상화되어 대응되는 경우
• 밝혀내다 : 洗い出す

4.2. 예측이 불가능한 경우

예측이 불가능한 경우로는 다음을 들 수 있다.

예측이 가능할 것 같은데 불가능한 경우, 의인화되어 사용되는 경우, 일본문화를 모르면 알 수 없는 경우 등이다.

(i) 예측이 가능할 것 같은데 불가능한 경우
• 팔다 남다 : 売れ残る
• 잊어버리고 두고 오다 : 置き忘れる

(ii) 의인화되어 사용되는 경우
• 되돌아오다 : 舞い戻る, 立ち戻る

(iii) 일본문화를 모르면 알 수 없는 경우
• 서로 맞붙은 채 상대편을 밀고 나가 씨름판 밖으로 밀어내다 : よりきる
• (일본 장기에서)궁을 공격하는 말을 다 써 버려 더 둘 수 없게 되다 : さしきる
• (스모, 야구 등에서)진 횟수가 이긴 횟수보다 많아지다 : 負け越す

앞에서 살펴보았듯이 예측이 가능한 경우는 그대로 직접 대응시키면 된다. 이 경우는 일본어를 한국어로 번역하든 한국어를 일본어로 작문하든 동일하게 직역이 가능하다는 사실을 예문을 들어 가며 지도하면 된다. 그리고 예측이 불가능한 경우는 불가능한 이유를 설명하고 주어진 상황에 따라 다르게 표현된다는 사실을 실제의 교육에 응용하면 된다.

4.3. 주요 포인트

「取り戻す」는 '자기 것을 남에게 주었다거나 잃어버렸던 것을 다시 자기 것으로 한다'는 의미이다. 따라서 영양제를 마시고 회복한다는 의미로 「取り戻す」를 쓴다. 또 「取り返す」에도 '다시 이전으로 되돌리다'는 의미가 있으므로 「元気を取り返した」로 쓸 수도 있다.

스모의 경우 이긴 횟수가 진 횟수보다 많은 「勝ち越し」는 흰별(☆)로 표시하고, 진 횟수가 이긴 횟수보다 많은 「負け越し」는 검은별(★)로 표시한다. 일본 국기관(国技館)에서 열리는 스모는 그 기술(技)이 47가지나 있다고 한다. 스모 용어의 대부분이 복합동사와 복합명사로 되어 있는데, 그중에 외래어가 전혀 없는 것만 봐도 복합동사는 일본의 전통문화와 밀접한 관련이 있다는 것을 알 수 있다.

'써서 남기다'는 「書き残す」와 「書き置く」이다. 유사표현이므로 같이 사용할 수 있으나 엄밀하게 구별하면 약간의 차이가 있다. 전자는 주로 인터뷰나 뉴스 등을 들으면서 전문적인 말로 원고를 받아쓰는 경우에 사용하고, 후자는 말 그대로 써서 남길 때 주로 사용한다. 「彼女が『さようなら』と書き置いて出て行った」의 「書き置いて」는 「書き残して, 書き置きを残して」로 바꾸어 쓸 수 있다.

'팔다 남았다'는 전후항동사가 자동사인지 타동사인지에 따라 조사가 바뀐다. 자동사인 경우는 「ガ」격을 써서 「今日もパンが売れ残った」로, 타동사인 경우에는 「ヲ」격을 써서 「パン屋さんは今日もパンを売り残した」가 된다.

'대조하다'에 해당하는 어휘는 「照らし合わせる」이지만 「見合わせる」에도 '대조하다'라는 의미가 있다.

'병으로 죽어 가고 있다'는 「病気で死にかけている」와 「病気で死にかかっている」 둘 다 맞는 표현이다. 즉 자·타동사가 다 가능하다. 그러나 「死にかけている」보다는 「亡くなりかけている」 쪽이 더 완곡한 표현이다. 「病気で亡くなりかけている父が行き続けることを希望しました」라는 문장을 만들 수 있다.

'읽다가 만 책'은 「読みかけた本」과 「読みかけの本」 모두 가능한 표현이지만 「読みかけた本」보다는 「読みかけの本」 쪽이 더 많이 사용된다.

'끝까지 다 읽다'는 「読みあげる」 쪽이 완수의 의미를 보다 더 명확하게 해 준다. 「長編小説を読み上げた時の嬉しさは言うまでもない」는 고생고생하면서 겨우 끝까지 다 읽었다는 완성의 의미가 강하고, 「長編小説を読み終った時の嬉しさは言うまでもない」에는 다 읽었다는 종료의 의미가 강하다고 할 수 있다. 유사표현인 「同じ作家の小説を一ヶ月間読み通しました」는 같은 작가의 책을 한 달 동안 계속해서 끝까지 다 읽었다는 표현이다. 즉 '같은 작가의 같은 소설을 계속해서'라는 뉘앙스가 숨어 있다.

'술잔을 서로 주고받았다.'는 「酌み交わした」라고 하며 「やり取りした」라고는 하지 않는다. '다시 하다'라는 의미의 「やり直す」를 「し直す」로 하면 고어적이고 부자연스럽다.

'되돌아오다'의 경우를 보면 「舞い戻る」는 아주 급하게 당일로 되돌아올 때 사용한다. 「立ち戻る」도 「舞い戻る」와 마찬가지로 되돌아오는 것이지만 「舞い戻る」보다는 좀 더 여유가 있는 편이다. 「出張で大阪へ行ってその日のうちに東京へ舞い戻った(출장으로 오사카에 갔다가 당일로 도쿄에 되돌아왔다)」처럼 당일로 되돌아올 때 「舞い戻る」를 사용한다.

「見合わせる」는 '보류하다'는 의미이다. 외국인 일본어 학습자는 일반적으로 단어의 형태만으로 유추하므로 의미를 파악하기가 힘들다. 「雨で遠足を見合わせた(비 때문에 소풍을 보류했다)」라는 문장을 만들 수 있다.

후항동사로 사용되는 「とめる」를 역순사전에서 찾아보면 「射止める, 受け止める, 打ち止める, 押し止める, 買い止める, 書き留める, 聞き留める, 食い止める, 組み留める, 消し止める, 差し止める, せき止める, 抱き止める, つなぎ止める, 取り留める, 引き留める, 結び留める, 呼び止める」 등이 있다. 「呼び止める」는 「声をかけて止まらせる」「通り過ぎる人を止める」라는 뜻이다.

「泣き出す(갑자기 울기 시작하다)」보다 「泣き始める」에는 좀 여유로운 뉘앙스가 함유되어 있다. 「笑い出す」보다 「笑いはじめる」를 사용하는 경우에는 시간이 더 걸리고 예측이 가능하고 어느 정도 과정도 있어야 한다. 「飛び込む」는 위에서 아래로 나르듯이 뛰어내린다는 의미이다.

5. 마무리

지금까지 일본어 복합동사를 사용해 한국어를 일본어로 작문하는 과정에서 나타난 특징을 살펴보았다. 한국인 일본어 학습자의 복합동사 활용 정도를 알아보기 위하여 일본어능력시험 1급 합격자 11명을 선정해 테스트했다. 그 결과 10년 이상 일본어 학습자는 27점 만점에 평균 11.8점, 6~9년 일본어 학습자는 7.83점이었다. 전체 평균은 9.81점으로 저조한 편이었지만 학습기간이 길수록 복합동사 활용 능력이 우수하다는 결과가 나왔다. 유사 복합동사로 표현하거나 풀어서 쓴 경우까지 합하면 평균점수가 약간 올라가겠지만 이번에는 가장 적합한 복합동사만을 정답으로 했다.

한국어를 일본어 복합동사로 표현할 때는 1:1 대응이 가능한 경우, 유추하여 표현할 수 있는 경우, 유추가 전혀 불가능한 경우가 있다. 이번 조사를 통하여 일본어 복합동사는 상급수준의 학습자에게도 아주 어려운 부분임을 알 수 있었다. 복합동사에는 다양한 의미가 있는데다가 대학이나 여타 기관에서 체계적으로 가르치지 않기 때문에 학습자들은 이해하기가 쉽지 않다. 따라서 체계적인 지도가 필요하며 이때 삽화를 활용하면 효과가 클 것으로 판단된다.

다음은 평가에 사용한 설문조사 내용이다.

안녕하세요. 이 조사는 연구 이외의 목적으로는 사용하지 않겠습니다.

(1) 일본어 학습기간 (① 2년 이하 ② 3~5년 ③ 6~9년 ④ 10년 이상)

(2) 능력시험 1급 보유 (① 예 ② 아니요)

(3) 성별 (① 남 ② 여)

(4) 일본어 복합동사는 한국어로 번역하기 (① 어렵다 ② 쉽다 ③ 보통이다)

(5) 복합동사를 대학이나 학원 등에서 배운 적이 (① 있다 ② 없다)

참고: 다음과 같이 ( ) 안을 하나의 복합동사로 적어 주세요.

복합동사의 예 : 먹기 시작하다(食べはじめる), 비가 내리기 시작하다(降り出す), 써 넣다(書き込む), 다시 쓰다(書きなおす), 보류하다(見合わせる), 꺼져 가다(消えかかる), 끝까지 다 쓰다(書き上げる)

다음 삽화를 보고 연상되는 복합동사를 사용해 한국어를 일본어로 작문해 보세요.

1. ママと 부르기 시작했다(**呼びはじめた**)。

2. 先生と 불리기 시작했다(**呼ばれはじめるようになった**)。

3. 天才と 불리기 시작했다(**称されはじめた**)。

4. かぎを 잠그는 것을 잊어버렸다(**掛け忘れた**)。

5. ホテルの部屋にキーを 잊어버리고 두고 나왔다(置き忘れた)。

6. 別れの酒を 서로 주고받았다(汲み交わした)。

7. 서로 맞붙은 채 상대를 밀고 나가 씨름판 밖으로 밀어내어(寄り切って) 優勝した。

8. 7勝8敗で 진 횟수가 이긴 횟수보다 많아지다(負け越した)。

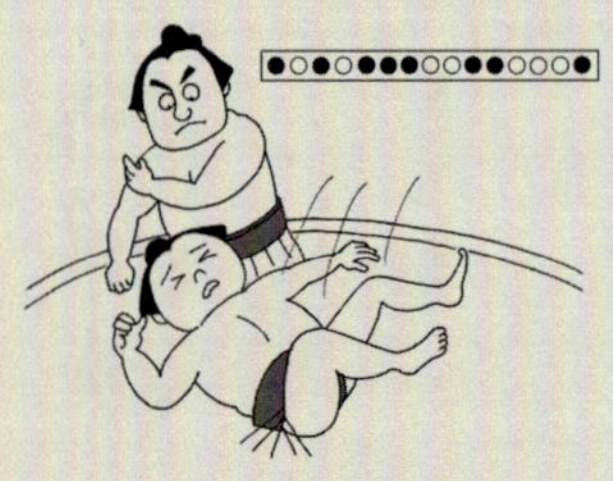

9. ロボットの設計を 다시 했다(やり直した)。

10. 急に 태도를 바꾸어(開き直って) どろぼうになった。

11. 疲れたので栄養材を飲んで元気を 되찾았다(取り戻した)。

12. 出張で大阪へ行ってその日のうちにいなかへ 되돌아왔다(舞い戻った)。

13. 彼女が「さようなら ミキ」と 써 두고(書き置いて) 出て行った。

彼女が「さようなら ミキ」と(書き残して)出て行った。

彼女が「さようなら ミキ」と(書き置きを残して)出て行った。

14. 今日もパンが 팔다 남았다(売れ残った)。

パン屋さんは今日もパンを 팔다 남겼다(売り残した)。

15. 刑事は犯人の顔を写真と 대조해 본다(照らし合わせた、見合わせた)。

16. 病気で 죽어 가고 있는(死にかけている)お金持ちの患者が、生き続けることを希望しました。

病気で 곧 돌아가실 것 같은(泣くなりかけている)父が行き続けることを希望しました。

17. 「あの、じつは…」 「…いや、やっぱりやめておくよ」と 말을 꺼냈다가(言いかけて) 途中でやめている田中君。

18. 읽다가 만 책(読みかけの本、読みかけた本)をまた読み始めました。

19. 夫と 사별하다(死に別れた)。

20. 船が難破してやっと 살아남았습니다(生き残りました)。

21. 赤ちゃん突然激しく 울기 시작했다(泣き出した)。

22. すもうで一気に 씨름판 밖으로 밀어내는(押し出す) 技を「押し出し」という。

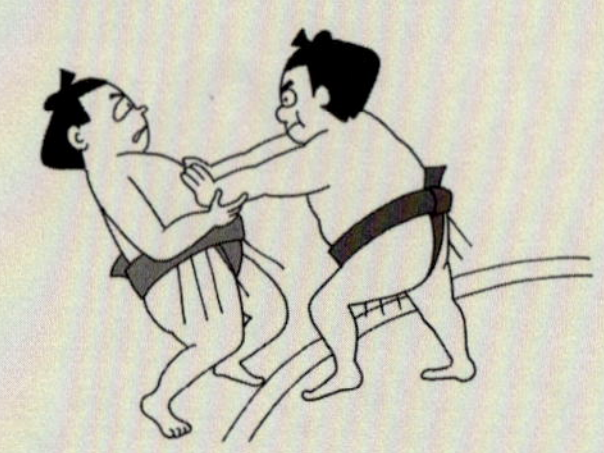

23. 徹底的に犯人を 밝혀내다(洗い出す、突き止める)。

24. 다 달린 후(走り終えた後)、水を飲んで休んだ。

25. 長いコースを 끝까지 완주했다(走り抜いた)。

26. 右足が無いにもかかわらず 끝까지 어렵게 완주했다(走りきった)。

27. 賞状を 큰 소리로 읽는(読み上げる) 先生の姿は素晴らしい。

28. 一冊の小説を 끝까지 다 읽었을(読み上げた) 時の嬉しさは言うまでもない。

29. 蝶蝶(ちょうちょう)を 구하러 찾아다니는(探し求める)ちょうの収集家。

30. 彼は泳げないのにもかかわらずプールに 뛰어들었다(飛び込んだ)。

설문조사에 참여해 주셔서 감사합니다.

2011년 10월 1일

제 12 장

복합동사의 결합조건에 나타나는 제3의 표현

1. 들어가기

가게야마(影山, 1993)는 일본어 동사를 타동사와 자동사로 나누고, 자동사를 비능격 자동사와 비대격 자동사로 분류한다. 복합동사에서 전항동사와 후항동사의 결합에는 '타동성 조화의 원칙'이 작용하며 복합동사는 항 구조가 결정적인 역할을 하는 것으로 보고 있다. 타동사와 비능격 자동사의 항 구조는 같은 형태로 간주한다. 따라서 타동사와 타동사, 비능격 자동사와 비능격 자동사, 타동사와 비능격 자동사가 결합하여 복합동사가 된다는 것이다. 한편 비대격 자동사의 항 구조도 설명하고 있다. 「飲み歩く」라는 복합동사는 술에만 해당되고 물과 주스의 경우에는 거의 사용하지 않는다고 서술하고 있다.

좀 더 구체적으로 「飲む」와 관련된 복합동사를 찾아보면 대체로 술로 관련되어 있다는 것을 알 수 있다. 「飲み歩く」 외에도 「飲み明かす, 飲み倒す, 飲み潰す, 飲みなれる」 등이 있는데, 여기서 흥미로운 것은 「飲む」가 전항동사로 쓰인 복합동사 중 '술'과 관련이 있는 것은 마이너스 이미지를 가지고 있다는 사실이다. 예를 들어 보면 다음과 같다.

「飲み明かす」 밤새워 술을 마시다.
友達と一晩飲み明かした。
친구와 밤새 술을 마셨다.

「飲みあるく」 이 집 저 집 옮겨 다니며 술을 마시다.
ぼくらは銀座のバーを飲み歩いた。
우리는 긴자의 바를 이 집 저 집 다니며 마셨다.

「飲み倒す」 술값을 떼어먹다. 술을 마셔 가산을 날리다.
彼が飲み倒した酒場はいくつもある。
그가 술값을 떼어먹은 술집은 몇 군데나 된다.

「飲み潰す」 술로 가산을 탕진하다.
彼は財産を飲みつぶした。
그는 재산을 술로 탕진했다.

「飲み潰れる」 고주망태가 되다. 몹시 취해 쓰러지다.

彼は床に飲みつぶれていた。

그는 몹시 취해 바닥에 쓰러져 있었다.

그러나 앞의 서술과는 달리 「飲む」의 원래 의미인 '마시다'가 그대로 사용되기도 한다. 「飲みすぎる(과음하다)」는 주로 술에 대해 사용하지만 상황에 따라서는 '주스, 차, 커피' 등도 너무 많이 마실 수 있으므로 꼭 술로 한정할 필요는 없다. 「飲み下す」는 '단숨에 삼키다', 「飲み込む」는 '씹지도 않고 삼키다'에 해당된다. 또한 중지의 의미를 가진 「さす」가 포함된 「飲みさす」는 '마시다가 말다', 「飲み干す」는 '다 마시다'라는 의미이다. 「飲み回す」는 '여러 사람이 돌려 마시다', 통어적인 성질을 가진 「飲み始める」는 '마시기 시작하다', 습관의 의미를 가진 「飲み慣れる」는 '마시는 데 익숙하다'는 의미이다. 이런 예들은 마시는 대상이 알코올에 한정되지 않고 어떠한 액체라도 가능하다고 할 수 있다. 다음 예를 살펴보자.

「飲み過ぎる」 과음하다.

昨夜は(酒を)飲み過ぎた。

어제는 (술을) 너무 마셨다.

「飲み下す」 음식을 넘기다. 하려고 했던 말을 하지 않고 삼키다.

薬を一息に飲み下す。

약을 단숨에 삼키다.

「飲み込む」 씹지 않고 삼키다. 이해하다. 수용하다. 꾹 참다.

肉切れをのみ込む。

고기 조각을 꿀꺽 삼키다.

「飲みさす」 마시다(피우다) 말다.

茶を飲みさしたまま席を立つ。

차를 마시다 만 채 자리에서 일어서다.

「飲み干す」 다 마시다.

彼は一気にビールを飲み干した。

그는 맥주를 단숨에 다 마셨다.

「飲み回す」 한 그릇의 것을 여러 사람이 돌려 가며 마시다.

一つの椀の吸物を飲み回す。

한 공기의 국을 돌려 가며 마시다.

「飲み込む」가 앞의 예에서는 '씹지도 않고 삼키다'로 쓰였지만 '이해하다, 납득하다'처럼 추상화된 의미를 가지기도 한다. 또 다른 예로 「のどまで出かかる慰めの言葉をのみ込んだ(목까지 나오려는 위로의 말을 참았다)」를 들 수 있다. 이러한 예만 보더라도 전항동사 「飲む」는 좀 더 깊게 연구해야 한다. 본동사 「飲む」에는 '(술을) 마시다, 삼키다, 꾹 참다, 받아들이다, 압도하다, 가볍게 보다' 등 여러 의미가 있다. 따라서 다양한 의미로 사용되는 복합동사를 특정한 의미로 규정지을 필요는 없다고 할 수 있다.

마쓰모토(松本, 1998)는 가게야마(1993)의 비능격 자동사와 비대격 자동사 분류의 타당성을 부정하고 있다. 마쓰모토는 복합동사의 전항동사와 후항동사의 결합을 '타동성 조화의 원칙'이 아니라 '주어 일치의 원칙'으로 분류하고 있다. '주어 일치의 원칙'이란 두 개 동사의 주어로 실현하는 항이 동일 인물을 가리키므로 주어는 외항, 목적어는 내항일 필요는 없다고 보는 관점이다. 필자는 사실 이러한 결합 분류보다는 복합동사가 가지고 있는 의미와 역할에 중점을 두고 분석할 필요가 있는 것으로 본다. 즉 잘 나타나 있지 않은 제3의 표현에 주목해야 한다는 것이다.

일본 위키페디아[1]에서는 복합동사를 다음과 같이 설명하고 있다.

「押し続ける, 作り上げる」처럼 두 개의 동사를 결합한 것을 복합동사라 한다. 의미상으로는 「切り倒す, ふりかける」처럼 두 개 동사의 의미가 거의 대등한 것도 있지만, 「押し続ける, 作り上げる」처럼 전항동사가 기본적인 의미를 담당하고 후항동사는 주로 문법기능을 하는 복합동사도 많다. 특히 전항동사의 종류에 제한이 적은 후항동사 「始める, 続ける, 尽くす, 過ぎる, お~する(謙譲語)」 등은 보조

1) http://ja.wikipedia.org/wiki/

동사로도 취급되며, 「押され続ける」처럼 두 동사 사이에 문법적 요소의 개입이 가능한 것도 있다. 또 「かねる(~할 수 없다)」처럼 원래의 의미를 잃어버리고 거의 문법기능만을 담당하는 보조동사 같은 후항동사도 있다.

2. 복합동사의 제3의 표현

복합동사에서는 사전적인 의미가 주요 포인트가 되지만 이를 기반으로 다양하게 분류할 수 있다. 다의적 표현, 직설적 표현, 추상적 표현 등 의미를 기준으로 분류한 것을 제3의 표현이라 할 수 있다. 이렇게 분류하면 일본어 학습 현장에서 좀 더 합리적이고 실질적으로 설명할 수 있을 것이다.

2.1. 다의적 표현

(1) 始末書を上司の机の上に放り出すように提出した。

시말서를 상사의 책상 위에 던지듯이 제출했다.

(2) 二人は手を取り合って喜んだ。

두 사람은 손을 맞잡고 기뻐했다.

(3) バス停の列に割り込む糞ジジババ。

버스 정류장의 줄에 끼어드는 아주머니 아저씨.

(4) 生活のためと割りきって仕事をする。

생활을 위해서라고 깨끗이 받아들이고 일을 하다.

(5) 犯人の指紋を割り出す。

범인의 지문을 알아내다.

다의적 표현에 해당하는 복합동사는 무수히 많아 일일이 다 기록할 수는 없지

만 몇 가지 예를 들어 보고자 한다. (1)의 「放り出す」의 경우 '밖으로 내던지다, 도중에 그만두다'는 의미가 있다. 「生ゴミを放り出した」는 '음식쓰레기를 밖으로 던져 버렸다'이며 「仕事を放り出す」는 '일을 도중에 그만두다'이다. 「始末書を上司の机の上に放り出すように提出した」에는 '신경 쓰지 않고 던져두다'라는 의미가 있다. 또 '내쫓다, 추방하다'는 의미도 있다. 「厄介者を放り出す」는 '말썽꾸러기를 내쫓다'이다.

(2)의 「取り合う」는 '서로 잡다'로 「合う」의 의미가 살아 있다. '서로 차지하려고 다투다, 쟁탈하다'는 의미도 있는데 「遺産を取り合った」는 '유산을 서로 차지하려고 다투었다'이다. 그러나 「取り合わない」처럼 부정표현이 되면 '상관하지 않다'는 의미가 되기도 한다. 「亭主は笑って取り合わない」는 '주인은 웃기만 하고 상관하지 않는다'는 의미이다. 이처럼 부정형으로 쓰이면 전혀 다른 의미가 되는 것도 특이하다고 할 수 있다. (3)의 「割り込む(끼어들다)」는 예전에 정류장 같은 데서 흔히 볼 수 있었던 광경이고, 대화중에 끼어드는 경우에도 사용된다. 「横から話に割り込む」는 '이야기하는데 옆에서 끼어들다'로 번역된다. 단어의 의미만으로 알기 어려운 것도 있다. '어떤 가격이나 숫자보다 더 낮다'로 사용되는 경우가 있는데 이를 잘 인지시킬 필요가 있다. 예를 들어 「株価はすでに額面を割り込んで9,500まで下がってしまった」는 '주가는 이미 액면가보다 떨어져 9,500까지 내려가고 말았다'는 의미이다. 이와 같이 「割り込む」는 문장에 따라 다양한 표현으로 사용된다.

재미있는 것은 특별한 의미를 가지는 「きる」의 경우이다. 예를 들어 (4)의 「割りきる」는 복합동사 자체로 보면 '우수리가 남지 않도록 나누다, 명쾌한 결론을 내다'라는 의미이다. 「3は6を割りきる」는 '3은 6을 나머지 없이 나눈다'는 의미이지만 「思いきった, 思いきって」처럼 굳어진 「割りきった(명쾌하고 단순한), 割りきって(깨끗이 받아들여)」로도 쓰인다. 「割りきった考え」는 '명쾌하고 단순한 사고'라는 뜻이며 「生活のためと割りきって仕事をする」는 '생활을 위해서라고 깨끗이 받아들이고 일을 하다'는 의미이다. (5)의 「割り出す」는 '나눗셈을 하여 답을 내다, 산출하다' 또는 '어떤 사항을 근거로 결론을 내다'는 의미이다. 「経費の費用を割り出す」는 '경비의 비용을 산출하다'로, 「犯人の指紋を割り出す」는 '범인의 지문을 알아내다'로 번역된다.

이와 같이 하나의 복합동사에 다양한 의미용법이 존재하는 것은 표현의 극대성을 높이는 일본어 복합동사의 특징이라 할 수 있다. 즉 본동사만으로 표현이 불가능한 것을 보완해 주는 기능을 한다.

2.2. 직설적 표현

(6) 毎晩飲み潰れて帰る。

매일 밤 고주망태가 되어 돌아오다.

(7) コーヒーをぶちまかす前に飲みきってゴミ箱へ。

종이 커피잔을 찌그러뜨리기 전에 다 마시고 휴지통으로.

(8) 足腰立たぬまで痛快に打ちのめす。

일어서지 못할 때까지 통쾌하게 때려눕히다.

(9) 失敗にぶちのめされる。

실패로 큰 타격을 입다.

복합동사에는 직설적 표현도 있고 연어적 표현도 존재한다. 직설적 표현의 대표적인 것이 「飲み倒す」로 '술값을 떼어먹다'는 의미이며, 「飲み潰す」는 '술에 빠져 재산을 탕진하다'라는 뜻이다. 여기서 전항동사 「飲む」는 주스나 음료수가 아니라 술에 한정된 것으로 보아도 좋을 것이다. 「飲み倒して逃げる」는 '술값을 떼어먹고 도망가다', 「身代を飲み潰す」는 '재산을 술로 탕진하다'가 된다. 예문 (6)의 「飲み潰れる」는 '고주망태가 되다'로 「毎晩飲み潰れて帰る」는 '매일 밤 고주망태가 되어 돌아오다'가 된다. 이와 같은 직설적 표현이 가능한 것은 「飲む」만이 가지고 있는 특성이기도 하다. 내용물이 구체적인 사실이나 추상적인 사항이냐에 따라 복합동사의 의미용법이 변한다고 할 수 있다.

또한 「押し潰す」처럼 직접적이냐 간접적이냐에 따라 달라지기도 한다. 「空き缶を押し潰す」는 '빈 깡통을 눌러 찌그러뜨리다'와 같은 직접적인 표현이고 「改革案を押し潰す」는 '개혁안을 그만두게 하다'처럼 간접적인 표현이다. 예문 (7)

과 같이 재미있는 전항동사이자 접두어처럼 쓰인 것이 「うつ, ぶつ」에 해당하는 「打つ」이다. 「ぶちまかす」는 스모에서만 사용되는 용어로(「ぶち」는 접두어처럼 사용됨) '몸을 부딪치다, 쳐서 상대를 해치다, 철저하게 상대를 제압하다'는 의미이며 직설적인 표현으로서는 '찌그러뜨리다'로 쓰인다. 참고로 「ぶちまける」라는 타동사는 직접적인 표현으로 '몽땅 쏟아내다, 쌓인 감정을 탁 털어놓다'라는 뜻이다.

(8)(9)의 「うち」와 「ぶち」는 의미를 강조하는 접두사이다. 「打ちのめす」는 「うちのめす」 또는 「ぶちのめす」로 '때려눕히다'는 의미인데 수동이 되어 「ぶちのめされる」가 되었다. 유사표현으로는 「なぐり倒す」가 있다.

(10) ゴミ箱をぶちまけて、なくしたメモを探した。

쓰레기통을 쏟아 부어 잃어버린 메모지를 찾았다.

(11) 邪悪な人を痛快に打ちのめす。

사악한 사람을 통쾌하게 때려눕히다.

(12) 相次ぐ災害に打ちのめされる。

연이은 재해로 큰 타격을 받다(입다).

(10)의 「ぶちまける」는 '쏟아버리다, 속마음을 털어놓다'는 의미이며, (11)의 「ぶちのめす」는 '때려눕히다, 큰 타격을 주다'는 의미인데 (12)에서는 수동형태인 「打ちのめされる」가 되어 '커다란 타격을 입다(받다)'는 의미가 되었다. 이 밖에도 「塗り替える(덧칠하다)」, 「言い聞かせる(타이르다)」, 「乗り換える(바꿔 타다)」 등 다양한 직설적 표현이 있다.

2.3. 추상적 표현

(13) コンピューターでデータを取り込む。

컴퓨터로 데이터를 불러들이다.

(14) パソコンに写真を取り込む。

개인 컴퓨터에 사진을 집어넣다.

(15) 与党は野党が長年主張してきた軍縮を政策に取り込んだ。

여당은 야당이 오랫동안 주장해 온 군비축소를 정책에 흡수했다.

(16) 突然の不幸で取り込んでいる。

갑작스러운 불행으로 혼란을 겪고 있다.

「取り込む」에는 다양한 추상적 의미가 있다. (13)(14)는 '불러들이다, 집어넣다', (15)는 '자기 것으로 하다, 흡수하다', (16)은 '갑작스런 일이나 길흉사 등으로 혼잡해지다, 어수선해지다'는 의미이다. 참고로 이와 유사한 복합동사 「取り組む」는 '몰두하다', 「取り持つ」는 '중재하다, 알선하다', 「取り直す」는 '재경기하다'라는 의미이다.

(17) 小さなボートで急流を乗りきる。

작은 보트로 급류를 끝까지 타고 가다.

(18) 不況を乗りきるために、何か工夫していますか？

불황을 극복하기 위하여 무언가 궁리하고 있나요?

(19) 全員が乗りきらないうちに発車した。

전원이 다 타기 전에 발차했다.

「乗りきる」는 추상적 의미를 가진 대표적인 복합동사이다. (17)은 '탄 채로 끝까지 가다', (18)은 '이겨 내다, 극복하다'는 의미이다. (19)는 '전부 타다, 완전히 오르다'로 「きる」의 의미가 추상화되어 '모두 다 타다'가 된다.

(20) そう買い被られても困る。

그렇게 과대평가 받아도 곤란하다.

(21) 私はだいぶ買い被られているようです。

나는 꽤 높이 평가받고 있는 것 같습니다.

(22) 彼の人格を買い被っていた。

그의 인격을 실제보다도 높이 평가하고 있었다.

(23) 私のことを買い被っています。私の成功は運がよかったまでです。

나를 실제보다도 높이 평가하고 있습니다. 나의 성공은 운이 좋았을 뿐입니다.

(24) 私のことをそう買い被られても困ります。実際そんな実力はありませんので……。

저를 그렇게 과대평가해서는 곤란합니다. 사실 그런 실력이 없는데…….

(20)~(24)의 「買い被る」는 모두 '실제보다 높이 평가하다'는 의미로 한국인 일본어 학습자가 사용하기 어려운 복합동사 중의 하나이다. 이는 추상적 표현의 대표적인 복합동사라 해도 과언이 아니다. '물건을 실제 가격보다 비싸게 사다'는 의미로도 쓰지만 주로 사람의 가치를 실제보다 높이 평가할 때 많이 사용된다.

이상의 예에서 알 수 있듯이 「取り込む, 乗りきる, 買い被る」는 두 개의 동사가 결합되면서 원래 의미를 잃어버리고 새로운 의미를 만들어 내고 있다.

2.4. '복합동사 표현'과 '한자어+する'

순수하게 일본어적인 표현의 복합동사를 '한자어+する'로 대치할 수 있는 경우가 의외로 많으나 각각의 뉘앙스 차이에 따라 의미용법이 달라진다. 다음의 몇 가지 예를 통하여 살펴보자.

2.4.1.「打ち合わせる」와「相談する」

(25) 来月の企画について打ち合わせる。

다음 달의 기획에 대하여 상담하다.

(26) 子供のことを知人に相談する。

아이 일을 지인에게 상담하다.

(27) 来年のことは今後相談しながら決めていく。

내년 일은 앞으로 상담하면서 결정해 간다.

「打ち合わせる」는 당사자끼리 가까운 장래에 대해서 상세하게 서로 이야기하는 경우이고,「相談する」는 당사자 이외의 사람에게도 사용하며 시간적으로도 넓은 범위에서 사용된다. 즉「打ち合わせる」는 '사전에 미리 상담하다'는 의미이며「相談する」는 말 그대로 '상담하다'에 해당된다.

2.4.2.「切り詰める」와「節約する」

(28) 切り詰めた生活でも足りない年金です。

절약하여 생활해도 부족한 연금입니다.

(29) 経費と時間を節約する。

경비와 시간을 절약하다.

'절약하다'에 해당하는 것이「切り詰める, 節約する」이다.「切り詰める」는 '돈의 지출을 가능한 한 줄여 긴축(절감)하다'이고「節約する」는 '낭비를 줄이고 아끼는 것'을 말한다.「切り詰める」와「節約する」는 같은 의미로도 쓰이지만 상황에 따라 달리 사용되기도 한다.「節約する」는 쓸데없는 것을 줄이고 사용량과 비용을 줄이는 것으로 사용범위가 넓다. 여기서 주의할 점은「節約する」에는 '절약하다, 검약하다'는 의미가 공존하는 데 비해「切り詰める」는 '절약하다'에 가깝다는 점이다. 외국인 일본어 학습자도「切り詰める」보다「節約する」 쪽을 더 넓게 쓴다고 할 수 있다. '수입이 줄었기 때문에 식비를 절약하고 있다'는 「収入が減ったので、食費を切り詰めている」가 된다. 「倹」과 「約」은 소박하고 검약하는 생활을 의미한다. 「節」은 한도를 넘지 않도록 제한하는 것으로 자신을 조절한다는 의미가 포함되어 있다. 따라서 '검약'보다는 '절약'이 「切り詰める」에 가깝다 할 수 있다. 「倹素, 倹約」과 「節電, 節度」만 보아도 그 쓰임을 감각적으로 알 수 있다.

2.4.3. 「取り返す, 取り戻す」와 「回復する」

(30) 取られた財産を倍にして取り返した。

빼앗긴 재산을 배로 되찾았다.

(31) 一度無くしたことを取り返すこと。

한번 잃어버린 것을 되찾는 일.

(32) 信用を取り戻すにはどうしたらよいでしょうか。

신용을 회복하기 위해서는 어떻게 하면 좋을까요?

(33) 彼はやっと健康を取り戻した。

그는 겨우 건강을 회복했다.

(34) その瞳が黒豆さながらの艶を取り戻していくのが分かります。

그 눈동자가 검은 콩같이 윤기를 되찾아가고 있는 것을 알 수 있습니다.

(35) 体の治癒力を高め、じっくりと体力を回復する。

몸의 치유력을 높이고, 천천히 체력을 회복해 간다.

(30)(31)의 「取り返す」는 '한번 잃어버린 것을 노력해서 자기의 것으로 하다, 잃기 전의 좋았던 원래 상태를 도로 찾다'는 의미에 가깝다. (32)～(34)의 「取り戻す」는 '한번 잃은 것을 원상태로 하다'가 된다. 이를 한자표현으로 하면 (35)와 같은 「回復する」가 되는데, 이는 '원래의 좋은 상태로 되돌아오는 것'을 말한다.

자주 사용되는 복합동사 「読み返す, 思い返す」와 마찬가지로 「かえす」의 뜻이 살아 있어 원래의 상태나 장소로 되돌아가는 반복적 동작을 나타낸다고 할 수 있다. 따라서 '한번 잃은 신용은 좀처럼 회복할 수 없다'는 「一度失った信用はなかなか取り返せない」가 된다.

닛타(仁田, 1980:270~271)에서는 「取り戻す」의 사용범위가 「取り返す」보다 더 넓고 광범위하며 「取り返す」와 「取り戻す」의 치환이 가능한 경우는 '돈, 책, 지위, 애인' 등이며 '의식, 건강, 젊음, 자신, 조용함' 등은 치환이 불가능하다고 설명하고 있다. 아울러 「元気を取り返す」도 상황에 따라 가능한 경우가 있다고 보충설명하고 있다.

「取り残される, 取りまかれる, かみつかれる」는 「巻き込まれる」와 마찬가지로 후항동사가 흔히 수동형태로 사용되는 복합동사이다. 「一人だけ取り残される」는 '혼자만 살아남다'는 의미이다.

2.4.4. 「取り寄せる」와 「注文する」

(36) まずカタログを取り寄せてみましょう。

우선 카탈로그를 주문해 봅시다.

(37) 旅の情報、カタログを取り寄せるのは、どこの旅行社がいいと思いますか。

여행정보 카탈로그를 주문하는 것은 어느 여행사가 좋습니까?

(38) どうしてもコーヒーが飲みたい、という欲求にかけられた時、スタバに立ち寄ってスマートに「アメリカーノ」を注文した。

커피가 너무 마시고 싶은 마음이 들 때, 스타박스에 들러 스마트하게 '아메리카노'를 주문했다.

(36)(37)의 「取り寄せる」는 유학생이라면 학교 서점에서 한번쯤은 들어 본 복합동사일 것이다. 한국 유학생이 일본의 학교서점에 가서 어떤 책을 달라고 하면 「申し訳ございませんが、その本は今切らしております。取り寄せましょうか」라는 말을 자주 듣게 된다. 이때 어느 곳에서도 「注文しましょうか」라는 표현을 쓰지

않는다. 「取り寄せる」는 '주문해서 가져오게 하다'는 말이므로 지금 주문하면 나중에 온다는 뉘앙스가 숨어 있다. 즉 단순히 '주문하다'가 아니라 '주문해서 배달시키다'는 의미이다. 그러나 (38)의 「注文する」는 그 자리에서 음식 등을 주문할 경우에 사용한다. 커피숍이나 레스토랑에서 「コーヒーを取り寄せましょうか」라고 하지 않는 것만 보아도 알 수 있다. 「取り寄せる」는 그 자리에서나 아니면 외부에 물건을 만들게 하거나 가져오게 할 때 폭넓게 사용할 수 있다.

2.4.5. 「取りつける」와 「装着する」

(39) 李先生の研究室にファックスを取りつける。

이 교수님 연구실에 팩스를 설치하다.

(40) この額縁を壁に取りつけることはできますか？

이 액자를 벽에 달 수 있습니까?

(41) 外部搭載システムを装着する。

외부 탑재 시스템을 장착하다.

(39)(40)의 「取りつける」는 기본적으로 '기계 등을 장착하다, 설치하다'라는 의미이다. 한자로 표현하면 (41)의 「装着する」가 된다. 「装着する」는 「とりつける」보다 더 딱딱하고 문어적인 성격이 강하다. 유사표현으로는 기구 · 기계 등을 '갖추다'는 의미의 「そなえつける」가 있다. 「とりつける」에는 이 밖에도 '상대를 설득하여 자기 생각대로 답(승락)을 얻다, 얻어내다'라는 의미도 있다. 예를 들어 「課長の承諾を取りつけた」는 '과장의 승낙을 얻어냈다'가 된다. 또 「買いつける」처럼 '늘 같은 가게에서 사다'는 의미도 있다. 「いつも取りつけている(買い付けている)店」는 '늘 단골로 사는 가게'라는 의미이다. 이 경우는 「取りつけている, 買い付けている」 둘 다 쓸 수 있는데 「ている」와 결합하여 습관을 나타내는 굳어진 표현이라 할 수 있다.

2.4.6.「張り込む」와「潜伏する」

(42) 容疑者の村に張り込む。

용의자가 있는 마을에 잠복하다.

(43) 犯人の立ち回り先に張り込む。

범인의 일거수 일투족을 망보다.

(44) 密命を受けてホテルに潜伏するが、誰かに殺害されてしまう。

밀명을 받아 호텔에 잠복하지만, 누군가에게 살해되고 만다.

(45) 変装して、目立たないように、潜伏する。

변장을 해서 눈에 띄지 않도록 잠복하다.

(46) 即座に活動を開始するのでなく、暫くの間は潜伏し、時期が經つてから発症するものもある。

즉석에서 활동을 개시하는 것이 아니고 한참동안 잠복했다가 시간이 지나고 나서 발병하는 것도 있다.

(42)(43)의「張り込む」에는 다양한 의미가 있으나 '잠복하여 감시하다, 망보다'라는 의미도 있다. 특히 형사가 범인을 잡으려고 어떤 장소에서 기다리면서 망을 본다는 의미이다. 이에 비해「潜伏する」는 범인을 잡을 때도 사용되지만 '잠복기'처럼 기간을 나타낼 때도 사용한다. 일본어의「潜伏する」는 주로「潜伏期間」같은 명사형으로 자주 쓰인다.「潜伏期間」이란 병원체가 체내에 침입하여 증상을 나타내기까지의 기간을 말한다.「張り込む」에는 '선뜻 큰돈을 쓰다, 앨범이나 벽 등에 붙이다'는 의미도 있다.「上等の服を張り込む」는 '좋은 옷을 큰마음 먹고 사다',「アルバムに写真を張り込む」는 '앨범에 사진을 붙이다'는 의미가 되는 것이다.

이상으로 복합동사 표현과 한자 표현의 관계를 중심으로 살펴본 결과 동사 결합은 특성에 따라 다른 성질을 가지고 있으나, 분명한 것은 복합동사 표현보다는 한자 표현이 더 딱딱하고 문어적인 성질이 강하며, 복합동사에는 한자 표현보다 다양한 의미용법이 있다는 사실이다.

2.5. 본동사와 복합동사의 무(無)관계

본동사와 복합동사는 당연히 연관성이 있고 의미도 상당 부분 겹칠 것 같지만 실제로 예를 찾아보면 아무런 관계가 없는 경우도 있어 연구대상이 되기도 한다. 본동사와 복합동사가 관계가 없는 경우로는 「まくる, こむ, まかる, しきる, かねる」 등을 들 수 있다. 본동사 「まくる」는 '걷어 올리다'라는 의미이지만 복합동사 「まくる」는 '마구 ~하다'와 같이 사용되는 것만 보아도 서로 상관이 없어 보인다. 또한 본동사 「こむ」는 '붐비다'이나 복합동사 「こむ」는 '넣다, 깊이 ~하다' 등으로 사용되고, 본동사 「まかる」는 '가격을 싸게 할 수 있다'이나 복합동사 「まかる」는 '후항동사의 힘준 말'이나 '경어'로 사용되는 등 전항과 후항이 관계가 없는 경우도 존재한다. 특히 「かねる」는 본동사로 쓰일 경우는 '겸하다'이지만 복합동사로 쓰일 경우는 '~하기 어렵다'가 된다. 또한 부정어 「ない」와 결합되어 「かねない」가 되면 '~할 염려가 있다, ~할지도 모른다'가 되어 전혀 다른 의미가 되기도 한다.

(47) これ以上は負からない。

이 이상은 더 싸게 할 수 없다.

(48) まかりまちがうと命がない。

자칫 잘못하면 목숨을 잃는다.

(49) 暴力や不正が大手を振ってまかり通る世の中は困る。

폭력과 부정이 거리끼지 않고 버젓이 통하는 세상은 곤란하다.

(47)의 본동사 「まかる」는 '값을 싸게 할 수 있다'는 의미이다. 그러나 복합동사 「まかりこす」가 되면 「いく」의 겸사말로 '찾아뵙다'라는 의미가 된다. (48)의 「まかりまちがう」는 「まちがう」의 힘줌말로 주로 「まかり間違えば」의 꼴로 '자칫

잘못하면'의 의미로 쓰인다. 또한 「まかり出る」는 「出る」의 겸사말로 '물러나다, 퇴출하다, 뻔뻔스럽게 남 앞에 나서다' 등으로 사용된다. (49)의 「まかり通る」는 「通る」의 힘줌말로 '당당하게 지나가다'는 의미로 「あんなことがまかり通るとは世も末だ」는 '저런 짓이 버젓이 통하다니 세상도 말세다'가 된다. 이와 같이 본동사 「まかる」와 복합동사 「まかる」는 의미용법이 다른 것으로 보아 상호 관련이 없는 것으로 보인다.

2.6. 연어적 표현

(50) なんとも煮え切らない返事ばかりしている。

언제나 애매한 답장만 하고 있다.

(51) しかし、乗り掛かった船なので仕方なく最後までやってしまうんですよね。

그러나 이왕에 시작한 일이니 할 수 없이 끝까지 해 버리는 거예요.

(52) 仕事は仕事、家は家と割り切った考え。

일은 일, 가정은 가정이라는 단순 · 명쾌한 사고.

(53) 割りきれない気持ちでぐるぐる悩んでいます。

기분이 말끔하지 않아 여러모로 괴로워하고 있습니다.

(54) 円周率ってなんで割り切れないの？

원주율은 왜 깔끔하게 나누어 떨어지지 않는 거야?

(55) 彼はいつも分かりきった話をしています。

그는 항상 뻔한 이야기를 하고 있습니다.

(50)～(55)에서 보듯이 관용적이자 연어적으로 굳어진 표현도 존재한다.

(50)의 「煮えきらない」는 '애매하다, 분명하지 않다'라는 굳어진 표현이며 (51)의 「乗り掛かった船」는 '일단 시작한 이상 도중에 쉽게 그만둘 수 없다'는 의미이다. 또 (52)의 「割りきった考え」는 '단순 · 명쾌한 사고', (53)의 「割りきれな

い気持ち」는 '말끔하지 않은 기분'이라는 의미이다. (54)의 「割りきれる」는 '깔끔하게 나누어 떨어지다'이며, (55)의 「分かりきった話」는 '뻔한 이야기'라는 의미이다.

3. 복합동사와 복합명사

일본어의 복합동사와 복합명사는 여러 면에서 관련이 있고 의미용법도 중복되는 경우가 있으나, 어떤 것은 복합동사만으로 어떤 것은 복합명사만으로 쓰이는 경우가 있다. 「のむ」와 「かける」의 예를 통해 살펴보기로 한다.

3.1. 복합동사 「のむ」와 복합명사 「のみ」

(56) 彼が飲み倒した酒場はいくつもある。

그가 술값을 떼먹은 술집은 몇 군데나 된다.

(57) 友達と一晩飲み明かした。

친구와 밤새 술을 마셨다.

(58) 彼はコーヒーを飲み掛けのまま出ていった。

그는 커피를 마시다 말고 나갔다.

(59) この広間は飲み食いが禁じられている。

이 객실은 먹고 마시는 게 금지되어 있다.

(60) お酒を全然飲めないのに駆け付け三杯と言われてたいへんだった。

술을 전혀 못 마시는데 후래삼배(後来三杯)라 해서 아주 힘들었다.

(61) 彼はバーで飲み逃げをしようとした。

그는 바에서 술값을 내지 않고 도망치려고 했다.

(62) 一本の缶ビールを回し飲みする。

맥주 한 캔을 돌려 가며 마시다.

(63) 異性間の飲み回しについてどう思いますか？

이성 간에 같은 그릇으로 돌려 가며 마시는 것을 어떻게 생각합니까?

(64) 彼は飲み込みが早い。

그는 이해가 빠르다.

(65) 缶ジュースを飲み捨てにする。

캔 주스를 마시다가 버리다.

(56)(57)은 복합동사 표현이고 (58)～(65)는 복합명사 표현이다. (60)의 「駆け付け三杯」는 연회나 회식 등에 늦게 온 사람에게 벌로 술 석 잔을 마시게 하는 것을 말하며, (61)의 「飲み逃げ」는 술이나 음료를 마시고 돈을 내지 않고 도망치는 것으로 술과 관계가 깊다. (63)의 「飲み回し」는 술이든 차든 음료든 종류에 상관없이 한 그릇의 것을 여러 사람이 돌려 가며 마시는 것을 말한다. 복합동사만 가능한 것은 「飲み倒す, 飲み明かす」, 복합명사만 가능한 것은 「飲み食い, 立ち飲み」등이다. 복합명사와 복합동사가 동시에 가능한 것으로는 「飲み込む, 飲みこみ」가 있다.

3.2. 복합동사 「かける」와 복합명사 「かけ」

「かける」는 전항동사와 후항동사로 두루 쓰이는 복합동사 중 하나이다. 또한 연용형이나 중지형 형태로 명사형으로도 사용되고, 후항동사의 연용형 · 중지형으로도 사용할 수 있다. 전항동사로 쓰였을 경우 후항동사의 의미에 따라 전항동사의 의미가 달라지기도 한다.

「かけ上がる」 뛰어 올라가다. ↔ かけおりる(뛰어 내려가다)
階段を駆け上がる。
계단을 뛰어 올라가다.

「かけこむ」 뛰어 들어가다.

門の中へかけこむ。

문 안으로 뛰어 들어가다.

「かけつける」 급하게 달려오다. 달려가다.

救援隊は遭難現場に駆けつけた。

구조대는 조난 현장으로 급히 달려갔다.

「駆けずり回る」 이리저리 뛰어다니다. 분주하게 돌아다니다.

お金がほしいから資金集めに駆けずり回る。

돈이 필요하므로 자금을 모으기 위해 동분서주하다.

「かけのぼる」 뛰어 올라가다.

険しい坂を駆け上る。

험한 고갯길을 뛰어 올라가다.

「かけ走る」 뛰어가다.

かけ走らないで下さい。息が切れますよ。

뛰어가지 마세요. 숨이 차요.

「駆け出す」 뛰어나가다. 달리기 시작하다.

馬が急に駆け出す。

말이 갑자기 달리기 시작한다.

「かけまわる」 이리저리 뛰어다니다. 분주하게 돌아다니다.

野原をかけまわる。

들판을 이리저리 뛰어다니다.

「かけめぐる」 뛰어다니다.

乗馬や弓、山を駆け巡るアクションシーンもあるため、1か月半ほど特訓して撮影に入った。

승마와 활, 산을 뛰어다니는 액션도 있기 때문에 한 달 반 정도 특별훈련을 하고 촬영에 들어갔다.

「かけよる」 달려서 다가서다. 달려오다. 달려가다.＝かけはしる

互いにかけよって再会を喜ぶ。

서로 달려와서 재회를 기뻐한다.

앞의 예에서 보듯「かける」가 후항동사「上がる, こむ, 就ける, はしる, 回る, 出す, めぐる, よる」등과 결합되면 '달리다'는 의미가 된다.

그러나「合う, あわせる, 替える, 違う, 抜ける, 離れる, へだてる」등과 결합되면 후항동사의 힘이 강해 전항동사가 후항동사를 강조하거나 두 개의 동사가 결합해 전혀 다른 제3의 의미를 만들기도 한다.「かける」가 후항동사와 결합될 때는 후항동사의 의미에 따라 '달리다'는 의미를 그대로 가지고 있는지, 아니면 의미가 약화되어 달리 쓰이는지가 핵심이다. 예를 들어「掛け合う[2]」는 '홍정(담판)하다'라는 의미이다.「家賃について大家と掛け合う」는 '집세에 대해 주인과 홍정한다'는 뜻이다. 다음의 예는「かける」에 후항동사가 결합했을 때 의미가 약화되거나 달리 쓰이는 경우이다.

「かけあわす」 교배시키다. 곱하다.「かけあわせる」의 문어형.
人工的にライオンとヒョウをかけあわせてレオポンをつくる。
인공적으로 사자와 표범을 교배시켜 레오폰을 만든다.

「かけ替える」 다른 것으로 바꾸어 걸다. 다른 곳에 옮겨 걸다.
応接間の絵をかけ替える。
응접실의 그림을 바꾸어 걸다.

「掛け違う」 어긋나다. 의견 차이가 있다.
掛け違って会えなかった。
길이 어긋나 만나지 못했다.

「かけぬける」 달려서 지나가다. 빠져나가다.
敵陣を一気にかけぬける。
적진을 단숨에 빠져나가다.

「掛け離れる」 동떨어지다.
都会から掛け離れた所。
도시에서 멀리 떨어진 곳.

「掛け隔てる」 멀리 떼어 놓다. 사이를 두게 하다.

2) 산세이도(三省堂)의『現代新国語辞典 4版』에서는 복합동사「−合う」는 '서로 ～하다'의 의미로서, 24개의 복합동사를 만든다며 예(「言い合う, ～喜び合う」)를 들어 놓았다.

立場の違いが両者の意見を掛け隔てている。

입장의 차이가 두 사람의 의견을 갈리게 했다.

다음은 연용형 형태의 복합명사를 살펴보자. 이때도 '달리다'의 의미가 바로 나타나는 경우와 그렇지 않은 경우가 있다. 주로「込み, つけ, 通し」와 결합된 경우이다.

「かけこみ」　뛰어듦. 늦지 않게 허둥댐.
駆け込み乗車。
시간에 간신히 대어 승차함.

「かけつけ」　급히 달려옴.
駆け付け三杯を飲ませる。
늦게 온 사람에게 벌주 석 잔을 마시게 하다.

「かけどおし」　쉬지 않고 계속 뜀.
駅までかけどおしで行く。
역까지 계속 뛰어서 가다.

「かける」가「あい, うり, すて, たおれ, とり, 流し, なげ, ひき, もち」등과 결합하는 경우에는 '달리다'가 아닌 다른 의미가 된다.「掛け売り」는 '외상판매',「掛け買い」는 '외상매입'이다. 따라서 '외상사절'은「掛け売りお断り」가 된다. 또「掛け持ち」는 '두 가지 이상의 일을 동시에 맡음, 겸임'이라는 의미로「二つの大学をかけもちで教える」는 '두 대학에서 겸직하며 가르치다',「二本の映画に掛け持ちで出演する」는 '두 편의 영화에 겹치기로 출연하다'라는 의미가 된다. 이처럼 전혀 다른 의미가 되는 경우가 있으므로 주의해야 한다.

「かけあい」　서로 번갈아 가며 함. 교섭. 홍정. 한 가지 일을 두 사람 이상이 번갈아 함. 양쪽으로 서로 공격함.
彼らとの掛け合いに失敗した。
그들과의 담판에 실패했다.

「湯かけ祭り」では、大将の合図と同時に大歓声がわき、湯のかけあいが始まった。

'유카케마쓰리'에서는 대장의 신호와 동시에 큰 함성이 일어나고 더운 물을 서로 끼얹기 시작했다.

「かけすて」 보험 등의 부금 붓기를 중도에서 그만둠. 부금을 붓고도 일정 기간 내에 계약에 해당하는 재해・상해가 없으면 보험료를 환불받지 못함.

この商品は、掛け捨ての保険と異なり、貯蓄性が高いです。

이 상품은 순수 보장형 보험과는 달리 저축성이 높습니다.

また「祝い金」は、一定期間勤務した方に対して贈呈しますので、掛け捨てになる心配はございません。

또 축하금은 일정 기간 근무한 사람에게 증정하므로 환급을 못 받을 염려는 없습니다.

「掛け倒れ」 외상값을 떼임. 부금을 붓기만 하고 돈을 떼임.

信用販売で掛け倒れになる。

신용 판매를 하고 대금을 떼이다.

「かけおち」 사랑의 도피.

親に結婚を反対されてかけおちする。

부모가 결혼을 반대해서 사랑의 도피를 하다.

「かけとり」 외상값 수금.

掛け取りに回る。

외상값을 받으러 돌아다니다.

「かけ出し」 신출내기.

駆け出しの新聞記者。

신출내기 신문기자.

「かけ流し」 한 번 쓰고 버림. 흘러나가는 채로 그냥 둠.

源泉掛け流しの天然温泉施設。

원천이 흘러나오는 천연 온천 시설.

かけ流しの湯は浴槽の縁からあふれると同時に、底にある小さな穴からも流れ出る。

계속 흘러나오는 뜨거운 온천수는 욕조 가장자리로 넘치는 것과 동시에 밑에 있는 작은 구멍에서도 흘러나온다.

「かけなげ」 일본 씨름에서 안다리 후리기.

かけなげで勝つ。

안다리 후리기로 이기다.

「駆け引き」 싸움터에서 임기응변으로 군대를 진퇴시킴. (장사나 교섭의) 홍정. 상술.

山田さんは駆け引きがうまい。

야마다 씨는 홍정을 잘한다.

본 절에서는 「のむ」와 「かける」와 관련된 복합동사와 복합명사를 조사해 보았다. 「のむ」에는 '(술을) 마시다, 받아들이다, 업신여기다, 억누르다, 휩쓸다, 품다, 가볍게 보다', 「かける」에는 '걸다, 앉다, 돈(시간)을 들이다, 핸들을 잡다, 끌다, 덮다, 곱하다' 등 다양한 의미가 있다. 이러한 예들을 통하여 복합동사와 복합명사는 매우 밀접한 관계를 가지고 있으며, 복합동사만 가능한 경우와 복합명사만 가능한 경우, 둘 다 가능한 경우가 있음을 알았다. 또한 전항동사의 의미가 살아있는 경우와 약화된 경우 그리고 전혀 다른 의미로 사용되는 경우가 있다는 것도 알 수 있었다.

4. 일본어 학습자 입장에서의 복합동사

일본어 학습자 입장에서의 복합동사에 대한 선행연구에서 빼놓을 수 없는 연구자는 히메노(1975)이다. 히메노는 1970년대 중반부터 "유학생의 일본어 작문 등을 읽어 보면 복합동사를 거의 사용하지 않고, 내용 역시 어린이처럼 단조롭거나 길게 풀어서 쓴 것이 많은데 이는 복합동사의 결여 때문이다"라고 지적하고 있다. 모리타 요시유키(森田良行, 1978) 역시 같은 맥락에서 지적하고 있다. 모리타는 "외국인이 배우는 일본어 교과서에는 주로 단순동사의 의미 · 용법만 나와 있어 동사와 동사의 결합으로 이루어진 복합동사를 학습할 기회가 거의 없다. 따라서 복합동사를 습득하지 않고 중상급으로 올라가기 때문에 복합동사의 활용이 많은 중상급에서 어려움을 느낀다"고 언급하고 있다.

그 이후 한국, 중국, 대만, 홍콩 등의 연구자들 사이에서 복합동사의 오용분석과 습득에 관한 연구가 활발하게 이루어졌고 일본어 학습교재와 국내외 각종 일본어 교과서에서도 조금씩 다루기 시작했다. 홍콩의 하지명(何志明, 2004)은 "복합동사에 대한 교재 및 교수법 등에 관한 활용이 부족하다"며 심각하게 문제를 제기했다. 복합동사의 분류기준, 사용빈도, 어휘적 · 통어적 복합동사의 구별, 외국인이 틀리기 쉬운 복합동사 등에 대한 전반적인 개괄과 대책이 필요하다. 어떻게 하면 일본어 복합동사를 좀 더 효과적으로 습득하게 할 수 있는지를 기초단계부터 연구할 필요가 있는 것이다.

문법 카테고리 중 사역 · 수동 · 경어 · 수수동사 등에 관한 연구는 많지만 일본어 복합동사에 관한 체계적인 연구는 거의 없으므로 새로운 연구가 필요하다. 우선 어떤 동사가 전항동사가 되고 어떤 동사가 후항동사가 되는지 알아보고, 양항이 가능한 동사도 살펴보고자 한다.

먼저 전항동사로 사용되는 동사를 보면 「打つ, 押す, 引く, しる, さす, まかる」 등이 있다.

전항동사 「打つ」는 「うつ」 또는 「ぶつ」로 읽으며 '치다, 때리다'라는 의미이다. 따라서 「ぶち壊す」는 '세게 쳐서 부수다'는 의미이며 촉음화되면 「ぶっ壊す」가 된다. 그러므로 「ぶち壊す」와 「ぶっ壊す」의 쓰임은 같다고 할 수 있다. 전항동사 「うつ」는 의지동사와 함께 쓰여 의미를 구체화하며 주로 후항동사의 상황설명에 사용된다. 「打ち明ける, うちあげる, 打ち合わせる, 打ち落とす, 打ち返す」 등의 의미를 알아보자.

전항동사 「打つ」

「打ち明ける」 彼女には心を打ち明けられる友達がいなかった。
그녀에게는 마음을 털어놓을 친구가 없었다.

「打ち上げる」 今夜、人工衛星が打ち上げられる予定だ。

오늘밤, 인공위성을 쏘아 올릴 예정이다.

「打ち合わせる」 彼女と旅行の日程を打ち合わせた。

그녀와 여행 일정을 협의했다.

「打ち落とす」 父はクリを竹竿で打ち落とした。

아버지는 장대로 밤을 털었다.

「打ち返す」 彼は難しいボールを打ち返した。

그는 어려운 공을 되받아쳤다.

「打ち勝つ」 彼は難聴に打ち勝って優れた作曲をした。

그는 난청을 극복하고 훌륭한 곡을 만들었다.

전항동사 「おす」는 의지동사와 함께 구체적으로 쓰인다. 주로 '강하게', '무리하게'라는 의미가 내포되어 있다. 「おしあう, おしあける, 押し入る, 押し返る, おしかくす」 등의 의미를 알아보자.

전항동사 「押す」

「押し合う」 押し合って改札口を出る。

서로 떠밀며 개찰구를 나오다.

「押し開ける」 扉を押し開けて原子炉建屋に入る遠隔操作ロボット。

문을 밀어서 열고 원자로 건물로 들어가는 원격 조종 로봇.

「押し入る」 私たちの留守中、泥棒が家に押し入った。

우리가 집을 비운 사이에 집에 도둑이 들었다.

「押し返す」 警官はデモ隊を押し返した。

경찰은 데모대를 진압했다.

「押し隠す」 自分の気持ちを押し隠すことがないんだよ。

자기 기분을 감출 건 없어요.

다음으로 후항동사로 사용되는 것에는 「あげる, たおす, さす, 次ぐ, 去る, おくれる, 足す, える, そこなう, こむ, はじめる, つづける」 등이 있다. 후항동사 「あげる」는 복합동사 전체의 의지성 동사가 되며 자동사와 결합하는 것은 「あがる」,

자 · 타동사 모두 결합이 가능한 것은 「あげる」이다. 일반적으로 「持ち上げる」는 단순히 위쪽으로 이동한다는 의미지만 이외에 다양한 의미로도 사용된다. 특히 주의할 것은 경어로 사용된다는 점이다. 「申し上げる, 買い上げる」 등과 같이 경어로 사용되기도 한다.

후항동사 「あげる」

「洗い上げる」　洗濯物を白く洗いあげる方法を教えてください。
빨래를 하얗게 빠는 방법을 알려 주세요.

「祈りあげる」　季節の変わり目、どうぞお身体ご自愛くださいますようお祈り上げます。
환절기에 아무쪼록 몸조심 하시기를 기원합니다.

「歌い上げる」　彼は愛の歌を朗々と歌い上げた。
그는 사랑의 노래를 낭랑하게 불렀다.

「打ち上げる」　二死満塁でフライを打ち上げてしまった。
2사 만루에서 플라이 볼을 치고 말았다.

「売り上げる」　一日に軽く10万円を売り上げる。
하루에 가볍게 십만 엔 매상을 올리다.

「買い上げる」　政府が米を買い上げる。
정부가 쌀을 수매하다.

후항동사 「倒す」는 타동사로 기본적으로는 서 있는 상태의 것에 힘을 가해 '넘어뜨리다'로 사용된 것이다. 이와 같은 동사가 추상화, 의인화되어 '승부로 상대를 이기다'와 빌린 돈 등을 갚지 않아 상대에게 커다란 '손해를 끼치다'와 같이 변해 버린 동사이다.

후항동사 「倒す」

「打ち倒す」　アリは強烈なパンチで相手を打ち倒した。
알리는 강력한 펀치로 상대방을 때려눕혔다.

「押し倒す」 男は老婆を押し倒して金を奪った。
남자는 노파를 넘어뜨리고 돈을 빼앗았다.

「借り倒す」 彼はバーで酒代を借り倒した。
그는 바에서 술값을 떼어먹었다.

「切り倒す」 父はその桜の木を切り落とした。
아버지는 그 벚나무를 잘라 버렸다.

「突き倒す」 けんかを止めようとして逆に突き倒された。
싸움을 말리려다 오히려 내가 넘어졌다.

양항이 가능한 동사로는「切る, とる」이외에도「だす, でる, あげる, あがる, 見る, おりる, たおす, 合わせる, つける, つく, もつ, 合う, 合わせる, 倒す」등이 있다.「切る」와「とる」의 예문을 통해 살펴보자.

양항 가능동사「切る」

「切り上げる」 旅行を切り上げて直ちに戻った。
여행을 일단 끝내고 즉시 돌아왔다.

「切り出す」 幹部に思いきってその話題を切り出すものはだれもいなかった。
간부에게 과감하게 그 이야기를 꺼내는 사람은 아무도 없었다.

「切り落とす」 植物の生長を助けるために枝を切り落とす作業を剪定と言います。
식물의 생장을 돕기 위해 가지를 잘라 내는 작업을 전정이라고 합니다.

「切り下ろす」 刺客を一刀のもとに切り下ろした。
자객을 단칼에 내리쳤다.

「切り返す」 相手の追及を巧みに切り返す。
상대의 추궁을 교묘하게 되받아치다.

「切り替える」 免許証は3年に1度切り替えなければならない。
면허증은 3년에 한 번 갱신하지 않으면 안 된다.

「言い切る」　彼はその事件にはなんの関わりもないと言い切った。
그는 그 사건과는 아무 관계도 없다고 잘라 말했다.

「打ち切る」　安売りは正午で打ち切られた。
염가 판매는 정오에 끝났다.

「売り切る」　在庫品をたちまち売り切った。
재고품을 순식간에 팔아 치웠다.

「押しきる」　彼女は親の反対を押しきって結婚した。
그녀는 부모의 반대를 무릅쓰고 결혼했다.

「疲れきる」　長旅で彼らは疲れ切った様子だった。
긴 여행으로 그들은 녹초가 된 모습이었다.

「張り切る」　安心したとたんに張り切った気持ちがゆるんだ。
안심하자마자 긴장했던 마음이 느긋해졌다.

양항 가능동사「とる」

「取り上げる」　ひき逃げ事件を起こして運転免許を取り上げられた。
뺑소니 사건을 일으켜 운전면허를 박탈당했다.

「取り扱う」　うちでは酒類は取り扱っていません。
우리는 주류는 취급하지 않습니다.

「取り集める」　干してある洗濯物を一つ一つ取り集めた。
말린 빨래를 하나하나 걷어 들였다.

「取り誤る」　彼女を双子の姉妹と取り誤らないでください。
그녀를 쌍둥이 자매로 착각하지 마세요.

「取り合わせる」彼は彼女に野の花を取り合わせた小さな花束を差し出した。
그는 들꽃을 색색으로 섞은 작은 꽃다발을 그녀에게 내밀었다.

「取り急ぐ」　取り急いで御報告申し上げます。
서둘러 보고 드리옵니다.

「写し取る」　あなたの宿題はインターネットからそっくりそのまま写し取ったものね。
네 숙제는 인터넷에서 그대로 보고 베낀 거네.

「奪い取る」　男は彼から有り金を残らず奪い取った。
남자는 그가 가진 돈을 모조리 강탈했다.

「選びとる」　未来は予測するものではない、選び取るものである。
미래는 예측하는 것이 아니라 선택하는 것이다.

「おっとる」　記者たちはおっとり刀で事故現場にかけつけた。
기자들은 서둘러 사고현장으로 달려갔다.

「買い取る」　友達の車を安く買い取った。
친구의 차를 싸게 사들였다.

「書き取る」　彼女は病人の言葉を書き取った。
그녀는 환자의 말을 받아 적었다.

5. 마무리

지금까지 복합동사의 결합에서 나타나는 제3의 의미와 표현을 예를 들어 가며 살펴본 결과 다양한 의미용법이 있음을 알 수 있었다. 그 분류를 다의적, 직설적, 추상적, 한자어+하다, 복합동사와 본동사의 무관계, 언어적 표현, 복합명사와 복합동사라는 '제3의 표현' 카테고리에서 한국어와의 대응관계를 통해 살펴보았다. 주로 전항동사로 사용되는 「飲む」와 「かける」를 중점적으로 살펴본 결과 복합동사는 역시 본동사와 상당한 관련이 있으며, 복합동사만 가능한 경우, 복합명사만 가능한 경우, 복합동사와 복합명사가 동시에 가능한 경우 등이 있었다. 복합동사는 상호 작용이 복잡하고 의미도 다양하여 학습자들이 터득하고 사용하기가 매우 어려우므로 효과적인 학습지도와 학습지원이 필요하다.

이에 대해서는 2009년 복합동사 심포지엄에서 발표된 각종 연구 성과를 참고할 필요가 있다. 히로시마대학 북경연구센터(北京研究中心)가 연구 성과를 널리 공개하기 위해 연 1회 간행하는 편집기관지 『北研学刊特集号・日本語の複合動詞(通巻第五号)』가 중국어 관련 출판물로 잘 알려진 하쿠테이샤(白帝社)에 의해 간행되었다. 이 기관지는 주로 중국어나 중국문학에 관한 중국어 논문을 많이 게재하는

데, 이번에는 일본어 복합동사에 관한 특집으로 중국, 일본, 한국, 대만, 홍콩의 일본어 복합동사 연구자들의 논문 19편과 자료 1편을 게재했다.

그중 노다 히로시(野田大志)의 「現代日本語における複合動詞の意味形成－構文理論による分析－」은 인지적인 구문이론(construction grammar)을 복합동사의 의미형성에 원용한다면 어떻게 분석할 수 있는지에 대한 시험적인 연구로, 다양한 어형성 패턴을 갖는 복합동사를 거의 총망라하여 다루고 있다. 특히 문법론, 어휘론, 인지적 · 문화적인 면을 비롯하여 다양하고 새로운 접근을 하고 있다는 점에서 복합동사 연구에 대한 새로운 방향성을 제시했다. 또 「日本における複合動詞研究－主な参考文献目録－」 자료에는 1930년대 이후의 일본의 복합동사에 관한 연구논문과 저서가 게재되어 있다.

이번 특집호에 게재된 논문에는 아래와 같이 주목할 만한 연구들이 있다.

일본 守屋三千代(創価大学) : 認知言語学から見た複合動詞－複合動詞はなぜ日本語話者にとって「易しい」のか－

중국 張威(清華大学) : 小学校国語教科書に対する複合動詞の実態調査とその分析－第二言語習得学習ストラテジーの改善をめざして－

대만 于乃明(台湾政治大学) : 日本語複合動詞の語学的研究－理論と応用の接点を求めて－

홍콩 何志明(香港中文大学) : 香港の日本語学習者の複合動詞習得の現状

한국 李暻洙(韓国放送通信大学) : 複合動詞の中の日本文化

또한 중국 청화(清華)대학에서 개최된 국제심포지엄 초청강연에서는 아시아의 학자들이 보는 일본어 복합동사에 관한 다양한 연구 발표와 토론이 있었다. '코퍼스(corpus) 활용, 인지언어학적 관점, 응용언어학적 관점, 일본어 학습자의 습득연구, 일본문화와의 접점' 등 제목만 보더라도 연구의 다양성을 짐작할 수 있다. 이러한 연구는 앞으로 더욱 발전할 것으로 예상된다. 그 밖에 복합동사에 관한 일반 발표에서도 '언어행위, 구문과의 관계, 학습자의 관점에서 교육에의 응용, 코퍼스와 웹상에 나타난 일본어활용, 구문이론' 등 주목할 만한 연구가 많았다. 심포지엄에서 발표된 주요 논문 중 몇 가지를 소개하면 다음과 같다.

• 張勤(中京大学)：言語行為動詞についての覚書－複合動詞との関連から－

• 彭広陸(北京大学)：複合動詞における後項動詞の意味指向をめぐって

• 兪暁明(北京語言大学)：複合動詞と再出発系構文

• 修徳健(中国海洋大学)：程度進行を表す「－こむ」の複合動詞について－日本語教育の立場を通して－

• 杉村泰(名古屋大学)：Web検索を利用した複合動詞のV1＋V2結合に関する記述的研究

• 野田大志(名古屋大学大学院)：現代日本語における複合動詞の意味形成－構文理論による分析－

부록
일본어 복합동사에
대응하는 한국어 표현

일본어 복합동사가 한국어와 어떻게 대응하는지 살펴본다는 것은 쉬운 작업이 아니다. 복합동사의 수가 너무 많은데다가 하나의 복합동사에 여러 가지 의미가 존재하며, 같은 복합동사라도 문맥에 따라 의미가 달라지기 때문이다. 일본어 동사와 동사의 결합이 한국어에서도 동사와 동사의 결합으로 대응되는 경우는 극히 일부에 지나지 않지만, 결합이 가능한 경우가 있다는 것은 언어 유형론 입장에서 보면 매우 가까운 언어라는 것을 알 수 있다. 따라서 여러 면에서 나타나는 유사성은 새로운 연구로 이어질 수 있는 가능성을 제시해 준다. 일본어 복합동사는 생산성이 아주 높은 것과 아주 낮은 것이 공존한다. 필자는 또 문법적(통어적) 성질의 복합동사와 어휘적 성질의 복합동사 그리고 애매한 중간적인 성질(だす, かける, あげる, きる 등)의 복합동사도 있다고 본다.

대응관계를 보면 1:1 대응, 서로 역전하여 대응, 한자어+하다로 대응, 부사어와 전항동사에 대응하는 경우, 형용사와 전항동사에 대응하는 경우 등 일일이 다 열거할 수 없을 정도로 다양하다. 특히 관용적으로 굳어진 것뿐만 아니라 문의 구성을 갖추어 대응하기도 하는 점은 눈여겨볼 만하다. 관용적으로 굳어진 것은 어휘적 복합동사로 볼 수 있으나 문의 구성을 갖춘 경우는 어휘적 성질뿐 아니라 통어적인 성질도 가지고 있다. 이는 일본어의 복합동사가 매우 심오한 내용을 포함하고 있다는 근거가 되기도 한다.

외국인 일본어 학습자에게는 복합동사의 구성이나 의미용법이 아주 어려우므로 이를 사전에 등재해 준다면 많은 도움이 될 것이다. 문법적(통어적) 성질의 복합동사라 할지라도 습관적·자연적으로 사용된다면 어휘적 복합동사나 마찬가지이기 때문이다. 문법적 복합동사는 어휘적 복합동사보다 학습단계에서 미리 배우게 된다. 사전에는 복합동사만 단독으로 등재할 것이 아니라 다수의 전항동사, 다수의 후항동사를 함께 등재하여 복합동사를 더 쉽게 이해할 수 있게 해야 한다.

해결되지 않은 복합동사의 연구과제는 결합구조, 대응관계, 격지배, 문화적 차이에서 오는 복합동사 등 아직도 많이 남아 있다. 동사마다 특성이 있는데 거기에 또 다른 동사와 결합되니 얼마나 많은 특성을 가지고 있을지 미루어 짐작할 수 있다.

참고로 '일본어 복합동사에 대응하는 한국어 표현'을 소개한다.

복합동사 예문

•「飲み明かす」밤새워 술을 마시다.

友達と一晩飲み明かした。

친구와 밤새 술을 마셨다.

•「聞き継ぐ」차례로 전해 듣다. 계속해서 듣다.

昔から語りつぎ聞きつがれてきた話。

예로부터 구전되어 전해 내려온 이야기.

•「聞き伝える」전해 듣다.

評判を聞き伝えて入場者がふえる。

평판을 전해 듣고 입장객이 증가하다.

•「書きまくる」문장 등을 마구 쓰다.

ある有名な解説者は、仕事の前に必ず、その日の仕事について思い浮かぶ言葉を新聞紙大の紙が真っ黒になるほど書きまくるそうです。

어느 유명한 해설자는 일을 시작하기 전에 반드시 그 날 일에 대해 생각나는 말을 신문지 크기의 종이가 새카매질 정도로 마구 쓴다고 합니다.

•「(電話を)かけまくる」(전화를) 마구 걸어 대다.

彼は酔うと電話をかけまくる。そして翌日謝り電話をかけまくる。

그는 취하면 전화를 마구 걸어 댄다. 그리고 다음날 사과 전화를 계속 걸어 댄다.

•「疲れきる」몹시 지치다.

人類が勝手すぎたので地球は疲れきっている。

인류가 너무 함부로 해서 지구는 지칠 대로 지쳐 있다.

•「分かりきる」뻔하다. 자명하다. 명백하다.

結局それは無理だという、最初から分かりきっていた結論に至り着く。

결국 그건 무리라는, 처음부터 자명했던 결론에 도달하다.

•「張り切る」힘이 넘치다. 의욕이 충만하다.

父の工房で学んだ技術や理論を生かそうと張り切ったが、簡単にはいかなかった。

아버지의 공방에서 배운 기술과 이론을 살려 보려고 의욕에 넘쳤지만 손쉽게는 되지 않았다.

- 「読み通す」 다 읽다. 통독하다.

  やさしい英文＋面白い内容なので、最後まで読み通すことができる。

  쉬운 영어 문장＋재미있는 내용이라 끝까지 다 읽을 수가 있다.

- 「走り抜く」 끝까지 뛰다. 완주하다. 주파하다.

  フルマラソンは初挑戦だが、走り抜く自信がある。

  풀마라톤은 첫 도전이지만 완주할 자신이 있다.

- 「見誤る」 잘못 보다.

  運転手が信号を見誤ったために事故が起きた。

  운전기사가 신호를 잘못 봤기 때문에 사고가 일어났다.

- 「立ち遅れる」 늦어서 시기를 잃다. 뒤떨어지다.

  社会の近代化の面で他国に立ち遅れている。

  사회의 근대화 측면에서 다른 나라에 뒤떨어져 있다.

  他国よりも遅れて景気後退に入ったことから、回復も他国に立ち遅れる可能性がある。

  다른 나라보다 늦게 경기 후퇴에 들어섰으므로 회복도 다른 나라에 뒤처질 가능성이 있다.

- 「乗り遅れる」 늦어서 못 타다. 시기를 놓치다.

  2時の飛行機に乗り遅れた。

  2시 비행기를 놓치다.

  流行に乗り遅れる。

  유행에 뒤떨어지다.

- 「書き損なう」 잘못 쓰다. 틀리게 쓰다.

  単語のつづりを書き損なう。

단어 철자를 잘못 쓰다.

•「見落とす」 간과하다.

問題の本質を見落とした。

문제의 본질을 간과했다.

•「見下ろす」 내려다보다. 얕보다.

屋根の上から猫が私を見下ろしていた。

지붕 위에서 고양이가 나를 내려다보고 있었다.

人を見下ろした横柄な態度。

남을 얕보는 거만한 태도.

•「書き込む」 써넣다. 기입하다.

申込書に名前を書き込む。

신청서에 이름을 써넣다.

•「仕損じる」 (일을) 그르치다. 실패하다.

急いてはことを仕損じる。

서두르면 일을 그르친다.

•「見かねる」 차마 볼 수 없다.

見るに見かねて手助けする。

차마 볼 수 없어서 거들어 주다.

•「聞き間違える」 잘못 듣다. 헛듣다.

この商品は店員が客の注文を聞き間違えたことから、誕生したという。

이 상품은 점원이 손님의 주문을 잘못 들은 데서 탄생했다고 한다.

•「取り違える」 잘못해서 바꿔 가지다. 잘못 알다.

彼女は私のバッグと取り違えて帰ってしまった。

그녀는 내 가방과 바꿔 가지고 돌아가 버렸다.

彼は列車を取り違えた。

그는 열차를 잘못 탔다.

• 「書き散らす」 아무렇게나 쓰다.

ノートに数字が書き散らしてあった。

노트에 숫자가 마구 적혀 있었다.

彼は三文小説を雑誌に書き散らしている。

그는 잡지에 삼류소설을 마구 쓰고 있다.

• 「言い忘れる」 말해야 할 걸 잊다.

注意事項を言い忘れる。

주의사항을 말해야 하는 걸 잊다.

• 「置き忘れる」 둔 곳을 잊다. 잊어버리고 두고 오다.

カメラをどこかに置き忘れた。

카메라를 어디 두었는지 잊어버리다.

電車に傘を置き忘れた。

전철에 우산을 두고 왔다.

• 「もつれ合う」 서로 얽히다.

荒れた庭で死んだライラックの枝がもつれ合っている。

황폐해진 정원에 죽은 라일락 가지가 서로 얽혀 있다.

• 「出し合う」 함께 내다. 나누어 내다.

資金を出し合って事業を始める。

자금을 함께 내어 사업을 시작하다.

• 「取り合う」 서로 손을 잡다. 서로 차지하려고 다투다.

2人は手を取り合って喜んだ。

두 사람은 손을 맞잡고 기뻐했다.

遺産を取り合う。

유산을 서로 차지하려고 다투다.

• 「乗り合う」 같이 타다. 합승하다.

方向が同じ者どうしでタクシーに乗り合う。

방향이 같은 사람끼리 택시를 합승하다.

•「追い払う」 쫓아 버리다. 내쫓다.

頭から雑念を追い払う。

머리에서 잡념을 떨쳐 버리다.

•「分かち合う」 서로 나누어 가지다.

喜びも悲しみも分かち合う。

기쁨도 슬픔도 나누어 가지다.

•「むせび合う」 서로 목메어 울다.

二人はそこにすべてを忘れて、感激の涙にむせび合うたのであった。

두 사람은 거기에 모든 것을 잊고 감격의 눈물로 함께 목메어 울었다.

•「思い起こす」 생각해 내다. 상기하다.

そのときふと、昔のことを思い起こした。

그때 문득 옛 일을 상기했다.

•「思い過ごす」 지나치게 생각하다. 지레짐작으로 걱정하다.

私の思い過ごしであっても、一人一人の被害者が60年余も不安を持ち続けていることを国は知るべきだと思います。

나의 지나친 생각이라 하더라도 각각의 피해자가 60년 남짓 계속 불안해한 것을 국가는 알아야만 한다고 생각합니다.

つい、いらぬことまで思い過ごす。

그만 필요 없는 일까지 지레 걱정하다.

•「見過ごす」 간과하다. 보다가 깜빡 빠뜨리다.

赤信号を見過ごす。

빨간 신호를 못 보고 지나가다.

不正を見過ごす。

부정을 보고도 그냥 두다.

南北問題を見過ごすことはやむを得ないと論じた。

남북문제를 간과할 수는 없다고 말했다.

•「寝過ごす」 늦잠자다.

寝過ごして遅刻する。

늦잠을 자서 지각하다.

• 「書き改める」 고쳐 쓰다.

この一節は書き改める必要がある

이 한 구절은 고쳐 쓸 필요가 있다.

• 「聞き返す」 되묻다. 반문하다. 다시 듣다.

今言われたことをもう一度聞き返した。

방금 들은 것을 다시 한 번 되물었다.

警官はその男に何度も何度も聞き返していた。

경찰관은 그 남자에게 몇 번이고 계속해서 반문했다.

テープを何度も聞き返した。

테이프를 몇 번이나 다시 들었다.

• 「読み返す」 되풀이하여 읽다. 다시 읽다.

彼女は夫の便りを何度も読み返した。

그녀는 남편의 편지를 몇 번이나 되풀이하여 읽었다.

この本は何度読み返しても面白い。

이 책은 몇 번을 다시 읽어도 재미있다.

• 「打ち返す」 되받아치다.

彼は難しいボールを打ち返した。

그는 어려운 공을 되받아쳤다.

• 「乗り換える」 갈아타다. 새로운 생각 · 방법으로 바꾸다.

バスから電車に乗り換える。

버스에서 전철로 갈아타다.

新しいシステムに乗り換える。

새로운 시스템으로 바꾸다.

• 「買い換える」 새로 사서 바꾸다.

冷蔵庫を買い換える。

냉장고를 새 것으로 바꾸었다.

•「書き直す」다시 쓰다. 고쳐 쓰다.

手紙を何度も書き直した。

편지를 몇 번이나 다시 썼다.

•「見直す」다시 보다. 재인식하다.

それをもう一度見直してみた。

그것을 한 번 더 재점검해 봤다.

その計画は見直す必要がある。

그 계획은 재검토할 필요가 있다.

私は手紙を読んで彼を見直した。

나는 편지를 읽고 그를 달리 봤다.

•「使いつける」사용하는 일에 숙달되다. 늘 사용하다.

毛筆は使いつけないので苦手だ。

붓은 익숙하지 않아 서툴다.

使いつけた洗剤。

늘 써 온 세제.

•「乗り付ける」탄 채로 목적지로 가다. 타 버릇하다.

玄関先に車を乗り付ける。

현관 앞에 차를 갖다 대다.

車に乗り付けると歩くのがおっくうだ。

차를 타 버릇하면 걷는 것이 귀찮다.

•「見回す」(사방을) 둘러보다.

部屋の中をきょろきょろ見回す。

방안을 두리번두리번 둘러보다.

•「見回る」(감시 · 감독 · 시찰 · 구경 등의 목적으로) 돌아보다. 둘러보다.

夜警がビルの中を見回る。

야간 경비가 빌딩 안을 둘러본다.

• 「歩きまわる」 돌아다니다.

注文取りに歩き回る。

주문을 받으러 돌아다니다.

女性500人を対象にインターネット上で実施した調査によると、「セールに一緒に行きたくない相手」としては、1位は「父親」だった。「父親は自分勝手にふらふら歩きまわるので面倒」との理由であった。

여성 500명을 대상으로 인터넷에서 실시한 조사에 의하면 '세일할 때 같이 가고 싶지 않은 상대' 1위는 '아버지'였다. '아버지는 자기 멋대로 어슬렁어슬렁 돌아다니기 때문에 성가시다'는 것이 이유였다.

• 「売り急ぐ」 서둘러 팔다.

株を売り急いで損をする。

주식을 서둘러 팔아 손해를 보다.

• 「書きつづる」 말을 이어서 문장을 쓰다. 엮어 쓰다.

思いのたけを書きつづった手紙。

마음속을 다 털어놓고 써 내려 간 편지

彼は原稿用紙にがんと向き合う日々を書きつづった。

그는 암과 맞서 싸운 날들을 원고지에 엮어 썼다.

• 「申しかねる」 말하기 곤란하다. (말하고 싶지만) 말할 수 없다.

私の口からは申しかねる。

내 입으로는 말하기 곤란하다.

• 「書き連ねる」 죽 써서 늘어놓다. 열기(列記)하다.

思い出すままに昔の事を書き連ねる。

생각나는 대로 옛 일을 써서 늘어놓다.

恨みつらみを書き連ねる。

갖은 원망을 줄줄이 쓰다.

• 「立ち止まる」 멈추어 서다.

立ち止まって振り返る。

멈추어 서서 뒤돌아보다.

- 「立ち並ぶ」 늘어서다. 필적하다.

  歓迎の人が立ち並ぶ。

  환영하는 사람들이 늘어서다.

  専門家に立ち並ぶほどの実力。

  전문가에 필적할만한 실력.

- 「通り抜ける」 빠져나가다. 통과하다.

  京都市民が使うほぼすべての水道水がここを通り抜ける。

  교토 시민이 사용하는 거의 모든 수돗물이 이곳을 빠져나간다.

  日が暮れ、風が通り抜けるようになると、思わず首をすくめてしまう。

  해가 지고 바람이 지나가게 되면 무의식중에 목을 움츠리고 만다.

- 「聞き流す」 흘려듣다.

  そんなうわさは聞き流すことだ。

  그런 소문은 흘려듣는 거야.

- 「買い戻す」 (판 것을) 도로 사다.

  人手に渡った旧宅を買い戻す。

  남의 손에 넘어간 옛집을 도로 사다.

- 「舞い戻る」 (본래 장소로) 되돌아오다(가다).

  「インドに行く」と宣言して見送られたのに舞い戻るとは。

  '인도에 간다'고 해서 배웅했는데 되돌아오다니.

- 「泣き叫ぶ」 울부짖다.

  子どもの泣き叫ぶ声が思い出され、背筋がぞっとした。

  아이들의 울부짖는 소리가 생각나 등골이 오싹했다.

- 「駆け寄る」 달려서 다가서다.

  応援席に駆け寄る選手たちにスタンドから「ありがとう、ようやった」とたくさんの温かい声がかかった。

  응원석으로 달려가는 선수들에게 스탠드에서 "고마워, 잘 했다" 하는 훈훈

한 소리가 들려왔다.

- 「切り取る」 잘라 내다. 일부를 떼어 내다.
  刻々と変化する自然の光と色彩の瞬間が切り取るように描かれている。
  시시각각으로 변화하는 자연의 빛과 색채의 순간이 잘라 낸 것처럼 그려져 있다.

- 「寝静まる」 모두 잠들어 조용해지다.
  家族が寝静まってから勉強を始める。
  가족이 모두 잠들어 조용해지고 나서 공부를 시작한다.

- 「腫れ上がる」 부어오르다.
  虫歯で頬が腫れ上がる。
  충치로 뺨이 부어오르다.

- 「売り切れる」 다 팔리다. 매진되다.
  人気が高い商品は売り切れることも多い。
  인기가 높은 상품은 매진되는 경우도 많다.

- 「貸し切る」 몽땅 빌려 주다.
  最上階の夜景の美しいレストランを貸し切るのに成功した。
  가장 높은 층의 야경이 아름다운 레스토랑을 전체로 빌리는 데 성공했다.

- 「縛り上げる」 꽁꽁 묶다. 결박하다.
  高手小手に縛り上げる。
  손을 뒤로 돌려 꽁꽁 묶다.

- 「数え上げる」 하나하나 세다. 열거하다. 다 세다.
  彼は私の欠点を数え上げた。
  그는 나의 결점을 하나하나 열거했다.
  この作文の間違いを数え上げたらきりがない。
  이 작문의 잘못을 일일이 세자면 끝이 없다.

- 「見上げる」 올려다보다. (「見上げた」의 꼴로) 훌륭하다고 감탄하다.

星を見上げたら、あなたの瞳を思い出したの。

별을 쳐다보니 너의 눈동자가 생각났어.

見上げた度胸だ。

대단한 배짱이다.

- 「切り下ろす」 내리치다. 내리베다.

  刺客を一刀のもとに切り下ろした。

  자객을 단칼에 내리쳤다.

- 「持ち合わせる」 마침 가지고 있다.

  パスポートは持ち合わせていません。

  여권은 마침 가지고 있지 않습니다.

- 「待ち合わせる」 시간과 장소를 정해 놓고 만나기로 하다.

  彼と駅前で待ち合わせることにした。

  그와 역 앞에서 만나기로 했다.

- 「見入る」 주시하다. (열심히) 바라보다.

  人々は号外に見入っていた。

  사람들은 호외를 주시했다.

  人形のあまりの美しさにすっかり見入っていた。

  인형이 너무 아름다워 넋을 잃고 보고 있었다.

- 「驚きいる」 매우 놀라다.

  見事な腕前、驚きいりました。

  훌륭한 솜씨에 정말 놀랐습니다.

- 「頼み込む」 신신부탁하다. 간청하다.

  「自転車に乗せて」と、女が必死に頼み込む。男は女を荷台に乗せて途中まで送ることにした。今から50年ほど前の秋の夜の出来事だ。

  "자전거에 태워 줘요." 하고 여자가 필사적으로 간청한다. 남자는 여자를 짐받이에 태워 도중까지 데려다 주기로 했다. 지금부터 50년쯤 전 가을밤에 있었던 일이다.

• 「考え込む」 골똘히 생각하다.

そんなことで考え込んでいてはいけない。

그런 일로 깊이 생각하고 있으면 안 돼.

• 「惚れ込む」 홀딱 반하다.

社長は彼の才能にほれこんでいる。

사장은 그의 재능에 홀딱 반했다.

• 「言い立てる」 강하게 주장하다.

彼は法廷で自分は無罪であると言い立てた。

그는 법정에서 자신은 무죄라고 강력하게 주장했다.

• 「攻め立てる」 계속해서 공격하다.

2回表、容赦なく攻め立てるA高校打線に8点目を奪われたところで投手交代。

2회 초, 사정없이 공격을 퍼붓는 A고교 타선에게 8점을 빼앗긴 상황에서 투수교체.

• 「巻き付く」 휘감기다. 감겨 붙다.

つるが木に巻きついている。

덩굴이 나무에 휘감겨 있다.

• 「泣き付く」 울며 매달리다. 울며 애원하다.

こづかいをくれと母に泣き付いた。

용돈을 달라고 어머니에게 울며 애원하다.

• 「食い付く」 달려들어 물다. 물고 늘어지다. 혹해서 덤벼들다.

この種の魚はルアーにでも食い付く。

이 종류의 물고기는 가짜미끼에도 입질한다.

我がチームは強敵に最後まで食い付いて戦った。

우리 팀은 강적에게 최후까지 악착같이 달려들어 싸웠다.

もうけ話に彼はすぐ食い付いてきた。

그는 돈벌이 이야기에 금방 혹해서 덤벼들었다.

• 「売り付ける」 강매하다. 억지로 사게 하다.

金融庁は、無登録の金融商品取引業者が未公開株や社債を売り付けた場合、売買契約自体を無効とする方針を固めた。

금융청은 무등록 금융상품 거래업자가 미공개 주식이나 사채를 강매했을 경우 매매계약 자체를 무효로 한다는 방침을 분명히 했다.

- 「叱りつける」 몹시 야단치다.

 頭ごなしに叱りつける。

 무조건 호되게 야단치다.

- 「聞き付ける」 얻어듣다. 들어서 귀에 익다. 정보를 얻다.

 昨夜彼の重病を聞き付けた。

 어젯밤 그의 중병 소식을 우연히 들었다.

 彼の大声は聞き付けている。

 그의 큰 목소리는 귀에 익숙하다.

 彼について妙なうわさを聞き付ける。

 그에 대해 묘한 소문을 들었다.

- 「思い詰める」 골똘히 생각하다.

 幸男君は一つことを思い詰めるたちだ。

 유키오 군은 한 가지 일을 깊이 생각하는 기질이다.

- 「煮詰める」 충분히 검토하여 결론을 내다.

 いよいよ議論を煮詰める時がきた。

 마침내 논의를 마무를 때가 왔다.

- 「張り詰める」 온통 덮이다. 긴장되다.

 床にじゅうたんを張り詰める。

 마루에 융단을 빈틈없이 깔다.

 張り詰めていた気持ちがゆるむと彼女はいすに崩れ込んだ。

 긴장되었던 마음이 풀리자 그녀는 의자에 주저앉았다.

- 「書き取る」 받아쓰다. 베껴 쓰다.

 彼女は病人の言葉を書き取った。

그녀는 환자의 말을 받아 적었다.

先生は英詩を生徒に書き取らせた。

선생님은 학생들에게 영시를 받아 적게 했다.

- 「聞き取る」 알아듣다.

  大事なのは相手を納得させる工夫をすることと、正確に聞き取ること。これは学校という集団の中だからこそできる授業なんです。

  중요한 것은 상대방을 납득시킬 생각을 짜내는 것과 정확하게 알아듣는 일. 이는 학교라는 집단 속에 있기 때문에 가능한 수업인 것입니다.

- 「読み取る」 읽고 내용을 이해하다. 간파하다.

  行間の意味を読み取る。

  행간의 의미를 이해하다.

  彼女は彼の表情から心の乱れを読み取った。

  그녀는 그의 표정에서 마음의 혼란을 간파했다.

- 「見抜く」 알아채다. 꿰뚫어보다.

  教師には学生の長所と短所を見抜く力があるべきだ。

  교사에게는 학생의 장단점을 꿰뚫어보는 능력이 있어야만 한다.

- 「寄り添う」 착 달라붙다.

  子供は母親に寄り添っていた言い足す。

  아이는 어머니에게 착 달라붙어 있었다.

- 「言い添える」 말을 덧붙이다.

  お礼の言葉を言い添える。

  감사의 말을 덧붙이다.

- 「言い足す」 부족한 부분을 보충해서 말하다. 추가해서 말하다.

  説明の不十分な点を言い足す。

  설명이 불충분한 점을 보충해 말하다.

  「もしお差し支えなければですが」と彼女は言い足した。

  "만약 지장이 없다면 말입니다만" 하고 그녀는 말을 덧붙였다.

•「取り交わす」주고받다. 교환하다.

契約を取り交わす前に内容をよく確かめるように。

계약을 교환하기 전에 내용을 충분히 확인하도록.

•「取り返す」되찾다. 만회하다.

貸したCDを彼から取り返した。

빌려 주었던 CD를 도로 받았다.

迂回したために遅れた時間を取り返さなければならない。

우회했기 때문에 늦어 버린 시간을 만회해야만 한다.

•「取り戻す」되찾다. 회복하다.

失われた時を取り戻すことは出来ない。

잃어버린 시간을 되찾을 수는 없다.

•「取り締まる」관리하다. 단속하다.

船長は船と乗組員を取り締まる。

선장은 배와 승무원을 관리한다.

暴走族を厳重に取り締まる。

폭주족을 엄중하게 단속하다.

•「撒き散らす」흩뿌리다. 뿌려서 흩어지게 하다.

トラックが排気ガスをまき散らして通り過ぎた。

트럭이 배기가스를 뿜어 대며 지나갔다.

そんなうわさをまき散らしたのはだれだ。

그런 소문을 퍼뜨린 건 누구냐?

•「塗り潰す」빈틈없이 칠하다.

りんごの絵のバックは濃い緑で塗りつぶした。

사과 그림의 배경은 짙은 녹색으로 빈틈없이 칠했다.

•「売り飛ばす」아낌없이 팔아치우다.

家を二束三文で売り飛ばす。

집을 헐값으로 팔아치우다.

• 「踏み外す」 헛디디다. 벗어나다.

階段を踏み外して落ちた。

계단을 헛디뎌 떨어졌다.

成功への道を踏み外してしまった。

성공의 길에서 벗어나고 말았다.

• 「見惚れる」 넋을 잃고 보다.

花火大会の美しさに見惚れる。

불꽃놀이가 아름다워 넋을 잃고 보다.

• 「知れ渡る」 두루 알려지다.

彼のスキャンダルは世間に知れ渡った。

그의 스캔들은 세상에 널리 알려졌다.

• 「割りきる」 일정한 기준에서 결론을 내다. 우수리 없이 나누다.

これは理屈で割り切ることはできない。

이것은 억지 이론이라 결론을 낼 수가 없다.

そのことはもっと割り切って考えなければならない。

이 일은 더 단순명쾌하게 생각해야만 한다.

• 「打ちのめす」 때려 눕히다. 큰 차로 이기다. 큰 타격을 주다.

一人息子が死んで彼女は打ちのめされている。

외아들이 죽어서 그녀는 큰 타격을 입었다.

こてんぱんに打ちのめされた。

형편없이 큰 차로 졌다.

• 「掛け離れる」 동떨어지다. 차이가 크다. 관계가 소원해지다.

彼の証言は真実とは掛け離れていた。

그의 증언은 진실과는 동떨어져 있었다.

その夫婦の性格は全く掛け離れていた。

그 부부의 성격은 정말이지 차이가 많다.

• 「打ち勝つ」 극복하다. 이기다.

彼は難聴に打ち勝って優れた作曲をした。

그는 난청을 극복하고 뛰어난 작곡을 했다.

新進ボクサーがチャンピオンに打ち勝った。

신인 복서가 챔피언에게 이겼다.

• 「買い上げる」 (관청 등이 민간으로부터) 사들이다. 수매하다.

積極的にユーロを買い上げるような地合いでもない。

적극적으로 유로화를 사들일 만한 상태도 아니다.

• 「買い取る」 매입하다. 사들이다.

古ピアノを安く買い取った。

중고 피아노를 싸게 매입했다.

• 「売り渡す」 매도하다. 팔아넘기다.

彼は収集した美術品を5千万円で画商に売り渡した。

그는 수집한 미술품을 5천만 엔에 화상에게 매도했다.

彼は仲間を警察に売り渡した。

그는 동료를 경찰에 팔아넘겼다.

• 「切り出す」자르기 시작하다. (말을) 꺼내다.

山から木材を切り出す。

산에서 목재를 베어 내다.

幹部に思いきってその話題を切り出すものはいなかった。

간부에게 과감하게 그 화제를 꺼내는 사람은 없었다.

• 「聞き漏らす」 빠뜨리고 못 듣다.

肝心なところを聞き漏らした。

중요한 부분을 빠뜨리고 못 들었다.

• 「死に別れる」 사별하다.

「源氏物語」の主要な登場人物が母親に早く死に別れているのは、紫式部と境遇が重なる。

'겐지모노가타리'의 주요한 등장인물이 어머니와 일찍 사별한 것은 무라사

키 시키부의 처지와 겹친다.

- 「遊びほうける」 노는 데 정신이 팔리다.

 勉強はしないで遊びほうける。

 공부는 않고 노는 데 정신이 팔리다.

- 「褒めちぎる」 극구 칭찬하다. 격찬하다.

 人々は異口同音にその優しい医者を褒めちぎった。

 사람들은 이구동성으로 그 친절한 의사를 극구 칭찬했다.

- 「暮れかかる」 해가 지기 시작하다.

 日が暮れかかってきた延長11回表。宮崎西は9番渡辺が内野ゴロを放ち、一塁へ滑り込んだ。

 해가 지기 시작한 연장 11회 초. 미야자키니시고교는 9번 와타나베가 내야 땅볼을 치고 1루에 슬라이딩했다.

- 「やり直す」 다시 하다. 새로 하다.

 間違えたらもう一度やり直さなければなりません。

 틀렸다면 다시 한 번 새로 해야만 한다.

- 「言いよどむ」 말이 막히다. 말을 머뭇거리다.

 彼女は肝心な事になると言い淀んだ。

 그녀는 중요한 일이 되면 말을 머뭇거린다.

- 「食べ散らかす」 음식을 지저분하게 흘리면서 먹다.

 一見いい女にみえるが、弟の部屋に勝手に上がり込み、冷蔵庫の中身を食べ散らかす。

 언뜻 보기에는 괜찮은 여자처럼 보이지만 남동생의 방에 마음대로 들어가 냉장고 안에 들어 있는 음식을 헤적거리며 먹는다.

- 「咲きほこる」 흐드러지게 피다. 한창 탐스럽게 피다.

 彼は、晩年はガーデニングに凝るも、自分の畑には誰一人、近寄ることを許さず、気に入らないと咲きほこるバラでも全部切ってしまったといいます。

 그는 만년에는 원예에 빠지기도 했으나, 자기 밭에는 누구 한 사람도 가까이

오지 못하게 하고, 마음에 들지 않으면 탐스럽게 핀 장미라도 전부 잘라 버렸다고 합니다.

- 「切り立つ」 깎아지른 듯하다. 험준하게 솟아 있다.

  そこは断崖が切り立っている。

  거기는 절벽이 깎아지른 듯하다.

- 「踏み切る」 단행하다. (스모에서) 씨름판 밖으로 발을 내딛다.

  組合はストに踏み切った。

  조합은 동맹파업을 단행했다.

  一気に押されて俵を踏み切る。

  단숨에 밀려 씨름판 밖으로 발을 내딛다.

- 「受け入れる」 받아들이다. 승낙하다.

  日本は西洋の文化を受け入れた。

  일본은 서양 문화를 받아들였다.

  彼の主張は受け入れられなかった。

  그의 주장은 받아들여지지 않았다.

- 「取りつける」 설치하다. 성립시키다. 단골로 사다.

  窓にカーテンを取り付ける。

  창문에 커튼을 달다.

  彼の同意を取り付けた。

  그의 동의를 얻어 냈다.

  酒はどの店で取り付けていますか。

  술은 어느 가게에서 단골로 삽니까?

- 「取り消す」 취소하다.

  ホテルの予約を取り消したいのですが。

  호텔 예약을 취소하고 싶습니다만.

- 「差し切る」 (경마에서) 앞서 달리는 말을 앞지르고 이기다.

  ゴール直前でさしきる。

결승전 직전에서 앞질러 이기다.

- 「考え直す」 다시 생각하다. 생각을 바꾸다.

  始めから考え直してみよう。

  처음부터 다시 생각해 보자.

  今からでも遅くないから考え直せ。

  지금부터라도 늦지 않으니까 생각을 바꿔.

- 「立ち直る」 바로 서다. 회복되다.

  2, 3日前にはだいぶ落ち込んでいたが、今日は立ち直っている。

  2, 3일 전에는 꽤 침울했지만 오늘은 회복되었다.

  相場は春までには立ち直るだろう。

  시세는 봄까지는 회복될 것이다.

- 「持ち直す」 손을 바꾸어 들다. 회복되다.

  バッグを左手に持ち直す。

  가방을 왼손에 바꿔 들다.

  景気が持ち直した。

  경기가 회복되었다.

- 「巻き戻す」 되감다.

  テープを巻き戻す。

  테이프를 되감다.

  失敗した場合には、時間を巻き戻すように、保存された履歴の中から問題のないデータを見つけて作業を再開できる。

  실패한 경우에는 시간을 되돌려 감듯이, 보존되어 있는 이력 중에서 문제가 없는 데이터를 찾아 작업을 재개할 수가 있다.

- 「思い残す」 미련을 남기다. 미진한 생각이 들다.

  最後に思い残すことのないように、歌を歌います。12年間全力でやってきたので、何の後悔もないです。

  최후의 순간에 미련을 남기지 않도록 노래를 부릅니다. 12년 동안 온 힘을 다해 왔으므로 아무 후회도 없습니다.

• 「食べ残す」 다 먹지 못하고 남기다.

食べ残してはいけない。

음식을 남겨서는 안 됩니다.

• 「売れ残る」 팔리지 않고 남다.

あの服は長いこと売れ残っている。

저 옷은 오랫동안 팔리지 않고 남아 있다.

• 「勝ち残る」 (경기에) 이겨서 다음 시합에 나갈 자격을 얻다. 이겨서 남다.

十試合を勝ち残って決勝へ進出した。

열 시합을 이기고 남아 결승에 진출했다.

• 「生き残る」 살아남다.

飛行機事故で生き残った者はなかった。

비행기 사고에서 살아남은 사람은 없었다.

• 「生まれ変わる」 다시 태어나다. 딴 사람같이 변하다.

「美女はつらいの」は肥満女性が全身整形で生まれ変わり、人気歌手になるというストーリーの恋愛コメディー。

'미녀는 괴로워'는 뚱뚱한 여성이 전신 성형으로 다시 태어나 인기 가수가 된다는 스토리의 연애 코미디이다.

彼女はすっかり生まれ変わったようだ。

그녀는 완전히 딴 사람이 된 것 같다.

• 「打ち明ける」 털어놓다. 숨김없이 이야기하다.

彼は私に秘密を打ち明ける。

그는 나에게 비밀을 숨김없이 이야기한다.

彼女には心を打ち明けられる友達がいなかった。

그녀에게는 마음을 털어놓을 수 있는 친구가 없었다.

• 「飛び降りる」 뛰어내리다.

少女は走っている馬から飛び降りた。

소녀는 달리는 말에서 뛰어내렸다.

- 「舞い降りる」 (춤추듯이) 훨훨 내려앉다.

  二人の体は絶え間なく舞い降りてくる雪で白くなっていた。

  두 사람의 몸은 끊임없이 펄펄 내리는 눈 때문에 하얗게 되었다.

- 「持ち去る」 가지고 가 버리다.

  家庭から出る空き缶や新聞紙などの資源ごみを無断で持ち去る行為を禁止する。

  가정에서 나오는 빈 캔이나 신문지 등의 재활용쓰레기를 무단으로 가지고 가 버리는 행위를 금지하다.

- 「持ち寄る」 제각기 가지고 모이다.

  彼らはそれぞれ事件の情報を持ち寄った。

  그들은 각각 사건의 정보를 가지고 모였다.

- 「持ち歩く」 가지고 다니다. 들고 걷다.

  現金を持ち歩くのは危ない。

  현금을 가지고 다니는 것은 위험하다.

- 「売り歩く」 상품을 들고 다니며 팔다. 행상하다.

  我が社は、たった一台の靴下編み機から自分たちの手で作ったものを自分たちの手で売り歩く「行商」から始まりました。

  우리 회사는 단 한 대의 양말편직기로 우리 손으로 만든 것을 우리 손으로 팔러 다니는 '행상'에서 시작되었습니다.

- 「たどり着く」 길을 물어 가며 겨우 도착하다.

  言い換えれば検索データは「必要な物にたどり着くための情報」だといえるでしょう。

  바꿔 말하면 검색 데이터란 '필요한 것을 찾아가기 위한 정보'라고 할 수 있겠지요.

- 「崩れ落ちる」 무너져 내리다.

  砲撃で城壁が崩れ落ちる。

  포격으로 성벽이 무너져 내리다.

- 「引き寄せる」 끌어당기다. 저절로 가까이 오게 하다.

  最近、サッカーが多くの観衆を引き寄せている。

  최근 축구가 많은 관중을 끌어들이고 있다.

- 「切り落とす」 잘라 내다.

  にんじんの端を切り落とす。

  당근 끝을 잘라 내다.

- 「投げ飛ばす」 세차게 내던지다.

  力を込めて一気に投げ飛ばす。

  힘을 집중해서 단숨에 세게 내던지다.

- 「書き損じる」 잘못 쓰다. 틀리게 하다.

  終盤で書き損じると泣きたい気分になる。

  종반에 잘못 쓰면 울고 싶은 기분이 된다.

- 「決めかねる」 결정을 못 하다.

  議会が決めかねるならば、知事が歯車を大きく回すしかない。

  의회가 결정하지 못한다면 지사가 톱니바퀴를 크게 돌릴 수밖에 없다.

- 「盛り込む」 그릇에 여러 가지 물건을 함께 담다.

  その企画には種々のアイディアが盛り込まれていた。

  그 기획에는 각종 아이디어가 담겨 있었다.

- 「取り替える」 바꾸다. 교환하다.

  これ昨日買ったのですが、小さかったので大きいのと取り替えて下さい。

  이것 어제 산 것입니다만 작으니까 큰 걸로 바꿔 주세요.

- 「こびりつく」 달라붙다. 단단히 들러붙다.

  ねばねばしたものが靴のうらにこびりついていた。

  끈적끈적한 것이 구두 뒤에 들러붙어 있었다.

- 「齧り付く(かじりつく)」 물고 늘어지다. 물어뜯다. 열중하다.

  一晩中机にかじりついて勉強する。

밤새도록 책상에 붙어 앉아 공부하다.

仕事にかじりついていれば何とか生きていける。

일에 열심히 매달려 있으면 어떻게든 살아갈 수 있다.

- 「齧り付く(かぶりつく)」 덥석 물다. 꼭 달라붙다.

  部厚いサンドイッチにかぶりついた。

  두툼한 샌드위치를 덥석 물었다.

  ここのかきは大ぶりで糖度が高いのが特徴だ。実にかぶりつくと、甘い汁が口の中に広がる。

  이곳 감은 굵고 당도가 높은 것이 특징이다. 실제로 깨물면 달콤한 과즙이 입 안에 퍼진다.

- 「使いこなす」 자유자재로 쓰다.

  英語を使いこなす。

  영어를 능숙하게 구사하다.

  コンピュータを使いこなす。

  컴퓨터를 잘 다루다.

- 「待ちあぐむ」 기다림에 지치다.

  彼女からの返事を待ちあぐむ。

  그녀의 답장을 애타게 기다리다.

- 「見違える」 잘못 보다.

  彼は見違えるほど変わった。

  그는 몰라볼 정도로 변했다.

- 「聞き違える」 잘못 듣다.

  待ち合わせの場所を聞き違える。

  약속 장소를 잘못 듣다.

- 「見過ごす」 못 본 체하다.

  不正を見過ごす。

  부정을 보고도 못 본 체하다.

いわれない差別が行われているのを見過ごすことはできない。

말로 표현할 수 없는 차별이 행해지는 것을 못 본 체할 수는 없다.

• 「言い尽くす」 죄다 말해 버리다.

その事件について知っていることを言い尽くす。

그 사건에 대해 알고 있는 것을 다 말하다.

• 「行き付ける」 항상 가다.

質屋に行き付ける。

전당포에 늘 들랑거리다.

• 「行き付けの店」 단골가게

行きつけの店があったんですが、引っ越してからは通うのが難しくなった。

단골가게가 있었는데 이사하고 나서는 다니기가 힘들어졌다.

• 「言い付ける」 늘 말하다. 명령하다. 지시하다. (말로) 시키다. 고자질하다. 일러바치다.

支配人は秘書に次々と用を言い付ける。

지배인이 비서에게 잇달아 용무를 지시한다.

言い付けない言葉を使う。

평소에 하지 않던 말투를 쓰다.

• 「やり通す」 끝까지 해내다. 끝까지 밀고 나가다.

始めたからにはやり通す覚悟だ。

시작한 이상 끝까지 밀고 나갈 각오이다.

• 「走り通す」 끝까지 달려가다. 끝까지 완주하다.

バスは青森と鹿児島間を一気に走り通す。

버스는 아오모리와 가고시마 사이를 단숨에 달린다.

• 「書き直す」 다시 쓰다.

カーソル位置にある文字を簡単に書き直すことが出来る。

커서 위치에 있는 글자를 간단히 다시 쓸 수가 있다.

手紙を何度も書き直した。

편지를 몇 번이나 고쳐 썼다.

- 「見直す」 다시 보다. 달리 보다.

  見落としや誤りがないか見直す。

  놓친 것이나 실수가 없는지 다시 보다.

- 「考え直す」 다시 생각하다.

  始めから考え直してみよう。

  처음부터 다시 생각해 보자.

- 「困り抜く」 몹시 곤란하다

  困り抜いて両親に相談に行く。

  몹시 난감하여 부모님께 상담하러 가다.

- 「使い果たす」 다 써 버리다.

  あり金を使い果たす。

  있는 돈을 탕진하다.

  彼は父親の遺産を使い果たした。

  그는 부친의 유산을 다 써 버렸다.

- 「疲れ果てる」 지칠 대로 지치다. 몹시 피곤하다.

  残業続きで疲れ果てた。

  계속되는 잔업으로 몹시 지쳤다.

  2時間半を超えた試合は、疲れ果てた投手が病院に運ばれるほどの激戦だった。

  두 시간 반을 넘긴 시합은 지칠 대로 지친 투수가 병원에 실려 갈 정도의 격전이었다.

- 「弱り果てる」 매우 약해지다. 몹시 곤란을 겪다.

  母の介護で心身が弱り果てていた頃、その本によって救済された。

  어머니의 간호로 몸과 마음이 아주 약해져 있었을 때, 그 책이 큰 도움이 되었다.

  道がわからず弱り果てる。

  길을 몰라 몹시 난처하다.

- 「見放す」 포기하다. 버리고 돌보지 않다.

  医者がもう見放なしてしまった病人。

  의사가 이미 포기해 버린 병자.

  親から見放なされる。

  부모로부터 버림받다.

  地域独占企業で日本全体の電力の約3分の1を供給する公益企業を「政府が見放すことはない」との声もある。

  지역 독점기업으로 일본 전체 전력의 약 3분의 1을 공급하는 공익기업을 '정부가 포기하는 일은 없다'는 목소리도 있다.

- 「言い張る」 우겨 대다. 주장하다.

  自分が正しいと言い張る。

  자기가 옳다고 주장하다.

- 「張り詰める」 온통 덮이다. 잔뜩 긴장되다.

  池に氷が張り詰める。

  연못에 얼음이 빈틈없이 얼다.

  さすがに個性的な人ばかりで張り詰めた雰囲気だったが、後半は心を開いて語り合った。

  역시나 개성적인 사람들뿐이라 긴장된 분위기였는데, 후반에는 마음을 열고 서로 이야기를 나누었다.

- 「思い詰める」 골똘히 생각하다.

  そう思い詰めなくても明日はまた明日の風がふく。

  그렇게 골똘히 생각하지 않아도 내일은 또 상황이 바뀔 수 있으니까.

  彼は友達のことを病気になるほど思い詰めている。

  그는 친구의 일을 병이 날 정도로 깊이 생각하고 있다.

- 「眠りこける」 정신없이 자다. 곤히 잠들다.

  朝遅くまで眠りこける。

  아침 늦게까지 정신없이 자다.

•「うち損なう」잘못 치다.

球を打ち損なった。

공을 빗맞혔다.

普通は得意なボ−ルまで打ち損なえば、ますます落ち込み自信を喪失するはずだ。

보통은 자신 있는 공조차 치지 못하면 점점 기가 죽고 자신감을 잃어버릴 것이다.

•「言いそびれる」말할 기회를 놓치다.

かわいそうで、小言も言いそびれた。

불쌍해서 잔소리도 못하고 말았다.

お礼を言いそびれる。

고맙다는 인사를 할 기회를 놓치다.

•「寝そびれる」잠을 설치다.

話しに夢中になって寝そびれる。

이야기에 정신이 팔려 잠을 설치다.

•「乗りはぐれる」차를 놓치다.

かろうじて補助席で乗車できたので、乗りはぐれる事はなかった。

가까스로 보조석에 탈 수 있어서 차를 놓치지는 않았다.

•「乗り遅れる」늦어서 못 타다. 시기를 놓치다.

終電車に乗り遅れる。

마지막 전철을 타지 못하다.

貿易自由化の波に乗り遅れる。

무역자유화의 흐름에 편승하지 못하다.

•「見交わす」서로 마주 보다.

驚いて顔を見交わす。

놀라서 얼굴을 마주 보다.

•「取り交わす」주고받다.

契約書を取り交わす前に内容をよく確かめるように。

계약서를 교환하기 전에 내용을 잘 확인하도록.

あいさつを取り交わす。

인사를 주고받다.

• 「やりまくる」 마구 해대다.

数で優位に立って、やりたいことをやりまくるわけにはいかない。

수적(數的)으로 우세하다고 해서 하고 싶은 걸 마구 할 수는 없다.

• 「書きまくる」 마구 쓰다.

あちこちに原稿を書きまくる。

여기저기 원고를 마구 써 대다.

駄文をかきまくる。

신통치 않은 글을 마구 쓰다.

• 「書き立てる」 하나하나 들어서 써 대다. (신문 · 잡지 등에서) 눈에 띄도록 요란스럽게 써 대다.

過失を書き立てて攻撃する。

잘못을 하나하나 써서 공격하다.

新聞はホテルの大火災を大々的に書き立てた。

신문은 호텔의 대형화재를 대대적으로 써 댔다.

その批評家は新進歌手のことをべた褒めして書き立てた。

그 비평가는 신인가수에 대해 극찬하며 요란스럽게 써 댔다.

必要条件を一つ一つ書き立てた。

필요조건을 하나하나 들어 가며 썼다.

• 「写真を撮りまくる」 사진을 마구 찍어 대다.

可愛い子ネコに出逢って写真を撮りまくった。

귀여운 아기 고양이와 우연히 마주쳐서 마구 사진을 찍어 댔다.

• 「みはからう」 가늠하다. 적당한 물건을 고르다.

料理の材料を見計らって買い物をする。

요리 재료를 가늠하여 장을 보다.

洋服は母が見計らってくれる。

양복은 어머니가 적당한 것을 골라 준다.

食事の済んだころを見計らって訪れる。

식사가 끝난 때를 봐서 찾아가다.

- 「取り計らう」 선처하다. 배려하다. 조처하다.

  彼がしかるべく取り計らってくれるだろう。

  그가 적당히 조처해 줄 것이다.

  早く許可のおりるように取り計らって下さい。

  빨리 허가가 나도록 선처해 주십시오.

- 「取り組む」 맞붙다. 몰두하다.

  この力士は明日横綱と取り組む。

  이 스모선수는 내일 요코즈나와 맞붙는다.

  新しい研究に取り組む。

  새로운 연구에 몰두하다.

  彼は新分野の開拓に取り組んでいる。

  그는 새로운 분야의 개척에 매달리고 있다.

  インフレ問題と取り組む。

  인플레이션 문제와 씨름하다.

- 「取り込む」 (갑작스런 일이나 길흉사 등으로) 어수선해지다. 자기 것으로 하다. 구슬리다. 거두어들이다.

  洗濯物を取り込む。

  빨래를 거두어들이다.

  彼は会社の金を取り込んだ。

  그는 회사 돈을 착복했다.

  社長に取り込んで専務になった。

  사장을 구슬려서 전무가 되었다.

  大和絵の技法を取り込んでいる。

야마토에의 기법을 따르고 있다.

彼の家は今取り込んでいる。

그의 집은 지금 뒤숭숭하다.

- 「聞き取る」 알아듣다. 청취하다.

しゃべるのが速くて聞き取れない。

말이 너무 빨라서 알아들을 수 없다.

関係者から当時の状況を聞き取る。

관계자로부터 당시의 상황을 청취하다.

- 「見取る」 보고 알아차리다.

彼我の実力の差を瞬時に見取る。

저와 나의 실력 차를 순간적으로 알아차리다.

- 「読み取る」 간파하다. 읽어서 이해하다.

詩の言わんとするところ読み取る。

시가 표현하려고 하는 바를 이해하다.

表情から苦悩を読み取る。

표정을 보고 고뇌를 알아차리다.

行間の意味を読み取る。

행간의 의미를 이해하다.

- 「読み取れない」 읽어 낼 수 없다.

相手の心が読み取れない。

상대의 마음을 읽어 낼 수가 없다.

- 「聞き惚れる(ききとれる)」 도취되어 듣다. 넋을 잃고 듣다.

私はすべてを忘れて父の話にききとれた。

나는 모든 것을 잊고 아버지의 이야기를 넋을 잃고 들었다.

彼女の美声にききとれた。

그녀의 고운 목소리에 도취되어 들었다.

- 「見惚れる(みとれる)」 넋을 잃고 보다.

あまりの美しさにみとれる。

너무 아름다워 넋을 잃고 보다.

- 「見張る」 눈을 크게 뜨다. 망보다.

  驚いて目をみはる。

  놀라서 눈이 휘둥그레지다.

  敵の行動をみはる。

  적의 행동을 살피다.

- 「見晴らす」 전망하다. 멀리 바라보다.

  丘の上からかなたを見晴らす。

  언덕 위에서 저편을 바라보다.

  この部屋から港が見晴らせる。

  이 방에서는 항구를 볼 수 있다.

- 「青れ渡る(はれわたる)」 활짝 개다.

  空は晴れ渡って雲ひとつない。

  하늘은 활짝 개어 구름 하나 없다.

  晴れ渡ったらハイキングに行こう。

  날이 맑으면 하이킹 가자.

- 「見渡す」 멀리까지 바라보다. 조망하다.

  全体をみわたして力の配分を決める。

  전체를 내다보고 힘의 배분을 정하다.

- 「言い渡す」 (결정 · 명령 등의 내용을) 알리다. 선고하다.

  退学を言い渡す。

  퇴학처분을 알리다.

  無期懲役を言い渡す。

  무기징역을 선고하다.

  3年の刑が言い渡された。

  3년형을 선고받았다.

참고문헌

1. 참고사전

- 大阪外大朝鮮語研究会(1986)『朝鮮語大辞典』角川書店
- Yoshiko Tagashira・Jean Hoff(1986)『日本語複合動詞ハンドブック』北星堂書店
- 情報処理振興事業協会(1987)『計算機用日本語基本動詞辞書』情報処理振興事業協会技術センター
- 小泉保(他)(1989)『日本語基本動詞用法辞典』大修館書店
- 金田一春彦(1989)『学研国語大辞典』第2版 学習研究社
- 北原保雄(1990)『日本語逆引き辞典』大修館書店
- 油谷幸利(他)(1993)『朝鮮語辞典』金星出版社
- 油谷幸利(他)(1993)『Korean-Japanese Dictionary』小学館
- 任洪彬(1993)『類似語使い分け韓国語辞典』国書刊行会
- 한글학회(1994)『우리말 큰사전』어문각
- 遠藤 織枝(2011)『日本語辞典』三省堂
- カシオ 広辞苑 電子辞典

2. 일본어 복합동사 관련 참고문헌

- 松下大三郎(1930)『改撰標準日本文法』中文館書店[徳田政信編『改撰標準日本文法』勉誠社(1974)]
- 山田孝雄(1936)『日本文法学概論』宝文館出版
- 佐久間鼎(1951)『現代日本語の表現と語法』(増補版1983)くろしお出版
- 吉沢典男(1952)「複合動詞について」『日本文学論究』10、国学院大学国語国文学会
- 武部良明(1953)「複合動詞における補助動詞的要素について」『金田一博士古稀記念言語民族論叢』三省堂
- 齋賀秀夫(1957)『講座現代国語学２ ことばの体系』筑摩書房
- 西尾寅弥(1961)「動詞連用形の名詞化に関する一考察」『国語学』43
- 佐久間鼎(1961)「動作を表現する構文とその構造図式」『国語学』47
- 阪倉篤義(1966)「語構成の研究」角川書店
- 寺村秀夫(1969)「活用語尾・助動詞・補助動詞とアスペクト(その一)」『日本語・日

本文化』1、大阪外国語大学 pp. 32～48
- 宮島達夫(1972)『動詞の意味・用法の記述的研究』秀英出版
- 鈴木重幸 (1972)『日本語文法・形態論』むぎ書院
- 阪倉篤義(1973)『語構成の研究』角川書店
- 姫野昌子(1975)「複合動詞「ーつく」と「ーつける」」『日本語学校論集』2、東京外国語大学外国語学部附属日本語学校
- 吉川武時(1975)「「ーてみる」の意味とそれの実現する条件」『日本語学校論集』2号、東京外国語大学 pp. 36～51
- 長嶋善郎(1976)「複合動詞の構造」『日本語講座4 日本語の語彙と表現』大修館書店
- 金田一春彦(1976)『日本語動詞のアスペクト』むぎ書院
- 長嶋善郎(1976)「複合動詞の構造」『日本語の語彙と表現』大修館書店 pp. 64～104
- 関一雄(1977)『国語複合動詞の研究』笠間書院
- 油谷幸利(1978)「現代朝鮮語の動詞分類」『朝鮮学報』87号、朝鮮学会 pp. 1～35
- 柴谷方良(1978)『日本語の分析』大修館書店
- 久野 暲(1978)『談話の文法』大修館
- 内田賢徳(1978)「複合動詞論のために」『帝塚山学院大学研究論集』13
- 森田良行(1978)「日本語の複合動詞について」『講座日本語教育』第14分冊、早稲田大学語学教育研究所
- 柴田武編(1979)『言葉の意味2』平凡社
- 関一雄(1979)『国語複合動詞の研究』笠間書院
- 油谷幸利(1979)「어 놓다と어 두다の意味分析」『朝鮮学報』91号、朝鮮学会 pp. 1～14
- 仁田義雄(1980)『語彙論的統語論』明治書院
- 美尾浩子(1980)「日本語における複合動詞の多様性」『静岡大学研究紀要』14号、静岡大学 pp. 239～251
- 影山太郎(1980)『日英比較 語彙の構造』松柏社
- 美尾浩子(1980)「日本語における複合動詞表現の多様性」『静岡女子大学研究紀要』14
- 姫野昌子(1980)「複合動詞「ーきる」と「ーぬく」,「ーとおす」」『日本語学校論集』7、東京外国語大学外国語学部附属日本語学校
- 東信行(1981)「語義の比較」『意味と語彙』大修館書店 p.116
- 奥津敬一郎(1981)「移動変化動詞文ーいわゆるspray paint hypallageについてー」『国語学』127
- 成田徹男(1981)「補助動詞と本動詞ー「みる」「みせる」を例にー」島田勇雄先生古希論文集『ことばの論文集』明治書院 pp. 59～78

- 姫野昌子(1982)「対称関係を表す複合動詞「ーあう」と「ーあわせる」をめぐって」『日本語学校論文集』9号、東京外大日本語学校
- 国広哲弥(他)(1982)『言葉の意味』3 平凡社
- 原口庄輔(1982)「代用表現」『月刊言語』12、大修館書店 pp. 35～43
- 影山太郎(1982)『日英比較語彙構造』松柏社
- 寺村秀夫(1982)『日本語のシンタクスと意味』1 くろしお出版
- 山本清隆(1983)「複合動詞における格の問題」『国語学』132
- 山本清隆(1983)「複合語の構造とシンタクス」『ソフトウエア文書ノタメノ日本語処理の研究』5号、情報処理振興事業協会 三重大学 pp. 316～380
- 角田多作(1983)「言語類型論」『言語生活』383-11、筑摩書房 pp. 64～78
- 佐治圭三(1983)「国語教育・日本語教育・対照研究」『日本語学』2-4、明治書院 pp. 4～12
- 生越直樹(1983)「日本語複合動詞後項と朝鮮語副詞・副詞句語句との関係」『日本語教育』54号、日本語教育学会 pp. 55～64
- 田辺和子(1983)「複合動詞の意味と構成ー「ーダス」・「ーアゲル」を中心に」『日本語と日本文学』3
- 石井正彦(1983)「現代語複合動詞の語構造分析における一観点」『日本語学』2-8
- 石井正彦(1983)「現代語複合動詞の語構造分析ー〈動作〉・〈変化〉の観点からー」『国語学研究』23
- 土屋博嗣(1983)「「ーを出す」を伴う複合動詞の受動形」『亜細亜大学教養部紀要』27、亜細亜大学教養部
- 須賀一好(1983)「現代語における複合動詞の自・他の形式について」『静岡女子大学研究紀要』17
- 久野暲(1983)『新日本文法研究』大修館
- 石井正彦(1983a)「現代複合動詞の語構造の分析ー「動作」・「変化」の観点からー」『国語学研究』23号、東北大学 pp. 32～43
- 石井正彦(1983b)「現代複合動詞の語構造分析におけるー観点」『日本語学』8月号、明治書院 pp. 79～90
- 森山卓郎(1983)「動詞のアスペクチユアルな素性について」『待兼山論集』17号、大阪大学 pp. 1～22, pp. 17～52
- 田辺和子(1984)「複合動詞の意味と構成」『日本語と日本文学』3号、筑波大学 pp. 40～48
- 石井正彦(1984)「複合動詞の成立ーV＋Vタイプの複合名詞との比較ー」『日本語学』

3-11

- 青木千代吉(1984)「複合動詞の研究－いわゆる接尾語との複合について」『上田女子短期大学紀要』7
- 寺村秀夫(1984)『日本語のシンタクスと意味Ⅱ』くろしお出版
- 山本清隆(1984)「複合動詞の格支配」『都大論究』21
- 生越直樹(1984)「日本語複合動詞後項と朝鮮語副詞・副詞的な語句との関係－日本語副詞指導の問題点」『日本語教育』52、日本語教育学会
- 寺村秀夫(1984)「日本語のシンタクスと意味」2 くろしお出版
- 山本清降(1984)「複合動詞の格支配」『都大論究』21号、pp. 32～49
- 齋藤倫明(1984a)「複合動詞構成要所の意味－単獨用法との比較を通して－」『国語語彙史の研究』5、和泉書院
- 影山太郎(1985)「語形成に関する雑ノート」『言語文化研究』XI、大阪大学 pp. 37～53
- 張麗華(1985)「日本語の「シオワル」と中国語「完」について」『語文』46号、大阪大学 pp. 22～30
- 城田俊(1985)「国語動詞の動作相」『国語国文』54-7、京都大学 pp. 40～62
- 島村礼子(1985)「複合語と派生語－漢語系複合動詞を中心に」『津田塾大学紀要』17
- 斎藤倫明(1985)「複合動詞後項の接辞化－「返す」の場合を対象として－」『国語学』140
- Yoshiko Tagashira・Jean Hoff(1986)『日本語複合動詞ハンドブック』北星堂書店
- 斎藤倫明(1986)「複合動詞音便形の意味－「接頭辞化」と「強調化」をめぐって」『宮城教育大学国語国文』16
- 齋藤倫明(1986)「複合動詞の音便化－意味との関わりについて－」『語彙の研究』pp. 301～334
- 奥田邦男(1986)「日本語の動詞の分類に関する一考察－漢語動詞を中心に－」『教育学部紀要』第2部34号、広島大学 pp. 64～72
- 小口淑枝(1986)「複合動詞「前項動詞＋あう」の名詞化へのハイアラキー」『麗澤大学紀要』43号、pp. 315～334
- 安藤貞雄(1986)『英語の論理・日本語の論理』大修館書店
- 浜崎長寿(1986)「造語法と文法事項」『日・獨語対照研究』大学書林 pp. 35～40
- 細谷行輝(1986)「複合動詞」『日・獨語対照研究』大学書林 pp. 34～40
- 中野道雄(1986)「対照研究の展望と問題点」『外国学研究』16号、神戸外国大学 pp. 1～20
- 村木新次郎(1986)『日本語動詞の諸相』ひつじ書房

- 生越直樹(1987)「日本語の接續助詞「て」と朝鮮語の連結語尾{a}{ko}」『日本語教育』62号、日本語教育学会 pp. 91～104
- 影山太郎(1987)「語彙の比較とプロとタイプ」『日本語学』6-10、明治善院 pp. 4～12
- 塚本秀樹(1987)「日本語における複合動詞と格支配」『言語学の視界』大学書林 pp. 127～144
- 新美和昭(1987)『複合動詞 外国人のための日本語例文・問題シリーズ』荒竹出版
- 石井正彦(1987)「漢語サ変動詞と複合動詞」『日本語学』6-2
- 石井正彦(1987)「複合動詞の成立条件」『ケーススタディ日本文法』桜楓社
- 野村雅昭・石井正彦(1987)『複合動詞資料集』国立国語研究所
- 石井正彦(他)(1987a)『複合動詞の資料集』国立国語研究所
- 石井正彦(1987b)「漢語サ変動詞と複合動詞」『日本語学』3月号、明治書院 pp. 46～49
- 小島義郎(1988)『日本語の意味・英語の意味』南雲堂
- 石井正彦(1988)「辞書に載る複合動詞・載らない複合動詞」『日本語学』7-5
- 石井正彦(1988)「接辞化の一類型－複合動詞後項の補助動詞化－」『方言研究年報』30
- 斎藤倫明(1988)「複合動詞「引く＋」の意味の多様性」『国語学』152
- 沼田善子(1988)「多義的動詞の自・他対応－「あがる・あげる」を例として－」『日本語教育論集5』国立国語研究所
- 森山卓郎(1988)『動詞述語文の研究』明治書院
- 影山太郎(他)(1989)「モジュール文法の語形成論：名詞句からの複合語形成」『日本語学の新展開』くろしお出版 pp. 139～166
- 大谷伊都子(1989)「動詞「つける」の用法」『国語語彙史の研究』8、和泉書院 pp. 237～260
- 小田朗美(1989)「日英複合動詞の形式的・意味的特徴及び発想について」『ノートルダム清心女子大学紀要』『外国語・外国文学編』13(1)
- 嶋田裕司(1989)「日本語の複合動詞と複合名詞の意味的相違」『横浜市立大学論叢 人文科学系列』40(3)
- 若林武史(1989)「現代日本語の複合動詞の形態と依微」『国文学会誌』20号、京都教育大学 pp. 30～64
- 小泉保(1989)『日本語基本動詞用法辞典』大修館書店
- 森田良行(1989)『基礎日本語』角川書店
- 森田良行(1990)『日本語と日本語教育』凡人社
- 望月圭子(1990)「日・中両語の結果を表わす複合動詞」『東京外国語大学論集』40、東京外国語大学 pp. 13～27

- 鈴木孝夫(1990)『日本語講座新装版4 日本語の語彙と表現』大修館
- レーバン・クー(1990)「日越両語における複合動詞「ーだす」と「ーRA」との対照比較」『日本語教育』72号、pp. 117～125
- 深見兼孝(1990)「日本語の「ていく・てくる」と韓国語の a/e gada・a/e oda」『広島大学教育学部紀要』第2部38号、pp. 47～53
- 高田誠(他)(1990)『対照言語学』おうふう社
- 由本陽子(1990)「日英対照複合形容詞の構造」『言語文化研究』16号、大阪大学 pp. 353～370
- 南場尙子(1991)「複合動詞後項の位置づけ」『同志社国文学』34号、pp. 72～94
- 林慧君(1991)「現代複合動詞の構造について－動詞の自他を通して－」『九州大学言文研究』12号、pp. 12～23
- 南場尚子(1991)「複合動詞後項の位置づけ」『同志社国文学』34
- 待場裕子(1991)「日中の複合動詞の対照研究 (二)－中国語の「動詞＋方向補語」構造の場合」『流通科学大学論集 人文・自然編』3(2)
- 姫野昌子(1991)「複合動詞について」『月刊 日本語』4(11)
- 林慧君(1991)「現代語複合動詞の構造について－動詞の自他を通して」『語文研究』72、九州大学国語国文学会
- 生越直樹(1991)「朝鮮語 어 보다, 고 보다 と日本語「てみる」『日本語学』12月、明治書院 pp. 90～100
- 佐治圭三(1992)「複合動詞の誤用例」『外国人間違いやすい日本語の表現の研究』ひつじ書房 pp. 208～218
- 齋藤倫明(1992)『現代日本語の語構成研究』ひつじ書房
- 石綿敏雄(1992)『現代言語理論と格』ひつじ書房
- 石井正彦(1992)「動詞の結果性と複合動詞」『国語学研究』32号、東北大学 pp. 15～27
- 斎藤倫明(1992)『現代日本語の語構成論的研究－語における形と意味』ひつじ書房
- 石井正彦(1992)「動詞の結果性と複合動詞」『国語学研究』31
- 中村その子(1992)「現代語複合動詞の多様性－比喩性との関連において」『関東学院大学文学部紀要』66
- 塚本秀樹(1992)「日朝対照研究と日本語教育」『日本語教育』72号、日本語教育学会 pp. 68～79
- 籾山洋介(1992)「多義語の分析－空間から時間へ－」『日本語研究と日本語教育』名古屋大学出版会 pp. 185～199
- 塚本秀樹(1993)「複合動詞と格支配－日本語と朝鮮語の対照研究－」『日本語の格を

めぐって』くろしお出版
- 水谷信子(1993)「対照研究と日本語教育－話者の心的態度の日英比較を中心に－」『人間文化研究年報』17号、お茶の水女子大学 pp. 1～10
- 林四郎(1993)「語の意味づきと意味づけ、その循環」『国語学』175
- 影山太郎(1993)『文法と語形成』ひつじ書房
- 山梨正明(1993)「認知言語論－言葉と心のプロセス－」『日本語要説』ひつじ書房 pp. 257～283
- 寺村秀夫(1993)「言語の対照研究と外国語教育」『寺村論文集』2、くろしお出版 pp. 285～293
- 森田良行(1994)『動詞の意味論的文法研究』明治書院
- 今井忍(1994)「複合動詞後項の多義性に対する認知意味論によるアプローチ－「－だす」の起動の意味を中心に－」『言語学研究』12号、京都大学 pp. 1～2 4
- 高見健一 (1995)『機能的構文論による日英語比較』くろしお出版
- 林翠芳(1995)「三次結合複合動詞と二次複合動詞との関わり」『同志社国文学』42号、同志社大学 pp. 92～100
- 長野ゆり(1995)「「－ておく」用法について」『現代日本語研究』2号、pp. 155～163
- 山梨正明(1995)『認知文法論』ひつじ書房
- 由井紀久子(1995)「動詞オクの意味の抽象化過程」『阪大日本語研究』7号、大阪大学 pp. 95～105
- 吉村公宏(1995)『認知意味論の方法』人文書院
- 高原璃穂(1995)「現代複合動詞前項と後項の意味の関係－「－だす」を対象として」『フェリス女学院大学日文大学院紀要』3
- 林翠芳(1995)「三次結合複合動詞と二次結合複合動詞とのかかわり」『同志社国文学』42
- 齋藤倫明(1995)「語彙素とその意味」『日本語学』5月、明治書院 pp. 21～28
- 須賀一好(他)(1995)『動詞の自他』ひつじ書店
- 李暻洙(1995)「日・韓両言語における複合動詞の格の対照考察」『NIDABA』24号、西日本言語学会 pp. 123～132
- 田辺和子(1995)「日本語の複合動詞の後項動詞にみる文法化」『日本女子大学紀要文学部』45
- 須田義治(1995)「動作の始まりを表す「しだす」と「しはじめる」の違いについて－類義語の理論的な考察の試み－」『日本語学科年報』17
- 影山太郎(1996)『動詞意味論―言語と認知の接点―』くろしお出版

- 三宅知宏(1996)「日本語の受益構文について」『国語学』186
- 石綿敏雄(1996)「対照言語学の意義」『日本語学の世界』明治書院 pp. 118～124
- 森田良行(1996)『意味分析の方法』ひつじ書房
- 永井鉄郎(1996)「日本語複合動詞の教育について」『日本語教育』88、日本語教育学会
- 安善柱(1996)「複合動詞の構造分析に関する一考察－前・後項動詞とも単独用法での意味・機能を保っている組み合わせを中心に」『言語学論叢』14
- 李曙洙(1996)「現代朝鮮語の前項動詞の語尾{어}＋後項動詞「시작하다」について－本動詞「시작하다」との関連を中心に－」『NIDABA』25号、西日本言語学会 pp. 8～17
- 李曙洙(1996)「韓・日両語における複合動詞「－出す」と「－내다」の対照研究－本動詞との関連を中心に－」『日本語教育』89号、日本語教育学会 pp. 76～87
- 李曙洙(1997)「現代朝鮮語の複合動詞について－動詞의 어미{아}＋「내다」を中心に－」『朝鮮学報』162号、朝鮮学会
- 李曙洙(1997b)「中間的複合動詞「きる」の意味用法の記述」『世界の日本語教育』7号、国際交流基金 10
- 斎藤倫明・石井正彦(1997)『日本語研究資料集 語構成』ひつじ書房
- 影山太郎・由本陽子(1997)『語形成と概念構造』研究社
- 松本 曜(1997)「空間移動の言語表現とその拡張」『日英語比較選書6 空間と移動の表現』研究社
- 高原瑞穂(1997)「複合動詞前項の意味に関する一考察－「飛び－」を対象として」『フェリス女学院大学日文大学院紀要』5
- 江田すみれ(1997)「専門書における複合動詞の用法と指導上の留意点－日本語学関係の本の用例をもとに」『杏林大学外国語学部紀要』9
- 大山シアノ(1997)「V－V複合動詞における認知言語学的考察－「－出す」複合動詞に関して」『教育学研究紀要』43(第2部)、中国四国教育学会
- 川北直子(1997)「〈上〉が〈下〉の反義でなくなるとき－日本語複合動詞における後項動詞」『藝文研究』72、慶応義塾大学芸文学会
- 塚本秀樹(1997)「日本語における複合動詞と格支配」『言語学の視界』大学書林
- 余田弘実(1997)「加熱調理操作を表わす複合動詞に関する報告－江戸時代料理書を資料にして」『西山学報』45、京都西山短期大学
- 이경수(1998)「문법적 복합동사 [dasu]의 의미용법의 일단면」『일본학회』41, 한국일본학회
- 李曙洙(1998)「現代日本語의 文法的複合動詞의 條件과 그 周邊」『일어일문학연구』33, 한국일어일문학회

- 이경수(1998)「일한 양어의 복합동사 [ーキル]와 [내다]의 대조연구」『일본문화학보』5, 한국일본문화학회
- 桑原文代(1998)「変化の開始を表す「ーはじめる」」『日本語教育』99、日本語教育学会
- 仁田義雄(1998)「相互構文を作る「Vシアウ」をめぐって」『阪大日本語研究』10
- 蜂矢真郷(1998)『国語重複語の語構成論的研究』塙書房
- 小林英樹(1998)「複合による他動化」『国語学』192
- ウィライラック タンシリトンチャイ(1998)「タイ人日本語学習者による複合動詞「ーきる」の誤用について」『藝文研究』74
- 大野純子(1998)「複合動詞と接辞ラレ」『大正大学研究紀要 人間学部・文学部』83
- 秋山淳(1998)「語彙概念構造と動補複合動詞」『中国語学245』、日本中国語学会
- 中村その子(1998)「日本語複合動詞の意味形成と特性:言語認知の立場から」『経営・情報研究:多摩大学研究紀要』2、多摩大学
- 松本曜(1998)「日本語の語彙的複合動詞における動詞の組み合わせ」『言語研究』114
- 朴敏英(1998)「〈始動〉の意味を表す複合動詞ー文脈に見られる局面の違いを中心として」『言語・地域文化研究』4、東京外国語大学
- 이경수(1999)「복합동사 [deru]의 문법적 범주에 관한 연구」『일본어학연구』1, 한국일본어학회
- 影山太郎(1999)『形態論と意味』くろしお出版
- 姫野昌子(1999)『複合動詞の構造と意味用法』ひつじ書房
- 甲斐朋子(1999)「複合動詞「ーこむ」の程度深化の用法(第二言語としての日本語、第二言語としての英語をどう教えるか)」『ポリグロシア』2、立命館大学言語教育センター
- 林翠芳(2000)『日本語複合動詞の研究』中山大学出版社
- 山川太(2000)「複合動詞「ーすぎる」について」『日本語・日本文化』26、大阪外国語大学留学生日本語教育センター
- 新居田純野(2000)「日本語の複合動詞とそれに対応する英語の表現形式との対比に向けての一試論」『フェリス女学院大学文学部紀要』35
- 青木博史(2000)「複合動詞「ーなす」について」『国語国文』69(11)、京都大学文学部国語国文学研究室
- 影山太郎編(2001)『日英対照動詞の意味と構文』大修館
- 岡田幸彦(2001)「空間移動を表す動詞の分析ー構文特性・アスペクト特性・タクシス特性に基づいて」『日本語科学』(10)
- 松田文子(2001)「複合動詞後項「ーこむ」の意味」『人間文化論叢』4、お茶の水女子大

学大学院人間文化研究科
- 松田文子(2001)「コア図式を用いた複合動詞後項「－こむ」の認知意味論的説明」『日本語教育』111、日本語教育学会
- 寺田裕子(2001)「日本語の二類の複合動詞の習得」『日本語教育』109、日本語教育学会
- 浜田奈穂子(2001)「局面動詞『しかける』について」『日本研究教育年報』5
- 石井正彦(2001)「複合動詞の語構造分類」『国語語彙史の研究』20、和泉書院
- 姫野昌子(2001)「複合動詞の性質」『日本語学』20(9)、明治書院
- 小林英樹(2001)「複合動詞の文法」『日本語学』20(9)、明治書院
- 百留康晴(2001)「動詞連接から複合動詞へ－「入る」の補助動詞化を中心に」『文芸研究』152、日本文芸研究会
- 何志明(2001)「日本語の語彙的複合動詞における「原因」の複合動詞の組み合わせ」『筑波応用言語学研究』8
- 石井正彦(2002)「「既製」の複合動詞と「即席」の複合動詞－小説にみる現代作家の語形成－」『国語論究10 現代日本語の文法研究』明治書院
- 由本陽子(2002)「語彙概念構造の組み替えを伴う統語的複合語」伊藤たかね編『シリーズ言語科学1 文法理論 レキシコンと統語』東京大学出版会
- 影山太郎(2002)「語彙と文法」斎藤倫明編『朝倉日本語講座4：語彙・意味』朝倉書店
- 影山太郎(2002)「概念構造の拡充パターンと有界性」『日本語文法』2(2)、日本語文法学会
- 井本亮(2002)「複合動詞「Ｖ－すぎる」の意味解釈について」『言語科学研究 神田外語大学大学院紀要』8
- 伊藤たかね・杉岡洋子(2002)『語の仕組みと語形成』研究社
- 百留康晴(2002)「複合動詞後項「－出す」における意味の歴史的変遷」『文化』66(1・2)、東北大学文学会
- 日野資成(2002)「複合動詞「－出す」の分類－統語論的・意味論的方法を使って」『日本研究国際日本文化研究センター紀要』25
- 何志明(2002)「日本語の語彙的複合助詞における「手段」の複合助詞の組み合わせ」『日本語教育』115、日本語教育学会
- 何志明(2002)「様態・付帯状況」の複合動詞の組み合わせ」『日本語と日本文学』35、筑波大学国語国文学会
- 何志明(2002)「日本語の語彙的複合動詞における「並列関係」の複合動詞の組み合わせ」『言語学論叢』21、筑波大学大学院博士課程文芸・言語研究科
- 松田文子(2002)「日本語学習者による複合動詞「－こむ」の習得」『世界の日本語教育

日本語教育論集』12
- 李良林(2002)「語彙的複合動詞における構成要素の組み合わせ－再帰性に基づく他動性の観点から」『言語科学論集』6、東北大学大学院文学研究科
- 이경수(2003)「일본어 복합동사의 다의구조」『일어일문학연구』47, 일어일문학회
- 이경수(2003)「동사 술어문에 있어서 중간적 복합동사의 카테고리」『일본문화학보』17, 한국일본문화학회
- 李曝洙(2003)『日韓両言語の複合動詞と対照研究－文法と語彙－』도서출판 제이앤씨
- 橋本力(2003)「日本語HPSG－統語的複合動詞の統語・意味構造の処理(言語知識・解析・言い換え)」『情報処理学会研究報告. NL, 自然言語処理』2003(76)
- 谷口竜子(2003)「日本語と中国語のＶ1＋Ｖ2型複合動詞－日本語教育へ向けての対照分析」『日本語と日本語教育』32、慶應義塾大学日本語・日本文化教育センター
- 小林英樹(2003)「漢語複合動詞をめぐって」『語学と文学』39、群馬大学語文学会
- 林翠芳(2004)「複合動詞との関わりから見たＶ＋Ｖ型複合名詞」『ポリグロシア』8
- 影山太郎(2004)「英語結果構文と日本語結果複合動詞におけるforce dynamics」『人文論究』54/1
- 斎藤倫明(2004)『語彙論的語構成論』ひつじ書房
- 松田文子(2004)『日本語複合動詞の習得研究－認知意味論による意味分析を通して』ひつじ書房
- 平沢佳代(2004)「「Ｖ＋つづける」に見る語結合と意味－中国語との比較対照の観点から」『言語と交流』7、言語と交流研究会
- 李良林(2004)「「－つける」複合動詞の意味用法－連語との関わりから」『国語学研究』43、『国語学研究』刊行会
- 田中備子(2004)「類義複合動詞の用法一考－日本語教育の視点から」『言語と文化』10、愛知大学語学教育研究室
- 松岡知津子(2004)「複合動詞「－スル」を形成する漢語名詞について」『日本語教育』120、日本語教育学会
- 大島一(2004)「日本語における複合動詞の後項動詞「あがる・あげる」について－ポーランド語データとの対照研究から」『一橋研究』28(4)、一橋研究編集委員会
- 青木博史(2004)「複合動詞「－キル」の展開」『国語国文』73(9)、京都大学文学部国語学国文学研究室
- 石恩京(2004)「現代日本語における複合動詞に関する考察:時代的相を表す後項動詞の意味分類」『立教大学日本文学』93、立教大学日本文学会
- 猿田知之(2004)「反転する漢語－複合動詞を中心として」『茨城キリスト教大学紀要

Ⅰ人文科学』38
- 宋殷美(2004)「感情の複合動詞としての「待ち＋Ｖ2」『言語科学論集』8、東北大学大学院文学研究科
- 彭広陸(2005)「日本語の複合動詞に関する一考察」『日本文化研究』第16輯、韓国東アジア日本学会誌
- 由本陽子(2005)「「Ｖ＋かえる」と「Ｖ＋直す」の意味と統語」『日本語文法』5(2)、日本語文法学会
- 由本陽子(2005)『複合動詞・派生動詞の意味と統語－モジュール形態論から見た日英語の動詞形成』ひつじ書房
- 鎌田精三郎(2005)「日本語複合動詞「－し出す」の統語的・意味的特性について」『城西大学語学教育センター研究年報』1
- 佐野香織(2005)「中・上級学習者の「つける」の典型概念－複合動詞類推研究に向けて」『アメリカ・カナダ大学連合日本研究センター紀要』28
- 宋殷美(2005)「類義語の複合による感情の複合動詞について」『東北大学言語学論集』14、東北大学言語学研究会
- 張超(2005)「VPシェル構造に基づいた二種類の複合動詞の再検討」『広島大学大学院教育学研究科紀要 第二部 文化教育開発関連領域』54
- 呉海運(2005)「(動詞連用形＋動詞連用形)型複合名詞について－複合動詞を背景に持たない成立群」『野州国文学75』、国学院大学栃木短期大学国文学会
- 工藤力男(2005)「複合動詞論序説－とれたて・生まれたて」『成城国文学』21
- 工藤力男(2005)「〈立ちあげる〉非文の説:複合動詞論・続」『成城文藝』192、成城大学文芸学部
- 松田文子・白石知代(2006)「コア図式を用いた複合動詞習得支援のための基礎研究－「とり－」を事例として－」『世界の日本語教育』(16)
- 杉村泰(2006)「コーパスを利用した複合動詞「－直す」の意味分析」『言語文化論集』28(1)、名古屋大学大学院国際言語文化研究科
- 杉村泰(2006)「本動詞「返す」と複合動詞「－返す」の意味の対応について」『ことばの科学』19、名古屋大学言語文化研究会
- 宋殷美(2006)「感情の複合動詞における後項動詞の接辞化について」『文化』69(3・4)、東北大学文学会
- 李良林(2006)「複合動詞後項における意味の広がり－「－ぬく」の場合を対象に」『国語学研究』45
- 柳谷里奈(2006)「「思う」を含む複合動詞の分析」『北海道大学大学院文学研究科研究

論集』6
- 平沢洋一(2006)「移動複合動詞にみる意味の結合」『広島大学留学生センター紀要』16
- 中島紀子(2006)「複合動詞に関する一考察－「－きる」「－とおす」「－ぬく」の比較から」『国文学踏査』18、大正大学国文学会
- 이충규(2006)「日本語と韓国語の複合動詞に関する対照研究－「並列関係」の複合動詞を中心に」『韓国日本学術合会 第4回 国際学術発表大会 Proceedings』韓国日本学術合会
- 陳 曦(2006)「中国人学習者における複合動詞の習得に関する一考察:学習者の作文産出に基づいて」『ククロス 国際コミュニケーション論集』3、名古屋大学大学院国際開発研究科
- 木村恵介(2006)「動補型複合動詞の構造」『千葉大学ユーラシア言語文化論集』9
- 이희정(2004)「한국인 일본어 학습자의 작문에 나타나는 복합동사 표현의 오류분석」『일본연구』3, 고려대학교 일본연구센터
- 이경수(2007)「복합동사의 결합성과 의미특징」『일본근대학연구』15, 일본근대학회
- 石井正彦(2007)『現代日本語の複合語形成論』ひつじ書房
- 白以然(2007)「韓国語母語話者の複合動詞「－出す」の習得－5日本語母語話者と意味領域の比較を中心に－」『世界の日本語教育 日本語教育論集』17、pp.79～91
- 金丸敏幸・村田真樹(2007)「複合動詞と主体化に関する考察－複合動詞「－づける」の分析を通して」『日本認知言語学会論文集』7、日本認知言語学会
- 野田大志(2007)「分析可能性の低い語彙的複合動詞に関する一考察－「落ち着く」の意味分析」『日本認知言語学会論文集』7、日本認知言語学会
- 松本直子(2007)「複合動詞の結果性－語彙的複合結果動詞と論理的複合結果動詞」『日本語教育論集』16、姫路独協大学大学院言語教育研究科
- 平山允子(2007)「中国人日本語学習者による「Ｖ１＋Ｖ２」型複合動詞の理解－Dual mechanism modelの応用可能性」『言語科学論集』11、東北大学大学院文学研究科
- 平沢佳代(2007)「複合動詞「Ｖ＋きる」の実例調査」『言語と交流』10、言語と交流研究会
- 宋殷美(2007)「上昇・下降を表す動詞との結合による感情の複合動詞について」『文化』70(3・4)、東北大学文学会
- 杉村泰(2007)「複合動詞「－疲れる」の前項動詞の特徴について」『ことばの科学』20、名古屋大学言語文化研究会
- 小俣佳啓(2007)「複合動詞「－きる」「－ぬく」「－とおす」について」『外国語学会誌』37、大東文化大学外国語学会
- 高橋葉子(2007)「複合動詞「Ｖ＋ダス」の解釈」『言語科学研究:神田外語大学大学院紀

要』13
- 松本知子(2007)「日本語の語彙的複合動詞における「行く」と「来る」について」『同志社女子大学大学院文学研究科紀要』7、同志社女子大学 大学院文学研究科
- 淺尾仁彦(2007)「意味の重ね合わせとしての日本語複合動詞」『京都大学言語学研究』26
- 박화미(2007)「複合動詞の前項に関する一考察―「立ち―」の複合動詞を中心に―」『일어일문학연구』63, 한국일어일문학회
- 이명주(2007)「정신 및 행위를 표현하는 한・일어 동사 대조 연구―의미 분야별 대응 관계를 중심으로―」『일어일문학연구』62-2, 한국일어일문학회
- 李曝洙(2008)「複合動詞の意味の多様性をめぐって」『일본어학연구』23, 한국일본어학회
- 이경수(2008)「일본어 복합동사 용법의 새로운 연구」『일본어문학』36, 한국일본어문학회
- 杉村泰(2008)「コーパスを利用した複合動詞「―戻る」の意味分析」『言語文化論集』29(2)、名古屋大学大学院国際言語文化研究科
- 杉村泰(2008)「複合動詞「―切る」の意味について」『言語文化研究叢書』7、名古屋大学大学院国際言語文化研究科
- 野田大志(2008)「複合動詞の構文的意味拡張に関する一考察」『日本認知言語学会論文集』8、日本認知言語学会
- 小久保崇明(2008)「「仰せ出さる」小考―複合動詞「仰せ＋動詞」＋尊敬の助動詞「る(らる)」について」『桜文論叢』70、日本大学法学部
- 菊田千春(2008)「複合動詞「Ｖかかる」「Vかける」の文法化―構文の成立とその拡張」『同志社大学英語英文学研究』81/82
- 村田年(2008)「文章と複合動詞―論述的な文章ジャンルを特徴づける新たな指標を探して」『日本語と日本語教育』36、慶應義塾大学日本語・日本文化教育センター
- 斉木美知世(2008)「「君を咲き誇ろう」の意味解釈―複合動詞の他動性をめぐって」『日本エドワード・サピア協会研究年報』22、日本エドワード・サピア協会
- 陳　曦(2008)「日本語学習者と母語話者における日本語複合動詞使用状況の比較―作文データベースを用いて」『小出記念日本語教育研究会論文集』16、小出記念日本語教育研究会
- 福島一彦(2008)「日本語の語彙的複合動詞におけるタイプ別生産性について―プロト意味役割を用いた説明」『言語研究』134、日本言語学会
- 朴敏瑛(2008)「현대 일본어의 시동을 나타내는 복합동사의 아스펙트」『日本研究』第36, 한국외국어대학교 일본연구소

- 李曝洙(2009)「日本語複合動詞と日本文化」『北研学刊特集号日本語の複合動詞』5
- 송은미(2008)「移動動詞との結合による複合動詞の意味擴張」『일어일문학연구』64, 한국일어일문학회
- 이충규(2009)「『日韓複合動詞辞典』の編纂について－編纂作業における考慮すべき点を中心として－」『일본문화학보』43, 한국일본문화학회
- 張威(2009)「小学校国語教科書に対する複合動詞の実態調査とその分析－第二言語習得ストラテジーの改善をめざして－」『北研学刊特集号日本語の複合動詞』5、pp.27～46
- 조남성(2009)「한국인 일본어 학습자와 일본어 모어화자가 작문에서 사용한 복합동사의 비교」『동북아 문화연구』20, 동북아시아문화학회
- 何志明(2010)『現代日本語における複合動詞の組み合わせ－日本語教育の観点から』笠間書院
- 이경수(2010)「번역 원전을 활용한 일본어 복합동사 표현의 연구－어휘적 복합동사「こむ」의 다양성을 중심으로－」『일본학보』82, 한국일본학회
- 박용일(2010)「일본어 교육을 위한 일본어 복합동사와 이에 대응하는 한국어 패턴의 고찰」『日本研究』第46, 한국외국어대학교 일본연구소
- 照山法元(2010)「日本語教育における複合動詞の体系的な指導・学習に向けて」『日本研究』第43, 한국외국어대학교 일본연구소
- 이윤호(2010)「日本語作文調査に基づく韓国人日本語学習者の複合動詞「－こむ」の運用能力について」『일본어교육』54, 일본어교육학회
- 백종찬(2010)「日本語の複合動詞と韓国語との対應関係」『일어일문학연구』72, 일어일문학회
- 양호성(2011)「복합동사와 일한번역」『한국일본근대학회 24회 국제학술대회 요지집』한국일본근대학회
- 이경수(2011)「일본어 복합동사 표현 양상」『일본연구』15, 일본연구센터

3. 한국어문헌

- 강영(1990)「복합동사의 일고찰」『한국어학신연구』한신문화사 pp. 229～240
- 고영근(1983)『국어문법의 연구』탑출판사
- 고재설(1988)『국어 합성동사에 대한 연구』서강대학교 석사학위 논문
- 구현정(1984)「내다의 의미」『자하어문론집』3집, 상명여자대학 pp. 53～83
- 국어연구소(1988)『한글 맞춤법 해설-문교부고시』국어연구소

- 김계곤(1993)「현대 국어의 조어법 연구」『한글』221호, 한글학회 pp. 2～106
- 김규선(1985)「국어의 복합어에 대한 연구」『국어통사론』진명문화사 pp. 21～58
- 김기혁(1987)『국어 보조동사의 연구』연세대학교 박사학위 논문
- _____(1988)「국어 문법에서 통사구조와 의미구조」『언어연구』8집, 경희대학 어학교육연구소 pp. 24～39
- _____(1995)『국어 문법 연구－형태・통어론－』도서출판 박이정
- 김명희(1984)「국어 동사구 구성에 나타나는 의미관계 연구－전항동사+어+후항동사 구조를 중심으로」이화여자대학교 박사학위 논문
- _____(1986)「국어 동사구 구성에 나타나는 의미관계 연구(2)」『언어교육』9호, 성신여자대학교 어학연구소 pp. 37～70
- _____(1988)「국어 동사구 구성에 나타나는 의미관계 연구」『성신연구론문집』27호, 성신여자대학교 pp. 1～17
- 金敏洙(1960)『국어 문법 연구』통문관
- 김성화(1989)『현대국어 상 연구』한신문화사
- 김승곤(1978)「상태지속연결어미 {아}에 대하여」『눈뫼 허웅박사 회갑기념 논문집』pp. 109～126
- 김완진(1985)『국어의 발자취』서울대학교 출판부
- 김창섭(1981)「현대 국어의 복합동사 연구」『국어연구』47호, 서울대학교 국어연구회
- _____(1996)『국어의 단어형성과 단어구조』국어학회
- 남기심(1978)「국어 연결어미의 활용적 기능」『연세논호』15, 연세대학교 대학원 pp. 1～21
- _____(1994)『국어 연결어미의 쓰임』서광학술자료사
- 노대규(1988)『국어의미론 연구』국학자료원
- 박승윤(1984)「시작하다의 타동성」『언어』9-2, 한국언어학회 pp. 279～303
- 박종국(1994)『말본사전』문지사
- 백춘범(1994)『단어결합과 어울림 연구』한국문화사
- 서정수(1971)「국어 보조용언 어미{어{서}}」『한글학회 50돌 기념 논문집』한글학회 pp. 201～228
- _____(1985)「국어문법론」한양대학교 대학원 대조언어학 강좌 수업용 프린트
- _____(1990)「한・일 양국어 보조용언의 비교연구(1)」『겨레문화』4호, 한국겨레문화원 pp. 25～52
- _____(1991a)『국어문법연구 2』한국문화사

- ＿＿＿(1991b)『국어문법』 뿌리깊은나무
- 성기철(1972)「어미 －고와 －어에 대하여」『국어교육』 18-20 합병호, 한국국어교육학회 pp. 353～367
- 손세모돌(1993a)「보조용언의 형성에 관한 고찰」『한양어문연구』 제11집, 한양어문연구회 pp. 27～46
- ＿＿＿＿(1993b)『국어 보조용언에 관한 연구』 한양대학교 박사학위 논문
- ＿＿＿＿(1994)「보조용언의 의미에 관한 연구」『한글』 223호, 한글학회 pp. 107～130
- 시정곤(1994)「국어의 단어형성 원리」『한글』 223호, 한글학회 pp. 49～79
- 신선경(1995)「보조용언 구문의 구조와 보조용언의 통시적 위치」『국어학론집』 1호, 서울대학교 국어국문학과편 pp. 145～156
- 신현숙(1986)『의미 분석의 방법과 실제』 한신문화사
- 안명철(1990)「보조동사」『국어연구 어디까지 왔나』 동아출판사 pp. 319～332
- 양경모(1993)『일본어와 한국어의 相에 관한 연구』 서울대학교 박사학위 논문
- ＿＿＿(1994)「일본어와 한국어의 相 관련 형식들의 대조」『한글』 223호, 한글학회 pp. 131～156
- 양인석(1977)「Progressive and perfective Aspect in Korean」, 『언어』 2-1, 언어학회
- 양정석(1992)『한국어 동사의 어휘구조』 연세대학교 박사학위 논문
- 엄정호(1990)『종결어미와 보조동사의 통합구문에 대한 연구』 성균관대학교 박사학위 논문
- 오만(1979)「현대 한국어의 복합동사 －나다/ －내다의 형태적 · 통사적 · 의미적 고찰－」『언어학』 4호, 서울대학교 pp.60～92
- 유목상(1985)『연결 서술어미 연구』 집문당
- 이관규(1987)「보조동사의 특성과 문법적 범주」『한국어문교육』 2호, 고려대학교 국어교육학회 pp. 53～60
- 이기동(1976)「조동사의 의미분기」『문법연구집』 탑출판사 pp. 215～236
- ＿＿＿(1979)「「주다」의 文法」『한글』 116호, 한글학회 pp. 3～32
- 이상복(1986)「보조동사 '보다'의 의미, 통시론적 고찰」『국어학 신연구』 탑출판사 pp. 423～438
- ＿＿＿(1992)「현대 국어의 조어법 연구」『한글』 215호, 한글학회 pp. 51～123
- 이시형(1990)『한국어의 연결어미 「－어」, 「－고」에 관한 연구』 서강대학교 박사학위 논문

• 이해영(1992)「보조동사 구문의 통사적 특성 연구」『국어국문학』108호, 국어국문학회 pp. 187～208
• 전수태(1984)「진술미완의 {아}와 진술완료의 {고}」『한글』185호, 한글학회 pp. 67～89
• ＿＿＿(1987)『국어 이동동사의 의미연구』한신문화사
• 정동환(1991)『국어 합성어의 의미관계 연구』건국대학교 박사학위 논문
• 정원수(1992)「복합동사 형성론」『국어단어 형성론』한신문화사 pp. 31～57
• 최동권(1987)「진행표현의 보조동사」『국어학 신연구』탑출판사 pp. 463～472
• 최창열(1983)『한국어의 의미구조』한신문화사
• 최현배(1937)『우리말본』정음문화사
• 황병순(1987)『국어 상 표시 복합동사』영남대학교 박사학위 논문
• 황호찬 외(1988)『한일어 대조분석』명지출판사

4. 영어문헌

• Abasolo, R.(1977)「Some Observations on Korean Compound Verbs」『言語와 言語学』Vol. 5, 韓国外大, pp. 81～88.
• Comrie, B.(1989) *Language Universals and Lingustic Typology*, New York, Basil Blackwell.
• Cruse, D. A.(1986) *Lexical Semantics*, Cambridge Textbooksin Linguistics.
• Drohan, F. G.(1992) *A Handbook of Japanese Usage*, Tuttle Language Library.
• Itabashi, Y.(1987) *Altaic Evidence for the Japanese and korean Case Suffix System*, University of Washington.
• Jacob, L. M.(1986) *The Meaning of the Sentence in its Semantics and Pragamatic Aspects*, Reidel Publish Company.
• Kageyama, T.(1984) "Three Types of Word Formation", *Nebulae*10, Osaka Gaidai Linguistic, pp. 16～30.
• Kuno, S.(1973) *The Structure of the Japanese language*, The Massachusetts Institute of Technology.
• Kuno, S.(1987) *Functional Syntax*, Chicago University Press.
• Lee, Kee-dong.(1975)「Lexical Causatives in Korean」『語学研究』11-2, Seoul大学, pp. 17～24.
• Lee, Kee-dong.(1976) "Auxiliary Verbs and Evaluative Viewpoints", *Linguistic*

Journal of Korean, 1-2, pp. 47～69.

- Lee, Kee-dong.(1993) *A Korean Crammer on Semantic Pragmatics Principles*, Hankuk Moowhasa.
- Lyons, J.(1977) *Semantics 2*, Cambridge University Press.
- Martin, S.(1975) *A Reference Grammar of Japanese*, Yale University Press.
- Martin, S.(1992) *Essential Japanese*, Tuttle Language Library.
- McC1ure, W. T.(1995) *Syntactic Projections of the Semantics of Aspect*, Hituzi Shobo.
- Makino, S.(1976) "Nominal Compounds", *Syntax and Semantics* 5, Academic Press, pp. 483～498.
- Miller, G. D.(1993) *Complex Verb Formation*, Jonh Benjamins Publishing.
- Nishigauch, T.(1993) "Long Distance Passive", *Japanese Syntax in Comparative Grammer*, Kurosio Publishers, pp. 79～114.
- Nishikawa, M.(1989)「Verb-Verb Compounds in Japanese」『熊本大学教育学部紀要』38, 熊本大学, pp. 159～170.
- Shibatani, M.(1990) "Word Formation", *The Languaeg of Japan*, Cambridge University Press, pp. 215～256.
- Smith, N.(1979) *Modern Linguistics*, Penguin Books. 今井邦彦訳(1996)『現代言語学』新曜社
- Steinberg, D. D.(1971)˝*Semantics*, Cambrldge University Press.
- Sohn, Ho-min.(1976) "Semantics of Compound Verb in Korean", *Lingustic Journal of Korea*, VoL 1, 言語学会, pp. 142～150.
- Sohn, Ho-min.(1986) *Linguistic Expeditions*, Hanshin Publishing Company.
- Song, Seok-choong.(1988) *Exploration in Korean Syntaxand Semantics*, HanShin Chwulphansa.
- Song, Zi-no.(1981) *Complex Noun Phrasesing Japanese and Korean*. Ph. D. disssertation, University of San Francisco.
- Song, Nam-sun.(1993) *The matic Relations Transitivity in English, Japanese, and Korean*, Center for Korean Studies, University of Hawaii Monograph No. 17.
- Tagashira, Y.(他)(1986) *Handbook of Japanese Compound Verbs*, The hokuseido Press
- Ueda, M.(1993) "On The Phrase Structure of Japanese and English Clauses", *Japanese Syntax in Comparative Grammer*, Kurosio Publishers, pp. 9～44.
- White, L.(1989) *Universal Grammar and Second Language Acquistion*. John Benjamins.
- Yang, Dong-whee.(1976) "On Complementizers in Korean", *Lingustic Journal of*

Korea, VoL 1, 言語学会, pp. 18～46.

- Yang, In-Seok.(1974)「Two Causative Forms in Korean」『語学研究』10-1, Seoul大学, pp. 83～117.
- Yang, In-Seok.(1993) *Linguistic Explorations Syntax·semantics·Pragmatics*, Hanshin Publishing Company.
- Zdzislaw, K.(1972)「Japanese Verb-Compounds」『言語研究』62号, 日本言語学会, pp. 36～54.

5. 한국어 작품을 일본어로 번역한 것

(우)　李文求「우리 동네 김씨」『正統韓国文学大系』(1986)

(うち)　三枝寿勝(外)訳「うちの村金さん」『韓国短編小説選』岩波書店(1988)

(변)　李炳注「변명」『現代韓国短編文学』金星出版社(1984)

(弁)　三枝寿勝(外)訳「弁明」『韓国短編小説選』岩波書店(1988)

(유)　李良枝『유희』(1989) 三新閣

(由)　李良枝訳『由熙』講談社(1992)

(푸)　李良枝「푸른 바람」『유희』(1989) 三新閣

(青)　李良枝訳「青色の風」『由熙』講談社(1992)

(Y)　李良枝「Y의 초상」『유희』(1989) 三新閣

(来)　李良枝訳「来意」『由熙』講談社(1992)

(우)　李文烈『우리들의 일그러진 영웅』文学思想社(1987)

(わ)　藤本敏和訳『われらの歪んだ英雄』情報センター(1992)

(무)　金承鈺『무진기행』三中堂(1982)

(霧)　三枝詳勝(外)訳「霧津紀行」『韓国短編小説選』岩波書店(1988)

(이)　金賢姫『이제 여자가 되고 싶어요』高麗園(1991)

(今)　池田菊敏訳『今、女として』文春文庫(1994)

(일)　全麗玉『일본은 없다』知識工作所(1994)
(悲)　金学文訳『悲しい日本人』たま出版(1995)

(무)　金東里『무녀도』東洋文庫(1977)
(朝)　大村益夫(外)訳「巫女道」『朝鮮短編小說選』岩波書店(1990)

(동)　金裕貞『동백꽃』三中堂(1983)
(椿)　大村益夫(外)訳「椿の花」『朝鮮短編小說選』岩波書店(1990)

(메)　李孝石『메밀꽃 필 무렵』三中堂(1983)
(そば)　大村益夫(外)訳「そばの花咲く頃」『朝鮮短編小說選』岩波書店(1990)

(홍)　金東里『홍남철수』語文閣(1984)
(興)　三枝寿勝(外)訳「興南撤收」『韓国短編小說』岩波書店(1988)

(가)　李淸俊『가수』三中堂(1984)
(仮)　三枝寿勝(外)訳「仮睡」『韓国短編小說』岩波書店(1988)

(곡)　黃順元『곡예사』一信書籍(1991)
(曲)　三枝寿勝(外)訳「曲芸師」『韓国短編小說』岩波書店(1988)

(감)　金東仁『감자』大学書林(1981)
(さつ)　青山秀夫訳「さつまいも」『朝鮮短編小說』大学書林(1981)

(복)　李泰俊『복덕방』大学書林(1981)
(朝)　青山秀夫訳「福徳房」『朝鮮短編小說』大学書林(1981)

(창)　兪鎭午『창랑정기』大学書林(1981)
(朝)　青山秀夫訳「槍浪亭の記」『朝鮮短編小說』大学書林(1981)

(운)　玄鎭健『운수 좋은 날』大学書林(1981)
(幸)　青山秀犬訳「幸運の日」『朝鮮短編小說』大学書林(1981)

(바) 崔仁浩『바보들의 行進』홍익出版社(再出版)(1992), 原本(1974)芸文館
(ソ) 古野喜政(外)訳『ソウルの華麗な憂鬱』国書刊行会(1977)

6. 일본어 작품을 한국어로 번역한 것

(羅) 芥川竜之介(1989)『羅生門』多楽園
(라) 일본어ジャーナル編集部訳『라쇼몬』多楽園

(敦) 井上靖『敦煌』新潮社(1987)第48印改版
(돈) 이종렬訳『돈황』青雲社(1961)

(深) 遠藤周作『深い川』講談社(1993)
(깊) 이성순訳『깊은 강』高麗園(1994)

(飼) 大江健三郎『飼育』新潮文庫(1959)
(사) 허호訳『사육』国一文化社(1994)

(動) 大岡昇平『動物』多楽園(1991)
(동) 일본어ジャーナル編集部訳『동물』多楽園(1991)

(雪) 川端康成『雪国』旺文社(1966)
(설) 김진명訳『설국』世明文化社(1988)
(설) 金宇烈訳『설국』博英社(1976)
(설) 金竜済訳『설국』青雲社(1961)

(伊) 川端康成『伊豆の踊り子』多楽園(1989)
(이) 일본어ジャーナル編集部訳『이즈노 오도리꼬』多楽園(1989)

(古) 川端康成『古都』新潮文庫(1966)
(고) 오영근・야노유리꼬訳『고도』世明文化社(1988)
(日沈) 小松佐京『日本沈沒』(上・下)德間文庫(1983)
(일) 이정희訳『일본침몰』未来社(1992)

(学)　久米正雄『学生時代』角川文庫(1977)
(학)　이원수訳『학생시대』青雲社(1961)

(窓)　黑柳撤子『窓際のトットチャン』講談社(1984)
(창)　조기호訳『창가의 또또』東泉社(1987)

(日何)　堺屋太一『日本とは何か』講談社(1991)
(일)　동아일보訳『일본이란 무었인가』東亞日報社(1992)

(小)　谷崎潤一郎『小さな王国』時事일본어社(1994)
(작)　장남호訳『작은 王国』時事일본어社(1994)

(目)　松本清張『目の壁』新潮社(1972)
(눈)　남정현訳『눈의 벽』玄音社(1985)

(点)　松本清張『点と線』新潮社(1971)
(점)　이영조訳『점과 선』玄音社(1985)

(金)　三島由紀夫『金閣寺』集英社(1966)
(금)　김후란訳『금각사』学院社(1988)

(熱)　二島由紀夫『熱帶樹』多楽園(1991)
(열)　일본어ジャーナル編集部訳『열대수』多楽園(1991)

(潮)　三島由紀夫「潮騒」『日本文学全集』集英社(1967)
(파)　일본어ジャーナル編集部訳『潮騒(파도소리)』多楽園(1990)

(ノ)　村上春樹『ノルウェイの森』講談社(1991)
(상)　유유정訳『상실의 시대』文学思想社(1994)

(w)　夏樹靜子『Wの悲劇』角川書店(1985)
(w의)　박경수訳『W의 悲劇』玄音社(1986)

(心)　夏目漱石『心』新潮文庫(1953)
(마)　서석연訳『마음』범우사(1990)

(兎)　灰谷健次郎『兎の目』理論社(1985)
(선)　정봉화訳『선생님, 선생님, 우리 선생님』自由文学社(1991)

(廢)　原田康子『廃園』角川書店(1983)(第14版)
(폐)　이용희訳『폐원』青雲社(1961)

(道)　三浦綾子『道ありき』新潮文庫(1981)
(길)　진웅기訳『길은 여기에』凡友社(1987)

(續)　三浦綾子『續氷点』朝日文庫(1985)
(속빙)　이설영訳『속빙점』人文出版社(1990)

(機)　横光利一「機械」『現代日本の文学』学習研究社(1971)
(기)　張文平訳「기계」『일본문학대전집』昊浩出版社(1978)

7. 기타

(天・人)　辰濃和男(1993)『天声人語・人物編』朝日新問社
(ニュ)　堀歌子(他)(1987)『ニュースで学ぶ日本語』平人社
(氷)　三浦綾子『氷點』(上・下) 角川文庫(1983)
(バ)　三島由紀夫『バラと海賊』新潮文庫(1986)
(風の歌)　村上春樹『風の歌を聞け』講談社(1982)
(飛)　山田太一『飛ぶ夢をしばらく見ない』新朝文庫(1989)
(風の丘)　根本理恵訳、李清俊の『風の丘を越えて』早川書房(1994)

(화)　김동리『화랑의 후예』東亞文化社(1977)
(일)　서현섭『일본은 있다』고려원(1994)
(소)　황순원『소나기』다림(1999)
(흐)　李清俊『흐르는 산』文学思想社(1987)
(목)　李清俊『목포행』三中堂(1984)
(문)　文淳太『문신의 땅』文学思想社(1987)